Hans Forstreuter Gymnastik

Hans Forstreuter

Gymnastik
Körperschule ohne Gerät

Limpert Verlag

28. Auflage 1974
© by Wilhelm Limpert-Verlag GmbH, Frankfurt/Main
Alle Rechte vorbehalten
ISBN 3 7853 1178 8
Zeichnungen: Erna Forstreuter
Gesamtherstellung: Hans Meister KG, Kassel

Inhalt

Zur Neuauflage

Daß der 23. Auflage in verhältnismäßig kurzer Zeit eine weitere folgen muß, darf wohl als ein Beweis mehr für die Berechtigung und Notwendigkeit der hier vertretenen gymnastischen Körperschulung genommen werden. Wenn ihr auch das Spielerisch-Beschwingte, das den Hauptreiz der „Rhythmisch-musischen Gymnastik" für das weibliche Geschlecht ausmacht, nicht in gleichem Maß wie dieser zu Gebote steht, so bietet sie dafür neben der *jeder* körperbildenden Arbeit zugrunde liegenden Entspannung, Lockerung und Beweglichmachung eine Fülle für die männliche Körperbildung unentbehrlicher kraftgebender Übungsformen, insbesondere in den — „Rhythmisch-Gymnastiks"-Möglichkeiten übersteigenden — Partnerübungen mit kampfähnlichem Charakter. Freilich erhebt die „Körperschule ohne Gerät" nicht den Anspruch, als selbständiges Gebiet der Leibesübungen bzw. der Leibeserziehung — und das heißt der menschlichen Bildung und Lebensbereicherung — gleichwertig neben Turnen, Spiel und Sport zu treten, sondern bleibt sich der Grenzen, die ihr als einem, wenn schon sehr wirksamen *Hilfs*mittel in diesem weiten Bereich gesetzt sind, bewußt.

Ihre Aufgabe beschränkt sich auf drei Ziele:

1. Bekämpfung der *Zivilisationsschäden*[1]) und Wiederherstellung bzw. Erhaltung der vollen körperlichen Gebrauchsfähigkeit,

---

[1]) Die durch Sitzzwang und Erwerbsleben verursachten Schäden bestehen hinsichtlich der *Muskulatur* in unnatürlicher Dauerspannung, einseitiger Verkürzung oder Erschlaffung, allgemeiner Schwäche und gestörtem Muskelgleichgewicht; bezüglich der *Gelenke* in Versteifung infolge Verkürzung und mangelnder Elastizität der Bänder sowie übermäßiger Empfindlichkeit bei stärkerer Beanspruchung; bezüglich des *Nerven*systems in verkümmerter Reaktions- und Koordinationsfähigkeit, unentwickeltem Muskelgefühl und Bewegungsempfinden. Daraus ergeben sich, auch bei zeitweiliger Befreiung von den durch Beruf und Lebensführung bedingten Zwangshaltungen und Bewegungsbeschränkungen, folgenschwere Fehler für die Körperhaltung und -bewegung, die ihrerseits wieder hemmend und schädigend auf die Tätigkeit der lebenswichtigen inneren (hauptsächlich Kreislauf-) Organe einwirken und damit auf den gesamten Stoffwechsel mit seinen geheimnisvollen innersekretorischen, auch das Seelenleben beeinflussenden Vorgängen, kurz, auf den ganzen Menschen.

Als Zivilisationsfaktoren für das vorzeitige und gehäufte Auftreten der Zivilisationskrankheiten nennt Prof. J. Nöcker in „Physiologie der Leibesübungen" 1964: 1. die Änderungen der Ernährungsgewohnheiten mit der Tendenz zu fettreicher Ernährung sowie die reichliche Zufuhr von Genußmitteln; 2. die psychische Überlastung; 3. die mangelnde körperliche Belastung infolge des Fortschritts der Technisierung.

2. *Vorbereitung* für die *Leistungen* im eigentlichen Sinn fordernden Leibes-übungen: Spiel, Sport und Geräteturnen[2]).

3. Hebung der *Organkraft*, vornehmlich von Herz und Lunge.

Die vorliegende Neubearbeitung bringt außer einigen Textberichtigungen — insbesondere dem Ausschreiben der vielen bisherigen Abkürzungen — unter „Muskelphysiologische Bemerkungen" eine Information über teilweise erst neuere Erkenntnisse der grundlegenden muskulären, nervösen, Anpassungs- und Ermüdungsvorgänge, mit denen es jede körperliche Bildungsarbeit zu tun hat, ferner eine Stellungnahme zu der isometrisch/statischen Übungsweise, die beim sportlichen Training zunehmend in Gebrauch gekommen ist. Rund 80 Übungsformen sind neu aufgenommen und zumeist zeichnerisch wieder-gegeben worden. In die einzelnen Abschnitte sind ähnlich geartete aber an anderen Buchstellen behandelte Übungen eingeschaltet und in kleiner Schrift stichwortartig soweit verdeutlicht worden, daß ein Zusammenstellen getrennt aufgeführter Übungen jedem ein wenig eingearbeiteten Benutzer selbst ohne nun erleichtertes Nachschlagen ermöglicht wird.

„Daß bei der Arbeit hieran stets aus dem Vollen geschöpft und jedem die ihm zusagende erprobte und abwechslungsreiche Kost geboten werde, war das Ziel . . .", schrieb ich zu einer der ersten Auflagen. Ich hoffe, daß es ge-lungen ist, diesem Ziel nah zu bleiben.

Berlin-Lankwitz, Sommer 1966

Hans Forstreuter

---

[2]) Auch Toni Nett, der Verbandssportlehrer des Deutschen Leichtathletik-Verbandes, betont, daß spezielle Sporttechniken erst geübt werden können, „wenn die Muskulatur des gesamten Körpers gut durchgebildet wurde. Daher ist zuerst (und nebenherlaufend – Bem. d. Verf.) eine allgemeine Durchbildung der Muskeln des gesamten Körpers notwendig, und zwar sowohl hinsichtlich der Kraft als auch der Dehnung und Lockerung". — Doch das gilt nicht nur für gewisse Sportarten. Es gibt überhaupt kein Körpertraining, gleich auf welchem Gebiet, das nicht Übungen, wie sie hier behandelt sind, ausgiebig verwendet.

Methodische Bemerkungen

I. Zeiteinteilung. In der für den Gymnastikbetrieb von Schulen und Vereinen zur Verfügung stehenden Zeit (selten mehr als 10 bis 15 Minuten) soll der Körper in allen seinen Teilen unter besonderer Berücksichtigung der Wirbelsäule und der Haltungsmuskulatur durchgearbeitet werden, und zwar in möglichst vielseitiger Bewegungsform. Dieser Forderung entspricht etwa folgende Einteilung:

1. Hüpf-, Sprung- oder Laufübungen, die den Körper und die Stimmung in Schwung bringen.
2. Rumpfübungen: Hals und Rückenmuskeln.
3. Rumpfübungen: Bauchmuskeln.
4. Dehn- und Lockerungsübungen für Arme und Beine.
5. Kraftgebende Übungen für Arme und Beine.

Eine Vereinfachung tritt ein, wenn, wie es meist der Fall sein wird, die gewählten Übungen gleichzeitig mehrere der angeführten Übungsgruppen erfassen. Die schon durchgearbeiteten Körperteile brauchen dann nicht noch einmal geübt zu werden.

Weitere Abkürzungen werden sich oft aus der notwendigen Anpassung an den Verlauf der gesamten Übungsstunde ergeben. Ist z. B. ein Lauf vorausgegangen, so können die Lauf-, Sprung- und Kraftübungen für die Beine fortfallen. Sind nach den gymnastischen Übungen Stützübungen an Geräten oder andere, die Armstrecker stark beanspruchende Übungen in Aussicht genommen, so wäre es überflüssig oder sogar störend, vorher gymnastische Kraftübungen für die Arme zu betreiben. Das gleiche gilt für Hüpf- und Sprungübungen, wenn hinterher ausgiebig gesprungen werden soll.

Darüber hinaus können weitere, nur vom Gymnastikleiter zu ermessende, grundsätzliche Abänderungen notwendig werden beim Üben mit besonderen Berufs- oder Altersgruppen oder mit Abteilungen von Spezialisten irgendwelcher Sportzweige.

II. Übungsweise. Übung vormachen, möglichst auch kurz benennen und Zweck angeben, z. B.:

„Rumpf vorsenken — zur Kräftigung des Rückens" oder „Arme rückfedern — zur Dehnung der Brustmuskeln" oder „Rumpfvorwippen — zur Dehnung der Beinrückseite" usw.

9

Über den Zweck, die Ausführung und die zu vermeidenden oder gemachten Fehler kann noch während des Übens durch kurzen Zuruf manches gesagt werden. Das bedeutet keine Beeinträchtigung des Übens, sondern im Gegenteil Ansporn und Zeitersparnis und ist zumeist — besonders bei Jugendlichen — wirksamer als Erklärungen vor oder Fehlerbesprechungen nach der Übung.

Bekannte Übungen brauchen nur durch Stichwort oder Bewegung bzw. Geste angedeutet zu werden. Daran schließt sich sofort die Ankündigung: „Fertig!" Ist die verlangte Ausgangsstellung eingenommen, so beginnt auf „Anfangen!" oder „Los!" jeder für sich zu üben, bis auf „Halt!", „Aufhören!" oder „Schluß!" aufgehört wird.

Dieses Üben in *freier Weise*, bei dem sich jeder in der ihm gemäßen Art bewegen kann, ist am besten dazu geeignet, das Hineinfinden in den Ablauf einer neuen Bewegung zu erleichtern und gibt dem Leiter Gelegenheit, die einzelnen zu verbessern. Es dient daher meist zum Üben neuer Bewegungen, wird aber auch oft noch beibehalten, wenn die Ausführung schon beherrscht wird, weil gerade der freie Spielraum, der hierbei der persönlichen Formgebung zur Verfügung steht, eine weitreichende Wirkung auf die verschieden gearteten Körpertypen der Übenden gestattet. Bei Widerstands-, Kraft-, Dehnübungen zu zweien ist diese Übungsform meist sogar die einzig mögliche.

Daneben hat aber auch das *gemeinsame* Üben im Takt, bzw. Rhythmus nach Zählen, Zurufen, Pfeifen, Handklappen, Tamburin- oder Gongschlägen oder sonstigen Zeichen unverkennbare Vorzüge. Zunächst lassen sich gleichzeitige, gleichgeartete Bewegungen auch einer großen Zahl Übender so gut überblicken, daß grobe Fehler unter allen Umständen rechtzeitig erkannt und abgestellt werden können. Dann führen Jugendliche erfahrungsgemäß die Übungen beim Gemeinturnen, besonders wenn der Leiter selbst vor- und mitmacht, eifriger und mit stärkerem Einsatz durch. Schließlich wirkt auf alle, besonders bei lebhaften, schwingenden Bewegungen, die gemeinsame gleiche Ausführung in der Masse überhaupt belebend und steigernd ein und vermag auch Willensschwache oder „Nicht-recht-Aufgelegte" mit fortzureißen. Dadurch ferner, daß die Bewegungsführung der selbständigen Denkarbeit und dem aufzubringenden Willensentschluß des einzelnen zu einem großen Teil abgenommen und zur halbautomatischen, unbewußt-mechanischen Reaktion auf von außen herangetragene Reize oder gar zum rein gefühlsmäßigen Erleben wird, stellt sich eine merkbare Ersparnis an Willens- und Nervenkraft ein, das Ermüdungsgefühl wird hinausgeschoben und damit die Möglichkeit gegeben, den Körper länger und stärker zu beanspruchen, d. h. in kürzerer, durch nicht zu häufige Pausen unterbrochener Arbeitszeit eine gründlichere Durchbildung zu erreichen.

Gleiches gilt vom *Kommando*, das sich am besten dem Wesen jeder Übung, ihrem zeitlichen und dynamischen Bewegungsablauf anpaßt und durch das sich am unmittelbarsten die persönliche Lebendigkeit und der dem Übungsbedürfnis und Übungszweck dienende Wille des Leiters auf die Übenden überträgt. Selbst als einfaches Anfangs- und Schlußzeichen ist die Stimme jedem mechanischen Signal überlegen. Der Zuruf „Los!" oder „Schluß!" vermittelt eben doch mehr als nur ein totes Zeitzeichen.

Schließlich bedarf es wohl keiner besonderen Betonung, daß in weit höherem Maß als die Auswahl der Übungen die Art und Weise, in der man Übungen mit Kindern betreibt, sich von der unterscheiden muß, in der man mit Jugendlichen oder Erwachsenen übt. Ausnutzung des bei Kindern besonders vorhandenen Nachahmungstriebs, Anregung der Phantasie durch kindesgemäße Einkleidung der Übungen in kleine, dem Alltagsleben entnommene Aufgaben („Fußtritte austeilen", „Radfahren", „Froschhüpfen" usw.), oder größere Bewegungsgeschichten („Ein Spaziergang", „Die Feuerwehr", „Der Straßenbahner" usw.), Heranziehung von Vergleichen („Jetzt werfen wir einen großen Ball weit nach hinten über den Kopf", „Glockenläuten" usw.), Weckung des Ehrgeizes („Wer kann das . . .?"), des Wetteifers („Ich will mal sehen, wer jetzt am höchsten kommt"; den Besten zur Belohnung vorüben lassen) und späterhin des Kampftriebs (z. B. „Fingerkampf", „Hahnenkampf", „Steirisch Ringen" usw.), Heranziehung der Überlegung und Einsicht durch Angabe des Zwecks und Ziels (allgemeine Gesunderhaltung, Ausbildung bestimmter Körperteile oder Eigenschaften, Steigerung der sportlichen Leistungsfähigkeit. Hebung einer bestimmten sportlichen Technik usw.), schließlich vielleicht Herbeiführung einer gewissen Besinnlichkeit, Vertiefung und Durchgeistigung der Bewegungsführung und körperbildenden Arbeit — das sind einige Mittel zur Erhaltung und Förderung der grundlegenden seelischen Mitbeteiligung, deren sinngemäße Handhabung ebenso wie die von Lob und Tadel, Strenge und Humor, straffer Unterordnung und ungebundener Fröhlichkeit dem persönlichen Geschick und richtigen Empfinden des Lehrers überlassen bleiben muß.

Keiner der behandelten Formen des Übungsbetriebs kann ein unbedingter Vorzug vor den anderen zuerkannt werden. Über ihre Anwendung entscheidet, wie stets in der Gymnastik, der jeweilige Zweck. Von einem guten Übungsleiter muß verlangt werden, daß er sich über diesen jedesmal im klaren ist und ohne starre Bindung an ein Schema auch der wechselnden Verfassung der Übenden, ihrer Stimmung und Aufnahmebereitschaft, etwa vorhandenen ablenkenden Einflüssen und ähnlichen Umständen entsprechend Rechnung zu tragen versteht. Vor allem aber vergesse er nie, daß gerade gymnastische Arbeit ohne einen gewissen Freudezuschuß nicht bestehen kann, weil — das sei noch einmal gesagt — ihr das belebende, mitreißende Element des Spiel- und Kampftriebs nicht in dem Maß zur Verfügung steht, wie es die ihren Sinn allein rechtfertigende unbedingte Erfüllung des Übungszwecks wünschen ließe, und daß daher hier, wenn überhaupt irgendwo auf dem Gebiet der Leibesübungen, persönlicher Einsatz des Lehrenden Vorbedingung ist.

III. Konzentration. Übungsdauer. Das Hauptaugenmerk ist bei der Ausführung jeder Übung auf den jeweiligen körperbildenden Zweck zu richten. Alles für die Erreichung dieses Zwecks minder Wichtige, Nebensächliche ist auszuschalten. Dazu gehören oft bestimmte Arm- oder Handhaltungen, Strecken der Finger und Fußspitzen Durchdrücken der Knie und anderes. Allerdings ist die Bewertung dieser Haltungen von Fall zu Fall verschieden. Der Übungsleiter hat zu beurteilen, was für die betreffende Übung wesentlich und was unwesentlich ist, er muß erkennen, ob z. B. eine Armhaltung die Übung wirksamer gestaltet oder mehr der äußeren Ordnung dient, ob das Durchdrücken der Knie oder das Strecken der Fußspitze die Voraussetzung für die Wirksamkeit der Übung bildet oder lediglich der Schauwirkung genügt und bei strenger Beachtung Aufmerksamkeit und Bewegungsgefühl von dem eigentlichen Kern der Übung ablenkt.

Bei reiferen Schülern kann, wie gezeigt, durch Klarmachen des Zwecks nicht nur eine richtige sinnvolle Ausführung erreicht werden, sondern es wird damit gleichzeitig auch innere Anteilnahme und Freude selbst an wenig lustbetonten, dafür aber um so größere Willenskraft und Selbstüberwindung erfordernden Übungen geweckt[1]).

Besonders leicht tritt diese erwünschte psychische Wirkung bei all denjenigen Übungen ein, die anregende Gefühlswerte bereits in sich bergen, wie etwa bei rhythmischen, „aus dem Schwerpunkt heraus" schwingenden, den ganzen Körper erfassenden Bewegungen. An diese muß in erster Linie mit dem Körpergefühl und Bewegungssinn herangegangen werden. Ein zu aufmerksamer Intellekt, ein zu stark gespannter Wille würden hier den natürlichen Ablauf der Bewegung stören oder ganz vereiteln.

Zwischen entspanntem Überlassen der Glieder an die eigene Schwere, lebhaften, vom Gefühl getragenen Schwungbewegungen und zügigen, mit verbissener Energie durchgeführten Kraftübungen bestehen zahlreiche Übergänge und Verbindungen, durch deren geschickte Ausnutzung die Wirkung der geleisteten Arbeit ganz erheblich gesteigert werden kann.

Wenn auch jede Übung so lange durchgeführt werden soll, bis eine Wirkung auf die beteiligten Muskeln, die sich meist in einem leichten Ermüdungsgefühl äußert, deutlich fühlbar ist, so darf doch der Hauptzweck nie darin erblickt werden, *nur* müde zu machen, oder versucht werden, durch gehäufte

Wiederholung ein und derselben Bewegung zu ersetzen, was ihr an Wert oder an Gewissenhaftigkeit und Energie der Ausführung abgeht. Den Ausschlag gibt immer die Konzentration und richtige Einstellung des Übenden selbst. Diese mit der ersten Bewegung herbeizuführen und bis zum Schluß der Arbeit zu erhalten oder gar zu steigern, ist die schwerste, aber auch schönste Aufgabe des Übungsleiters. Er allein vermag hiernach zu ermessen, wie oft eine Bewegung wiederholt werden muß. Merkt er, daß die Güte der Ausführung nachläßt, daß stärkere Ermüdungs- oder gar Unlustanzeichen auftreten, so ist es höchste Zeit, aufzuhören (siehe S. 285 oben).

In der richtigen Verteilung von Anregung, Willensanspannung und Erholung beruht der Erfolg jeder gymnastischen wie überhaupt jeder körperbildenden Erziehungsarbeit.

IV. Übungsformen. Die Bewegungsformen und Ausführungsarten gymnastischer Übungen richten sich nach den besonderen Zwecken, denen sie dienen sollen. Als erster sei die Bekämpfung der bei zahlreichen Menschen in den verschiedensten Körperteilen auftretenden *Dauerspannungen* genannt. Diese zu Unrecht vielfach bestrittenen oder mit falscher Koordination gleichgesetzten, über den normalen Muskeltonus[2]) hinausgehenden Spannungen stellen sich nach *Deppe* bereits um das 5. Lebensjahr herum, und zwar bei Knaben und besonders eigenwilligen Kindern mehr, bei Mädchen und leicht lenksamen Kindern weniger stark ausgeprägt, als Versteifung z. B. in den Gliedmaßen oder im Rückgrat ein und werden durch das Schulleben, vor allem aber später durch das Erwerbsleben mit seiner einseitigen körperlichen, nervösen und willensmäßigen Belastung weiter verstärkt. Sie verursachen infolge ihrer dauernden „statischen" Tätigkeit auch im Ruhezustand, außer im Schlaf, einen ständigen Kraft- und Nervenverbrauch, der bei aktiven Bewegungen durch den zu überwindenden erhöhten Widerstand der Gegenmuskeln weiter anwächst und in unharmonischer, eckiger Gliederführung sichtbar zum Ausdruck kommt. Ihre Beseitigung wird durch *Entspannungsübungen* angestrebt, d. h. durch Bewegungen, bei denen durch willkürliches völliges Lockerlassen, unter Ausschalten jeder bewußten Muskelinnervation, einzelne Körperteile der Schwerkraft überlassen werden, so daß sie beim Herabfallen aus einer Halte rein passiv Pendelschwünge oder federnde, wippende Schwingungen ausführen und erst allmählich unter der Einwirkung der natürlichen (Reibungs- und Tonus-)Widerstände zum Stillstand kommen. Die bereits gekennzeichneten Eigenschaften der Entspannungsübungen lassen sie weiterhin geeignet erscheinen für die Gewöhnung an passive Bewegungen im Zustand völliger Muskelruhe, wie sie auch manche sportliche Übungen (z. B. das Diskuswerfen beim Pendeln des Arms vor dem Schwungholen) erfordern, ferner für die Vorbereitung zur Erlernung des geringsten Kraft-

aufwands durch Ausschaltung nicht benötigter Muskeln und Ausnutzung der
Schwerkraft für die Verfeinerung von Muskelsinn- und Gelenkempfinden[3]),
für die Verringerung eines übermäßig hohen Muskeltonus, daher auch als
Ausgleich für die diesen besonders verstärkenden Kraftübungen und zur
raschen Durchblutung der Muskeln nach solchen Übungen, ferner zur Vorbereitung auf die für manche der angeführten Zwecke noch durchgreifender
wirkenden Dehnübungen, die nur Erfolg haben, wenn die Muskeln von un-
natürlichen „Restspannungen" befreit sind, schließlich auch für eine Art
autosuggestiver beruhigender Lösung psychischer Spannungen, die von man-
chen sogar als das Wesentliche und Wertvollste der Entspannungsübungen be-
trachtet wird.

Sind die Entspannungsübungen rein passiver Natur, so verlangen die ihnen
am nächsten stehenden *Lockerungsübungen* schon eine gewisse aktive Mit-
arbeit. Sie gehören, abgesehen von der einfachsten, nach länger durchgeführten zügigen Kraftübungen besonders wirksamen Form des schlenkernden,
drehenden oder kreisenden Ausschüttelns, zu der großen Gruppe der
Schwungübungen. Der bei ihnen vorherrschende Schwung wird — anders wie
bei den Entspannungsübungen — durch kurze, aktive, leichte stoß- oder zugartige Betätigung entweder nur der Gegenmuskulatur eines Glieds oder umfangreicher Körperteile bzw. des ganzen Körpers („aus dem Schwerpunkt
heraus") ausgelöst. Das heißt, die aktive Bewegung kann entweder auf ein
Glied, z. B. einen Arm, beschränkt bleiben, oder, was wertvoller ist, durch
ruck- oder schwunghafte Bewegungen der Knie und Hüften („Knie-Hüftstoß", „Knie-Hüftschwung") oder durch schritt- und sprungartige Fortbewegung des ganzen Körpers eingeleitet werden. Dabei geht, was besonders
für alle Würfe, Stöße und Sprünge wichtig ist, der Rumpf stets den Gliedern
voraus und zieht sie nach. Der weitere Ablauf der Bewegung vollzieht sich
1. in einfachem passivem Überlassen des entspannten Glieds an das Beharrungsvermögen — „*Pendeln*" oder 2. in Erhaltung des Schwungs durch
rhythmische Erneuerung des Bewegungsantriebes bei jedem oder jedem zweiten bis dritten Pendelschwung — „*Schwingen*" oder 3. in einer Steigerung
des Schwunges durch Verstärkung der nachfolgenden Bewegungsantriebe bis
zum — „*Kreisen*". Der Zweck dieser Übungen besteht, wie der Name besagt,
in einer Lockerung der Muskulatur, die für ihre Ernährung und Arbeits-
fähigkeit die besten Vorbedingungen schafft. Damit wird gleichzeitig das
Gefühl für das richtige Maß und den fließenden Wechsel von Spannung und
Entspannung, für die Ausnutzung der Schwer- und Schwungkraft, kurz für
eine leichte, kraftsparende Bewegungsführung geweckt und gefördert. Daneben bildet die bis zum Kreisen gesteigerte Schwungbewegung eine weitere
Vorbereitung für die Dehnung verkürzter Muskeln und Bänder. Sie kann bei
zunehmender Geschwindigkeit nicht mehr mit völlig entspannter Muskulatur

des betreffenden Körperteils durchgeführt werden, weil die rasch (im Quadrat) ansteigende Zugwirkung der Fliehkraft die nur durch den Tonus der verbindenden Muskeln unterstützten Gelenkbänder zu stark beanspruchen und zu Zerrungen und — auf die Dauer — Funktionsstörungen ("Schlottergelenken") führen könnte. Am leichtesten tritt diese schädigende Wirkung an den ohnehin schon äußerst beweglichen Schultergelenken ein. Im allgemeinen werden jedoch ganz instiktiv oder auf Grund eines leichten Schmerzgefühls die beanspruchten Muskeln rechtzeitig zur Abwehr etwas stärker angespannt. Darüber hinaus ist ein gewisser vorübergehend oder für die Dauer der ganzen Übung einzunehmender Spannungsgrad überall da notwendig, wo völlige Entspannung des bewegten Körperteils die Durchführung der beabsichtigten Bewegung geradezu verhindern würde. Das ist bei der überwiegenden Mehrzahl aller Übungen und Bewegungen der Fall. Selbst beim gewöhnlichen Gehen befinden sich die lose schwingenden Arme nicht, wie vielfach behauptet und verlangt wird, im Zustand *völliger* Entspannung, sondern weisen mindestens in den Schultern und Oberarmen eine über den Tonus des ruhenden Muskels hinausgehende Spannung auf. Ohne diese würden sie gegen die Hüften und Oberschenkel stoßen und dann schlaff und auf der Stelle schlenkernd herabhängen. Ähnliches gilt von Beinschwüngen. Daß ferner ein locker mit herabhängender Hand senkrecht erhobener Arm auch nur für kürzeste Zeit ohne eine gewisse Muskelspannung nicht gehalten werden kann, ist ohne weiteres einleuchtend. Dieses Mindestmaß an Spannung, das gerade genügt, um einen Körperteil in der für die Durchführung der Bewegung unbedingt nötigen Form zu erhalten, wird *Formspannung* genannt.

Die beschleunigten Kreisschwünge bilden bereits den Übergang zu den stärker wirkenden, von ihnen vorbereiteten Dehnübungen (s. S. 36 ff). Das Ziel dieser Übungen ist Erhaltung bzw. Wiedergewinnung oder Steigerung des natürlichen Bewegungsumfangs durch Dehnung der infolge unnatürlicher Lebensweise verkürzten Muskeln, insbesondere der Beugemuskeln, die durch den ständigen Beugezwang fast aller unserer Arbeitsverrichtungen in stärkerer, lang dauernder Spannung gehalten werden und sich diesem Zustand anpassen, ferner durch Lockerung und Dehnung der aus denselben Gründen verkürzten Sehnen und Gelenkbänder. Eine Versteifung der Gelenke vornehmlich durch Starrerwerden der Verstärkungsbänder tritt, selbst bei Vermeidung einer fehlerhaften Lebensweise, mit zunehmendem Alter ein. Auch ihr kann durch Dehnübungen wirksam begegnet werden. Ausgeführt werden die Übungen entweder *schwunghaft* mit vorangehendem weitem Ausholen oder *federnd, wippend,* d. h. mit kleinen ruckartigen Bewegungen, die unter jedesmal geringerem Ausholen taktmäßig aufeinanderfolgen und die bereits gedehnten Muskeln und Gelenkbänder bei jeder Wiederholung noch etwas weiter dehnen. In der Wirkung ist die zuletzt genannte Art der zuerst erwähnten oft überlegen, einmal, weil die beteiligten Muskeln in Erwartung des bei kräftigen ausholenden Schwüngen mit nachfolgender heftiger Dehnung auftretenden Schmerzgefühls durch unwillkürliches Zusammenziehen der Gegenmuskeln die Bewegung und damit die Wirkung häufig abbremsen, dann auch, weil infolge des geringeren Bewegungsausmaßes die Beanspruchung der beteiligten Muskeln und Bänder nie so plötzlich und unvorbereitet eintreten und Zerrungen verursachen kann, wie das bei unvorsichtigen energischen Schwüngen möglich ist. Um auch bei den letzteren Schädigungen auf jeden Fall zu vermeiden, dürfen die Schwünge nie gleich mit voller Kraft einsetzen, sondern müssen leicht begonnen und erst allmählich gesteigert werden. Aus demselben Grund ist bei kühler, feuchter Witterung darauf zu achten, daß die beanspruchten Muskeln vorher durch andere Bewegungen genügend erwärmt werden. Besonders durchgreifend wirkt eine Verbindung des Federns mit einzelnen dazwischen gelegten größeren Dehnschwüngen. Die aktive Dehnung ist gleichzeitig mit einer Kräftigung der sie bewirkenden Gegenmuskeln (Gegenspieler, Gegenwirker, Antagonisten) verbunden.

Noch wirksamer ist die *passive* Dehnung durch einen *Helfer:*

Diese Übungsform gehört zu der Gruppe der „Partnerübungen". Man bezeichnet damit Übungen, die zu zweien (oder mehr) mit gegenseitiger Unterstützung ausgeführt werden, wobei sich folgende Möglichkeiten ergeben:

1. Beide Übenden führen miteinander aktiv gleichzeitig oder in fortlaufendem Wechsel dieselben Bewegungen aus (Übungen *zu zweien*). (**Z**)

2. Der eine Partner wird zum lebenden Gerät, indem er durch Halten, Stützen oder Tragen dem andern den Stützpunkt für die aktive Ausführung einer Übung gibt; er ist lediglich Helfer, ohne sich an der Bewegungsführung selbst zu beteiligen (Übungen *mit Helfer*). (**H**)

3. Der Helfer führt mit dem sich passiv verhaltenden Partner (Dehn-) Übungen aus, bzw. leistet durch Verstärkung aktiver Bewegungen die Hauptarbeit (*Passive* Übungen). (**P**)

4. Beide Partner arbeiten mit ihren Bewegungen gegeneinander, leisten sich gegenseitig Widerstand und überwinden ihn nach Vereinbarung *(Widerstandsübungen)* (**W**) oder im *Kampf* (**K**). Hierzu können auch die Übungen gerechnet werden, bei denen der zu überwindende Widerstand nicht durch eine aktive Tätigkeit, sondern lediglich durch das *Gewicht* des Partners dargestellt wird, sei es, daß dieses gehoben, getragen, geschoben, gezogen oder in irgendeiner anderen Form bewegt werden muß. (Gruppe: Heben Tragen, Aufsteigen, Stützspringen.)

Passive Dehnungen müssen, besonders bei Jugendlichen, vorsichtig gehandhabt werden, weil hierbei Schädigungen infolge größerer Nachgiebigkeit des jugendlichen Gewebes und größerer „Unnachgiebigkeit" des jugendlichen Partners, der ja selbst durch keinerlei Schmerzgefühl gehemmt wird, leichter möglich sind. Allen Dehnübungen gemeinsam ist das entspannte Überlassen an die durch die Gegenmuskulatur erzeugte federnde, schwingende oder kreisende Bewegung bzw. an den Druck oder Zug des Helfers, denn nur in entspanntem Zustand ist der Muskel für die beabsichtigten Wirkungen empfänglich und gestattet genügend Bewegungsumfang und Einwirkung auch auf die Gelenkbänder. Diese Wirkung besteht übrigens nicht nur in der Behebung etwa vorhandener Verkürzungen durch Anpassung an die mechanische Verlängerung, sondern auch in einem Festerwerden der Bänder und Sehnen und darüber hinaus, infolge des durch den Zug ausgelösten Reizes, auch in einer Wachstumszunahme, die ihrerseits wieder die Verlängerung und Festigung fördert und sich bei Jugendlichen auch auf die Ansatzstellen an den Knochen, also auf das Skelett, erstrecken kann.

In gesteigertem Maße gilt das von den *Schnellkraftübungen*[4]). Ihr Zweck ist ein dreifacher: Für die Schulung der Nerven: Steigerung der Reaktionsfähigkeit (daher auch „Reaktionsübungen"), d. h. der Fähigkeit, Willensantrieben auf das schnellste zu entsprechen, bzw. einen äußeren Eindruck augenblicklich in einen Willensimpuls umzusetzen; hinsichtlich der Muskeln: Erlernung schnellster An- und Abspannung; bezüglich der Bänder und Gelenke: Gewöhnung an plötzliche starke Zugbeanspruchung. Die Bewegungen können auf Kommando oder Zeichen, und zwar entweder unvorbereitet oder nach vorausgegangenem Ankündigungskommando ausgeführt werden, z. B. nach vorbereitendem Ausholen (wie bei den Sprüngen) oder ohne Vorbereitung aus der ruhigen Gleichgewichtslage (wie etwa bei Boxstößen und anderen Stoßbewegungen). Ähnlich wie die Dehnübungen nutzen auch die Schnellkraftübungen die vorhandene Bewegungsmöglichkeit mindestens nach einer Richtung restlos aus. Die Plötzlichkeit des zusammengefaßten Schwungs oder Stoßes, die mit dem Ablauf der Bewegung rasch anwachsende Geschwindigkeit der unbelasteten Gliedmaßen und die in der Endwirkung schließlich summierte Bewegungsenergie bedingen bei allen Stoß- und Wurfbewegungen eine erhebliche Beanspruchung der Gelenke, die ohne Schädigungen nur ertragen werden kann, wenn die die gefährdeten Stellen überbrückende Muskulatur eine erhöhte Spannung einnimmt. Diese muß zeitlich und graduell so fein abgestimmt sein, daß die Unterstützung der Gelenkbänder möglichst wenig auf Kosten der Bewegung geht. Bei geradlinig verlaufenden Bewegungen, wie bei allen Stößen und den meisten Würfen, ist das deswegen nicht immer einfach, weil die gleichen Muskeln, die die Bewegung hervorbringen und beschleunigen, sie auch mit abbremsen müssen, während diese

Aufgabe bei bogenförmigen, schlagartigen Bewegungen, wie Kreis- und Drehschwüngen, nur den schon von Anfang an „führenden" und leicht gegenhaltenden Antagonisten zufällt[5]). Infolge der erhöhten Gefahr der Bänderzerrung, der z. B. kaum ein sportlicher Werfer ganz entgeht, müssen auch hier die Bewegungen leicht begonnen werden, ehe sie nach und nach bis zum höchsten Krafteinsatz gesteigert werden können.

Die erwähnte Art des Abbremsens beansprucht die Kraft der beteiligten Muskeln in ziemlich hohem Maß und nähert sich, besonders wenn sie mit einer sofort anschließenden schwunghaften Rückbewegung verbunden wird, bereits den reinen *Kraftübungen*. Diese haben ganz allgemein den Zweck, eine Kräftigung der Muskeln herbeizuführen — weshalb sie gelegentlich auch „Kräftigungsübungen" genannt werden —, d. h. die absolute Kraft (s. S. 275 f)[6]) bei der Zusammenziehung zu steigern. Auf zweierlei Weise ist das möglich, 1. dadurch, daß der Muskel qualitativ gebessert wird, indem er hinderliche Bestandteile wie Fettgewebe und Wasser verliert und es lernt, den auf ihn einwirkenden Nervenreizen rasch und bis zur vollen Zusammenziehung zu entsprechen, 2. dadurch, daß seine einzelnen Fasern und damit der ganze Muskel an Masse zunehmen, dicker werden. Ein Dickenwachstum erfolgt aber erst auf einen bestimmten Reiz hin, den sogenannten *Wachstumsreiz* (s. S. 279 f). Dieser tritt ein, wenn die Beanspruchung des Muskels eine gewisse Stärke erreicht, die „Reizschwelle", bei der der Reiz anfängt wirksam zu werden, überschreitet und damit zum „überschwelligen" Reiz wird. Nun liegt eigenartigerweise diese Reizschwelle erheblich über der Grenze, bis zu der der Muskel in der vorhin angedeuteten Art qualitativ gefördert werden kann. Ist es z. B. gelungen, durch allmählich gesteigertes Üben von Kniebeugen die Beinmuskulatur *qualitativ* so weit zu verbessern, daß etwa 30 Kniebeugen ohne sonderliche Ermüdung geleistet werden können, so genügt es, um die Muskeln nun auch *quantitativ* zu entwickeln und zum Wachsen zu bringen, nicht, die Zahl der Kniebeugen schrittweise, etwa auf 40 zu erhöhen. Der Muskel hat nämlich die Eigenschaft, sich an einen vorsichtig gesteigerten Reiz so zu gewöhnen, daß er die ihm in dieser Weise bekanntgewordene Leistungsanforderung nicht mehr als Reiz, wenigstens nicht als Wachstumsreiz, empfindet. Statt dicker zu werden, würde er im Gegenteil auf die zur Dauerübung gewordene Bewegung, falls noch entbehrliche Bestandteile zurückgeblieben sind, durch Ausscheiden dieser mit Hagerer- und Dünnerwerden reagieren. Erst eine fremde, ungewohnt starke Beanspruchung, ein „Reiz der Neuheit", kann den notwendigen Wachstumsreiz, der zur Massenzunahme führt, auslösen. Man müßte also in dem gewählten Beispiel dazu übergehen, Kniebeugen und -strecken auf *einem* Bein oder mit Belastung zu üben oder noch weiter abweichende, neuartig wirkende Übungen einzuschalten. Für die Anwendung von Kraftübungen ergeben sich hieraus zwei Grundsätze: 1. Jede Kraftübung muß so anstrengend sein, daß sie einen Wachstumsreiz auslöst. 2. Nach erfolgter Gewöhnung an diesen Reiz ist eine weitere Massenzunahme nicht durch Wiederholung oder allmähliche Steigerung, sondern nur durch Wechsel in Maß und Art der Beanspruchung zu erreichen.

Da mit der Kräftigung der Muskeln gleichzeitig auch eine Verkürzung und ein erhöhter Widerstand gegen Dehnung verbunden ist, erscheinen die Kraftübungen besonders dazu berufen, eine Hauptrolle in der Bekämpfung der allgemeinen Muskelschlaffheit unserer Zeit und der durch den Beugezwang besonders überdehnten Streckmuskulatur zu spielen.

Die Bewegungsführung ist hierbei vorzugsweise eine langsame, zügige unter Ausnutzung des weitesten Weges von der äußersten Dehnung bis zur schärfsten Zusammenziehung bei gleichzeitiger Überwindung eines Widerstandes, der entweder durch das Gewicht des eigenen Körpers oder das eines Partners — noch wirksamer — als *Widerstandsübung* durch aktive Gegenwirkung des Partners gegeben wird. Derartige Übungen bieten die Möglichkeit, den erforderlichen Widerstand den Kräften des Übenden in jeder Bewegungsphase so gut anzupassen, wie das auf andere Weise nicht zu erreichen ist, nicht nur dynamisch, vom leichten Nachgeben allmählich bis zum wettkampfartigen Messen der Kräfte ansteigend und wieder absinkend, sondern auch zeitlich von langsamster, zentimeterweise vorrückender bis zu schnellkräftiger ruckartiger Bewegung. Sie sind überdies oft das einzige Mittel, um „tote" Stellen zu wecken, d. h. Muskeln zur Arbeit zu zwingen, die nicht mehr allein durch den Willen zur Arbeit anzuregen sind. Voraussetzung für die dazu nötige gute Anpassung der Übenden aneinander ist eine richtige Zusammenstellung der Partner nach Größe und Stärke. Die besonders wachstumsfördernde Wirkung derartiger Übungen beruht auf einer kräftigen Steigerung des Stoffwechsels infolge des starken Reizes reichlich gebildeter Ermüdungsstoffe auf die Erweiterungsfähigkeit der Kapillaren und die Durchlässigkeit ihrer Wandungen für die mit dem Blut zugeführten Nährstoffe und die abzuführenden Stoffwechselprodukte.

Neben diesen Übungen erscheint die bereits angedeutete Bewegung in Form des schnellkräftigen Schwingens von einer Seite zur anderen für die Kraftbildung besonders geeignet. Die Muskeln werden dabei zunächst durch den auslaufenden Schwung gedehnt, müssen dann die Bewegung abbremsen und sofort durch energisches Zusammenziehen den Gegenschwung einleiten. Der bei langsamer Bewegung nur durch die Schwere gegebene Widerstand wird durch die lebendige Kraft der bewegten Körperteile wesentlich erhöht und wächst mit zunehmender Schnelligkeit weiterhin rasch an. Ein besonderer Vorteil dieser „*straffen Schwünge*" besteht darin, daß infolge der gleichförmigen, taktmäßig wiederkehrenden Bewegung die Beanspruchung der Nerven verhältnismäßig gering ist, die Übung also bei geringerer Ermüdung länger durchgeführt werden kann. Als weiterer Vorzug ist zu betrachten, daß infolge des regelmäßigen Wechsels von Dehn- und Kraftbeanspruchung die Bildung einer knolligen, unnachgiebigen und wenig schnellkräftigen Muskulatur, wie sie einseitig betriebene, zügige Kraftarbeit leicht zur Folge hat, vermieden wird.

Diese Vorteile bietet die Form der *Halten,* d. h. des längeren Verharrens in einer angespannten Stellung, das infolge der höheren Reizwirkung sich stauender Ermüdungsstoffe die Dickenzunahme und Kraftleistung der Muskeln stark begünstigt und deshalb einmal die Hauptrolle in der Gymnastik spielte, *nicht.* Besonders Jugendliche zeigen hauptsächlich wegen des dazu benötigten unverhältnismäßig großen Aufwands an Willenskraft und hieraus folgender rascher Gesamtermüdung (s. S. 277 f) ohne äußerlich erkennbaren Leistungserfolg eine starke Abneigung gegen diese Übungsform, die überdies leicht zu fehlerhafter Anspannung unbeteiligter Muskeln, unerwünschter Feststellung der Gelenke, Verkrampfung, unvollständiger Kontraktion und zur Unterbrechung der Atmung verleitet. Noch von anderen Gesichtspunkten aus gelangt *Köchel* zu einer Ablehnung der Halten. Er verurteilt sie vom Standpunkt der Lebenskunde, nach der der Gesamtbau des Körpers auf Bewegung eingestellt ist; der Mechanik, weil unsere Glieder Schwunghebel mit kurzem Kraft- und langem Lastarm sind; des Baus unserer Knochen, die für Halten ungeeignet erscheinen; der Arbeitsweise, weil die Muskeln und Nerven bei Halten besonders leicht ermüden; des Seelenlebens, in dem die Halten Unlustgefühle auslösen, weshalb sie auch zu Strafen durch Fesselung und als Bußübungen verwandt würden; der Schönheitslehre, denn es sei nicht schön, daß der Lebendige Bewegungsloses, Totes, darzustellen versuche.

Der höhere Wert der Bewegung steht also fest und hat sich auch überall in der Gymnastik durchgesetzt.

Trotzdem erscheint ein völliges Überbordwerfen dieser Übungsform noch nicht gerechtfertigt. Eine besondere Aufgabe der Kraftübungen, die ihnen auch die Bezeichnung *Haltungsübungen* im engeren Sinne eingetragen hat, besteht nämlich darin, die für die Körperhaltung besonders wichtigen Muskeln so zu kräftigen, daß sie der Wirbelsäule und dem gesamten Körper nicht nur im Stehen und Gehen eine aufrechte Haltung geben, sondern auch den Oberkörper während der vielstündigen Sitzarbeit, der der heutige Kulturmensch schon vom ersten Schuljahr an unterworfen ist, in einer freien, die Arbeit von Herz und Lunge nicht beeinträchtigenden Stellung zu halten vermögen, und zwar mühelos und ohne stete Willensanspannung. Die Tätigkeit dieser Muskeln — es sind in erster Linie der lange Rückenstrecker und die queren Rückenmuskeln — ist also hierbei, auch wenn sie nicht in einer völligen Zusammenziehung sämtlicher Fasern besteht, eine „haltende" in dem Sinne, wie er in der Übungsform der „Halten" zum Ausdruck kommt. Ähnliches gilt für die Beinmuskulatur und wahrscheinlich noch für eine ganze Anzahl anderer Muskelgruppen. Die „haltende" Anspannung der Rückenmuskeln wird noch stärker beansprucht beim Tragen von Lasten oder beim Hochhalten des Kopfs in waagerechter Lage, wie es z. B. das Brustschwimmen und — bezeichnenderweise — auch gewisse Grundübungen des orthopädischen Turnens erfordern. Aus diesen nicht zu übergehenden Gründen müssen gelegentlich auch Halten, natürlich unter Vermeidung falscher Anspannung und Atemunterbrechung und überhaupt mit Maß und im Einzelfall nicht über die Dauer weniger Atemzüge hinausreichend, geübt werden.

In den letzten Jahren haben die Übungen statischen Charakters eine Bedeutung erlangt, die über das ihnen einst — und auch in der hier vertretenen Körperschule — zugebilligte Maß weit hinausgeht, nämlich im sportlichen Training, unter dem Namen *isometrische* Übungen, denen gegenüber alle anderen, mit Bewegungen verbundenen Übungen *isotonisch* genannt werden. (Die Bezeichnungen sind aus der Physik und Musik übernommen; isis = gleich; metron = Maß; tonos = Spannung.) Demnach gelten als „isometrisch" alle Muskeltätigkeiten, die auch bei höchster Anspannung keine Raum- oder Lageveränderung, also keinerlei Bewegung der angespannten Körperteile zur Folge haben, weil der ihnen entgegenstehende Widerstand diese nicht zuläßt, während als „isotonisch" alle bewegt ausgeführten Übungen — bei denen die Muskelspannung unverändert gleich bleibt — bezeichnet werden. Eine für die gesamte Bewegungsdauer gleichbleibende Muskelspannung trifft aber nur für die wenigsten „isotonischen" Übungen zu. Der Spannungsgrad, sowohl der die Bewegung einleitenden und durchführenden wie der sie regulierenden und abbremsenden Muskeln und Muskelgruppen ändert sich vielmehr in jeder Bewegungsphase; andererseits wird bei den „isometrischen" Übungen gewöhnlich ein gleiches, nämlich ein Höchstmaß an Spannung erstrebt (das „metrische", also das gleichbleibende „Maß" läßt sich dem Wortsinn nach ohnehin eher auf das Maß der Anspannung als auf das des — nicht zurückgelegten — Weges oder der Muskellänge beziehen). Mir erscheinen daher die Bezeichnungen „statisch" und „dynamisch" zutreffender als die Ausdrücke „isometrisch" und „isotonisch".

Zu den isometrischen/statischen Übungen, die sich in der hier behandelten Körperschulung vorfinden, gehören alle Übungen, in denen die Bewegung für eine gewisse Zeit unterbrochen wird, jedes Verharren in einer angespannten Stellung, alle Formen von „Brücken" oder „Rumpfsenkhaltungen" z. B., alle Widerstands- und Kampfübungen für die Dauer, in der das Kraft-

gleichgewicht der Partner einen Bewegungsstillstand erzwingt. Weit zahl-
reicher — und wohl der eigentliche Grund, ihnen neue Namen zu geben —
sind jedoch die Übungsformen, die in einem Drücken, Pressen, Stemmen,
Hebeln, Drehen oder Ziehen an unnachgiebigen Widerständen (Wänden,
Pfosten, Turn- oder allen möglichen anderen unbeweglichen Geräten) oder
der eigenen Glieder gegeneinander, bzw. am Rumpf bestehen. Ihre weite
Verbreitung im Krafttraining haben sie erst erlangt, als man feststellte, daß
eine nur sechs Sekunden dauernde volle Anspannung eines Muskels täglich
genügt, um ihm einen ausreichenden — sogar optimalen — Anreiz zum
Dickenwachstum zu geben; daß man mit solchen, in ihrer Ansatzvielfalt
unbegrenzten Spannungen auch kleinste, schwach entwickelte, wenig in Tätigkeit tretende, aber für die Gesamtform nicht unwesentliche Muskelgruppen
kräftigen kann; daß sich der Wachstumsreiz einfacher als bei ständig wechselnden Bewegungsabläufen dosieren läßt; daß sie infolge der nur kurzen
Einwirkungsdauer im Einzelfall zu keiner wesentlichen Ermüdung führen
und Zeit sparen. So sind ganze Systeme entstanden, die nur auf dieser Art
„Isometric" fußen.

Die Gründe, weshalb derartige Formen statischer Kräftigungsübungen trotzdem hier nicht aufgenommen sind, liegen zunächst in ihren bei den „Halten"
aufgezeigten Mängeln (s. S. 20). Zu diesen seien noch genannt: die *Durch-
blutungshemmungen*, die jede starke, selbst nur sechs Sekunden dauernde
Muskelspannung durch den Preßdruck der sich verkürzenden und verdicken-
den Muskelfasern innerhalb der zähen Muskelfazie auf die zwischen ihnen
verlaufenden Blutgefäße verursacht — während der ständige Wechsel zwischen Muskelspannung und -entspannung, der zu jeder Bewegung gehört,
die Durchblutung geradezu wie eine „Muskelpumpe" fördert; ferner — noch
einmal — das Anhalten des Atems, die sogenannte *Pressung*, d. h. die erhebliche Steigerung des Luftdrucks innerhalb des von den Stimmbändern nach
einer vollen Einatmung abgeschlossenen und durch eine kräftige Ausatmungs-
bewegung gespannten Brustraums. Ein „Aufpumpen" und Feststellen des
Brustkorbs ist aber bei den meisten über die Dauer eines Atemzugs hinausreichenden Kraft-, insbesondere bei allen statischen Widerstandsübungen,
deswegen nötig — und nur bei ständiger, sorgsamer Atemkontrolle und Übung
einigermaßen vermeidbar —, um ihm seinerseits die nötige Widerstands-
fähigkeit als Basis für die zu leistende Schwerarbeit der Skelett-(Gliedmaßen-
und Rumpf-)Muskeln zu geben. Da aber das Herz im Brustraum liegt, wird
auch dieses unter Druck gesetzt und seine Arbeit, insbesondere auch die Blutzufuhr zu ihm (aus der unteren und oberen Hohlvene) erschwert, seine Blut-
entleerung dagegen beschleunigt, so daß es gerade während dieser Zeit der
erhöhten Anstrengung schlecht mit Blut und Sauerstoff versorgt wird. Dem
Lösen der Pressung durch Ausstoßen der verbrauchten Restluft folgt dann

sofort eine besonders tiefe und schnelle Einatmung, bei der das vor der Brusthöhle gestaute Blut mit vermehrter Kraft unter hohem Druckgefälle in die ohnehin schwächere rechte Herzhälfte zurückströmt und sie für einen Augenblick überdehnt. Das kann sich bei häufigen, rasch aufeinanderfolgenden, durch die geringe Ermüdung provozierten Wiederholungen schädigend auswirken.

Daß überdies eine Kraftzunahme der Muskeln durch statische — nicht jedoch durch dynamische — Übungen die Schnellkraft (z. B. die Sprungfähigkeit) *nicht* fördert, sondern sie bei ausgiebiger Verwendung solcher Übungen sogar herabsetzt, ergibt sich nicht nur aus den bekannten Gesetzen der Anpassung (s. S. 278), sondern ist auch durch mehrfache Untersuchungen und die Trainingspraxis erwiesen. Daher macht das isometrische Krafttraining selbst im Bereich der Schwerathletik nur etwa $1/6$ des Gesamttrainings, bei allen anderen Sportzweigen weit weniger aus.

Der Hauptgrund aber, der gegen die Aufnahme spezifisch isometrisch/statischer Übungen in eine zu allererst für die Jugendlichen in Schulen und Vereinen berechnete Körperschule sprach, ist — neben der fehlenden Kontrollmöglichkeit des vollen individuellen Einsatzes bei der Arbeit gegen unnachgiebige, gegenständliche oder eigenkörperliche, Widerstände — ein psychischer: das Unbefriedigende, das für den normalen Jugendlichen darin liegt, seine Kraft und seinen Willen gegen einen absolut unverrückbaren Widerstand, ohne jede Möglichkeit eines erkennbaren (Bewegungs-)Erfolgs, also gewissermaßen „nutzlos", einzusetzen. Für die Arbeit mit zielbewußten Erwachsenen oder besonders trainingsfreudigen, ehrgeizigen Jugendlichen mag dieser Gesichtspunkt minder bedeutsam sein. Er erschien mir aber im Hinblick auf die Allgemeinheit der Jugendlichen über alle physiologischen Gesichtspunkte hinaus entscheidend.

Noch ein kurzes Wort über *Dauerübungen*, d. h. Übungen, die längere Zeit ununterbrochen, meist in rhythmischem oder taktmäßigem Wechsel verlaufen, die Muskeln infolge Ausscheidung aller entbehrlichen Stoffe, besonders aber durch Bildung neuer, die Sauerstoffzufuhr verbessernder Kapillaren (s. S. 279) weniger ermüdbar, also ausdauernder machen und vor allem die Herz- und Lungenkraft fördern. Die typische Dauerübung ist der Dauerlauf, der ebenso wie die meisten anderen Dauerübungen nicht mehr in das Gebiet der hier behandelten Gymnastik gehört. Lediglich die Hüpfübungen bilden ein, allerdings vorzügliches Mittel, die von den Dauerübungen auf Kreislauforgane und Muskulatur ausgeübten Wirkungen zu erreichen, was schon die bevorzugte Stellung beweist, die sie als Seilspringen im Ausdauertraining der Boxer einnehmen.

Ob einzelne der in diesem Abschnitt behandelten Übungsformen bevorzugt werden dürfen oder müssen und welche, hängt in jedem Fall von dem vorliegenden besonderen Zweck ab, der wiederum in der Regel durch die körperliche Beschaffenheit der Übenden und die Art der gefährdenden Umwelteinflüsse bedingt ist. Aus dem Charakter und der dargelegten Wirkungsweise der verschiedenen Übungsarten geht hervor, welche Bewegungsformen für die im einzelnen hervortretenden körperlichen Schwächen oder Sonderziele betont zur Anwendung kommen müssen. Von näheren Anweisungen oder beispielsweisen Erläuterungen kann daher wohl an dieser Stelle abgesehen werden. Ebenso dürfte über die nachteiligen Folgen einer einseitigen Bevorzugung bestimmter Übungen, etwa im Sinne der Kraftbildung oder Lockerung, kein Zweifel bestehen. Die größte Wirkungsmöglichkeit bietet sich auch in der Gymnastik da, wo die naturgegebene körperliche Vielseitigkeit ausgenutzt wird. Unbeschadet der oft notwendigen stärkeren Heranziehung einer Übungsgattung soll man deshalb stets auch die übrigen Grundformen in sinngemäßem Wechsel auf den Körper einwirken lassen. Es mögen also z. B. auf Kraftübungen Entspannungen, Lockerungen oder Dehnungen, auf zügige Bewegungen oder Halten schwungvolle, schnellkräftige, sprunghafte, auf isolierte Bewegungen solche des ganzen Körpers folgen und mit dem Übungscharakter und den am meisten beanspruchten Körperteilen auch die Bewegungsrichtungen wechseln, so daß schließlich jeder Bewegung eine „Gegen-", „Ausgleichs-" oder „Erholungsübung" entspricht. Dieser lebendige Wechsel verbürgt nicht nur Sicherung gegen einseitige Verbildung, Verhütung örtlicher oder allgemeiner Überanstrengungen, bessere Zeitausnutzung infolge Zurückhaltung der Ermüdung, durchgreifendere Einwirkung auf die Muskulatur, die ja auf ständig einseitige Bewegungsreize schließlich nicht mehr reagiert, sondern nicht zuletzt auch Hebung der seelischen Stimmung und inneren Teilnahme, ohne die auch in der Gymnastik erfolgreiche körperliche Erziehungsarbeit nicht geleistet werden kann.

V. Einige Stellungen, Haltungen, Bewegungen. In der *Lauf-* oder Parallelstellung, in der die Übungen, bei denen keine Ausgangsstellung angegeben ist, ausgeführt werden, stehen die Füße mit etwa zwei Fußbreit Zwischenraum nebeneinander.

Die *Seitgrätschstellung* mit genau nach vorn, also ebenfalls parallel gerichteten Füßen und gestreckten Knien hat den Zweck Rumpfbewegungen auf den Oberkörper zu konzentrieren und Seitdrehen und Ausweichen des Beckens nach Möglichkeit zu verhindern. Dieser Zweck wird aber nur erreicht, wenn die ganzen Sohlen während der Bewegung fest am Boden und die Knie gut gestreckt bleiben. Jede ungewollte Mitbewegung in den Hüft-, Knie- und Fußgelenken nimmt dem Oberkörper einen Teil der ihm zugedachten Bewegungen ab und vermindert damit die beabsichtigte Wirkung auf die Rumpfmuskulatur und Wirbelsäule. Durch die Parallelstellung der Füße wird ferner die Gefahr einer Heranbildung oder Förderung von X-Beinen, Knick- und Senkfüßen so gut wie ausgeschaltet. Trotzdem vermeide man eine übertriebene Verwendung dieser Stellung und ersetze sie nach Möglichkeit durch die Laufstellung, mindestens beim Üben mit Kindern in noch sehr jugendlichem Alter oder mit Frauen, die ja infolge größerer Beckenbreite zur X-Beinhaltung neigen, und überall da, wo sonst eine gewisse Veranlagung für die oben gekennzeichneten Fehler vorliegt.

Bei allen *Drehbewegungen* um die Längsachse mit gleichzeitigen Armbewegungen achte man darauf, daß der Blick der in der Drehrichtung schwingenden Hand folgt. Dadurch wird eine ausgiebige Drehung der Wirbelsäule bis in die obersten Abschnitte hinein erreicht.

Rumpfrückbeugen besteht mehr in einer Streckung der Brust- und Halswirbelsäule, als in einem Hintenüberfallen des Kopfs und Einbeugen der Lendenwirbelsäule. Die übertriebene Furcht vor etwaigen Schädigungen, die durch eine kräftigere Inanspruchnahme der Lendenwirbelsäule nach der Richtung ihrer natürlichen Krümmung herbeigeführt werden könnten, vermag ich allerdings, soweit sie sich auf die unsern Händen anvertraute normale, gesunde Jugend bezieht, nicht zu teilen. Die Sonderbehandlung krankhaft oder anomal veranlagter Jugendlicher gehört nicht mehr in das Gebiet dieser Gymnastik. Zu ihrer Aufgabe gehört es vielmehr, auch die Schmiegsamkeit der Wirbelsäule in allen ihren Teilen und nach allen Richtungen hin zu erhalten. Dazu sind Übungen notwendig, die ausgiebige Beugungen der Wirbelsäule, auch der Lendenwirbelsäule, verlangen und dementsprechend ausgeführt werden müssen.

Nach lang dauernden *Kraftübungen* und *Halten* lasse man die beanspruchten Glieder locker ausschütteln, um den entstandenen erhöhten Muskeltonus rascher zu beseitigen und das vor den Venenklappen angestaute Blut schneller zum Abfließen zu bringen. Ebenso verfahre man nach länger durchgeführten Dehnübungen und Kreisschwüngen. Auch durch lockeres Klopfen und Abstreichen der Muskeln in der Richtung zum Herzen kann der erstrebte Blutdurchtritt durch die Gewebe gefördert werden.

[1]) Es sei auch an dieser Stelle betont, daß Willenskraft, Selbstbeherrschung und Einsatzbereitschaft ein wesentliches Ziel jeder Leibeserziehung sind, im Unterschied zum nur auf Muskelbildung bedachten „Body-building"-Betrieb.

[2]) Der normale „kontraktile" Tonus (unterschieden von dem „plastischen" Tonus der glatten Muskulatur etwa der Gefäßwände oder des Magendarmkanals wird durch ununterbrochene, äußerlich nicht wahrnehmbare Kontraktion ständig wechselnder und deshalb nicht ermüdbarer Fasern der Skelettmuskeln erhalten. Neuerdings nimmt man an, daß an seinem Zustandekommen eine besondere Art dünner, langsam leitender Nerven beteiligt ist. Er erhöht sich sowohl bei Erregung wie bei Ermüdung. Seine Herabsetzung fördert die Erholung. (Nach Nöcker.)

³) Der Muskelsinn (auch „Tiefensinn" genannt) vermittelt, zusammen mit dem Gleichgewichtsorgan der drei Bogengänge im inneren Ohr, durch besondere Sinnesorgane („Rezeptoren" — s. „Muskelphysiolog. Bemerk." S. 277) in den Muskeln, Muskelfaszien, Sehnen und Gelenkkapseln nicht nur das Empfinden für die jeweilige Anspannung („Kraftempfinden"), sondern auch für die Lage des Körpers im Raum und ist das wichtigste Organ für die Korrektur und Koordination aller Körperstellungen, -haltungen und -bewegungen (nach Nöcker).

⁴) Der Begriff „Schnellkraft" schließt den der „Schnelligkeit", nämlich einer schnellen Reaktionsfähigkeit, ein. Schnelle, umfangreichere Bewegungen — und erst recht irgendwelche Leistungen im Laufen, Springen, Werfen, Stoßen — sind ohne eine gewisse, dem Gewicht der zu bewegenden Körperteile oder Geräte entsprechende „Kraft" nicht möglich. Daher wird hier auf den Begriff der „Schnelligkeit" als Übungsform und Übungsart an sich verzichtet.

⁵) Im Zusammenspiel und der Aufeinanderfolge der an jeder umfangreicheren Bewegung beteiligten Muskelgruppen tauschen diese (von T. Nett als „Streckschlingen" und „Bremsschlingen" bezeichneten „Muskelketten") meist ihre Tätigkeit als Bewegungswirker (Synergisten) bzw. als Gegenwirker (Antagonisten) miteinander aus.

⁶) Um jede Möglichkeit einer Verwechslung von „Schnellkraft" und „Kraft" auszuschließen, wird statt „Kraft" auch der Ausdruck „Stärke" gesetzt. Davon wird hier abgesehen, weil der Gegensatz zu einer „schnellen" Kraftleistung, nämlich eine „langsame", zügige oder statische klar genug erscheint.

Einrichtung des Buchs

(in Stichworten)

Übungsfolge in den Unterabschnitten: Stehen, Knien, Sitzen, Liegen, Partnerübungen; innerhalb der *Partnerübungen:* Stehen, Knien, Sitzen, Liegen,
Heben, Tragen, Kampf.

Übungsbeschreibung. Reihenfolge: Ausgangsstellung: Bein-, Rumpf-, Armbewegungen.

durch Komma Getrenntes: gleichzeitig ausführen.

durch Strichpunkt Getrenntes: nacheinander ausführen oder andere Ausfüh-
rungsart.

Auch; a) b) c) usw.: neue Übungsform.

Einklammerung: freigestellte andere Stellung, Haltung oder Bewegung.

Nicht angegeben: Rückbewegung; Ausführung nach der andern Seite; Partner-
wechsel.

▲ = Übungen in Bodenlage: *Bauch-, Rücken-, Seiten-, Kipplage, Kerze,
Rollen*

Z = Partnerübungen: *zu zweien und mehr*

H = Partnerübungen *mit Helfer*

P = *passive* Partnerübungen

W = *Widerstandsübungen*

K = *Kampfübungen*

Arme und Schultern

Lockerungs- und Dehnübungen

a) Entspannung

Zweck: Beseitigung falscher — anerzogener oder nervöser — Spannungen.
Verringerung eines übermäßig starken Muskeltonus.
Vorbereitung für Muskeldehnung.
Gewöhnung an passive Bewegungen im Zustand völliger Muskelruhe.
Vorbereitung für die Erlernung des geringsten Kraftaufwands bei jeder
Bewegung durch Ausschaltung nicht benötigter Muskeln und Ausnutzung
der Schwerkraft.
Verfeinerung von Muskelsinn und Gelenkempfinden.
Rasche Durchblutung der Muskeln nach Kraftübungen.

Ausführung: Glieder bewußt in entspanntem Zustand der Schwerkraft überlassen.

Atmung: Beim Fallenlassen ausatmen.

1 *Arme fallen lassen.* Zwanglose Hochhalte: Arme entspannt („wie leblos")
fallen und auspendeln lassen. (Die Arme fallen senkrecht in sich zusammen — nicht gestreckt im Bogen — herab; die Hände gleiten dicht an
den Schultern vorbei. Bei richtiger Ausführung ist ein ziemlich kräftiger
Ruck in den Gelenken zu spüren.)
Auch in der Reihenfolge: Hand, Unterarm, Oberarm fallen lassen und
in umgekehrter Reihenfolge heben.

2 *Armschütteln.* Zwanglose Rumpfvorbeuge: Bewegungen der entspannt
herabhängenden Arme durch

a) Schütteln der Schultern;
b) Heben und Fallenlassen der Schultern;
c) leichtes Vorstoßen der Schultern.

Auch in Rumpfrückbeuge.

441a „Rumpfdrehen in Rückbeuge" mit Fallenlassen der Arme.
442a Entspanntes Rumpfdrehbeugen rückwärts.

1 *Arme fallen lassen*

2
Armschütteln

in Vorbeuge

in Rückbeuge

3 *Einseitiges Armpendel*

4 *Unterarmpendel*

3 *Einseitiges Armpendel.* Seitgrätschstellung, leichte Kniebeuge und Rumpfseitbeuge rechts, Hüftstütz links (oder Ausgangsstellung wie zum Diskuswurf (Nr. 403): Durch Knie- und Hüftstoß den entspannt herabhängenden Arm zum Pendeln bringen und auspendeln lassen.

4 *Unterarmpendel.* Leichte Rumpfvorbeuge, zwanglose Seithalte:
   a) Arme fallen und zurückpendeln lassen; beim Wiedererreichen der Seit-
      halte Oberarme festhalten und nur die Unterarme fallen und aus-
      pendeln lassen;
   b) ohne Zwischenschwung Unterarme fallen und auspendeln lassen.

5 Seitgrätschstellung, zwanglose Seithalte in Kammhaltung: langsames
   Rumpfseitbeugen und -strecken, wodurch die entspannten Unterarme
   wechselweise auf die Oberarme und wieder zurück in die Streckhaltung
   fallen. (Die Unterarme fallen zu verschiedenen Zeiten! Ruhige Atmung!)

6 Seitgrätschstellung, leichte Rumpfvorbeuge, Seithalte: gleichzeitig rechts
   den Unterarm, links den ganzen Arm fallen und auspendeln lassen.

   454 „Wachsender Kreis": Rumpfkreisen mit losen Armen.

b) Lockerung   (Siehe auch die Kreisbewegungen S. 43/44)

Zweck: Erzielung einer lockeren, arbeitsfähigen Muskulatur. Erlernung einer
leichten Bewegungsführung, d. h. des Gefühls für das richtige Maß und
den fließenden Wechsel von Spannung und Entspannung.

Gesteigerte Ausnutzung der Schwer- und Schwungkraft.

Weitere Vorbereitung für Muskel- und Bänderdehnung.

Ausführung: Bewegungsantrieb: kurze leichte stoß- oder zugartige Betätigung
entweder nur der Gegenmuskulatur oder umfangreicher Körperteile bzw.
des ganzen Körpers („aus dem Schwerpunkt heraus").

Bewegungsablauf:

1. Passives Ausschwingen durch Überlassen der gelösten Glieder an das
   Beharrungsvermögen = *Pendeln.*

2. Erhaltung des Schwungs durch rhythmische Erneuerung des Bewe-
   gungsantriebs bei jedem oder jedem 2. bis 4. Pendelschwung =
   Schwingen.

3. Steigerung des Schwungs durch Verstärkung der nachfolgenden Bewegungsantriebe bis zum *Kreisen.*

Lockerungsübungen lassen sich (wie alle Schwungbewegungen) besonders
gut im Takt und rhythmisch mit wechselnder Betonung bestimmter Bewegungen ausführen.

Beachte: Beim Heben der Arme Schultern nicht hochziehen!

5 *Unterarme fallen lassen*

6 *rechten Unterarm,
linken Arm fallen lassen*

7 a *Kleiner Pendelschwung
mit Knie-Hüftstoß*

7 b *Seitkreisen eines Arms*

7 **Kleiner Pendelschwung.** Zwanglose enge Schrittstellung links, leichte Rumpfdrehbeuge rechts, Stütz der linken Hand auf dem linken Ober-schenkel, Hochhalte rechts: rechten Arm fallen lassen und

a) den Pendelschwung durch Kniewippen erhalten;

b) durch Knie-Hüftstoß verstärken bis zum „Seitkreisen". Je zwei Kreise vorwärts und rückwärts fortgesetzt, auch im Wechsel mit Pendelschwüngen.

8 *Großer Pendelschwung vorwärts-rückwärts*. Zwanglose Hochhalte (einatmen): Vortief-, Rück- und Wiederhochschwingen der Arme mit Kniewippen (ausatmen)
   a) in Laufstellung;
   b) in Schrittstellung, hinteren Fuß aufgezeht: Schwung steigern bis in den Zehenstand mit leichter Rumpfrückbeuge und Hochhalte.
(Durch plötzliches Beugen der Knie erhalten die locker fallengelassenen Arme eine Bewegungsbeschleunigung, die sie durch die Tiefhalte weit nach rückwärts schwingen läßt. Der Rumpf gibt durch leichtes Vorbeugen nach. Die Knie werden jedesmal nach dem Durchschwung der Arme durch die Tiefhalte wieder gestreckt und verstärken durch erneutes Beugen in Verbindung mit gleichzeitigem Vorschieben des Beckens („Knie-Hüftstoß") den Antrieb zum Zurück- und Wiederhochschwingen.)

97   Rumpf- und Armschwung (5 Formen).
168   „Vorfallen und Auffangen" mit Armvorschwung und Rückschwung.
244   Armbewegungen beim „Hampelmann"-Hüpfen.
304a, b „Rumpfsenke — Rumpfbeuge" mit Armpendel.
391   „Rumpfdrehschleuder".

9 *Gleichkreisen seitlings (vorwärts)*. Zwanglose Hochhalte: Kniewippen und Pendelschwung der Arme in fortlaufendem Wechsel mit lockerem Armkreisen seitlings vorwärts
   a) in Grundstellung;
   b) in Schrittstellung mit Verlagerung des Körpergewichts auf das vordere Bein, beim Tiefschwingen der Arme;
   c) in Schrittstellung mit tiefem Kniebeugen;
   d) mit Ausfallschritt und 2 Nachstellschritten vorwärts (*Ausfalldreitritt vorwärts*), 1½ Kreisen vorwärts bis in die Schrägrückhalte und sofort;
   e) mit Ausfallschritt und 2 Nachstellschritten rückwärts (*Ausfalldreitritt rückwärts*), 1½ Kreisen rückwärts in die Ausgangsstellung;
   f) mit Strecksprung (Nr. 257) beim Tiefschwingen.
(Beim Rückwärts-aufwärtsschwingen Erheben in den Zehenstand und Rumpfrückbeugen [einatmen].)

10 *Armgegenschwingen seitlings*. Hochhalte (einatmen): rechten Arm nach vorn, linken nach hinten fallen lassen (ausatmen), den Pendelschwung erhalten durch
   a) Kniestoß;
   b) Kniestoß mit wechselweisem Rumpfseitdrehen;
   c) Kniestoß in Schrittstellung;
   d) Umspringen in Schrittstellung („Schrittwechselhüpfen") bei jedem Schwung.

a *Großer Pendelschwung* b

9 *Gleichkreisen seitlings (vorwärts)*   **10** *Armgegenschwingen*

11 *Körperwelle mit Armkreisen seitlings.* Zwanglose Hochhalte, leichte
Rumpfvorbeuge (1): halbtiefes Beugen der geschlossenen Knie, lockeres
Vortiefschwingen der Arme (2); leichtes Strecken der Knie, Vorschieben
der Hüften, Aufrichten des Rumpfs (Kopf bleibt gesenkt), Weiterschwingen der Arme durch die Tiefhalte zur Rückhalte (3); völliges Strecken
der Knie, lockeres Rumpfrückbeugen, Weiterschwingen der Arme aus
der Rückhalte in die Hochhalte, möglichst weit rückwärts ausholend (4),
in die Ausgangsstellung. (Die Bewegungen fließen ineinander über. Den
„Kamm" der den Körper von unten nach oben durchlaufenden „Front-
welle" bilden nacheinander: Knie, Hüften, Bauch, Brust, Kopf, Arme.)

305 „Wellenförmige Rumpfwippe".
319b „Kniesitzwelle" mit Seitkreisen der Arme.

12 *Großer Pendelschwung vorlings (seitwärts).* Zwanglose Seitgrätschstellung, Schräghochhalte beider Arme rechts: mit wechselweisem Beugen
und Strecken der Knie und Hüften („Knie-Hüftstoß") Schwingen beider
Arme durch die Tiefhalte in die Schräghochhalte links und zurück. (Knie
und Hüften eilen den Armen voraus und ziehen sie nach. Blick folgt den
Händen. Bewegung leicht beginnen, verstärken und abklingen lassen.)

Auch Gleichkreisen vorlings mit betontem Kniebeugen links und Rumpfseitbeugen links beim Schwingen durch die Tiefhalte.

13 *Mühlkreisen seitlings.* Hochhalte rechts (einatmen): Kreisen beider Arme
in derselben Richtung vorwärts und rückwärts (wie die Arme einer
zweiflügligen Windmühle), abwechselnd schneller und langsamer werdend,

a) straff ohne Mitbewegung des Rumpfs;
b) locker unter Mitbewegung der Hüften und Betonung entweder des
   Vorwärts-abwärts- oder des Rückwärts-aufwärtsschwingens;
c) in Ausfallstellung vorlings und rücklings (ruhige Atmung!).

Z *Auch zu zweien* nebeneinander mit Fassen der inneren Hände.

14 *Arm-Achterkreisen.* Hochhalte: Kreisen beider Arme nebeneinander an
der linken Seite, darauf in entgegengesetzter Richtung an der rechten
Seite, so daß die Hände von vorn gesehen eine liegende ∞ beschreiben.

a) ohne Mitbewegung des Rumpfs;
b) mit vorausgehendem Knie-Hüftstoß und leichter Rumpfdrehbeugung.

Auch Seithalte: Mit jedem Unterarm gleichzeitig eine liegende ∞ beschreiben *(Unterarm-Achter).* (Fortsetzung S. 36.)

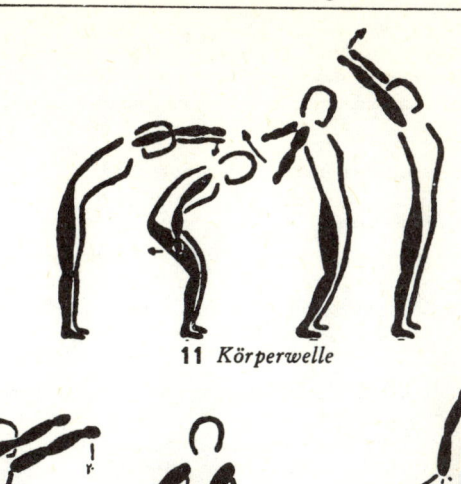

11 *Körperwelle*

Großer Pendelschwung vorlings　　**12**　　*Rumpfseitbeugen mit Armkreisen*

13 a　　　　　c　　　　　　**14**
Mühlkreisen seitlings　*in Ausfallstellung*　*Arm-Achterkreisen*

Auch mit *einem* Arm aus Seithalte beginnend.

c) ohne Mitbewegung des Rumpfs;

d) möglichst ausgiebig unter Mithilfe des ganzen Körpers.

Auch im Grätschstrecksitz.

(Der Handrücken führt immer in der Bewegung!)

15 *Arm-Achtergegenkreisen*

a) „straff" mit gestrecktem Arm; Hochhalte (einatmen): 1. Achterkreis mit Einrollen der Arme nach außen beginnend, Gegenkreisen vorlings mit Kreuzen vor dem Rumpf bis zur Hochhalte (einatmen); 2. Achterkreis mit Ausrollen, Kreisen seitlings, vorwärts-abwärts beginnend;

b) „locker": In der Tiefhalte beginnen; den durch leichtes Kniewippen, Rumpfvor- und Rückbeugen entstehenden Achterschwung allmählich verstärken bis zum lockeren Gegenkreisen vorlings beim Einrollen, Kreisen seitlings (vorwärts-abwärts beginnend) beim Ausrollen der Arme.

(Die Handrücken sind in der Bewegungsrichtung immer voran.)

340e „Rumpfschwung vorwärts-rückwärts" mit Arm-Achtergegenkreisen.

257g „Strecksprung" mit Arm-Achtergegenkreisen.

260c „Schneppersprung" mit Arm-Achtergegenkreisen.

c) Dehnung   (Siehe auch Stoßübungen S. 70 ff)

Zweck: Erhaltung bzw. Wiedergewinnung und Steigerung des natürlichen Bewegungsumfangs durch Dehnung verkürzter Muskeln, insbesondere des großen Brustmuskels, zweiköpfigen Unterarmbeugers (Bizeps) und Rabenarmmuskels sowie der Finger- und Handgelenk-beugenden Muskeln; ferner Lockerung des Schultergelenks und des gesamten Schultergürtels durch Dehnung seiner Gelenk- und Muskelverbindungen sowie Beweglichmachung des Brustkorbs durch Lockerung der Rippengelenke und -knorpel. Daneben erfolgt eine Kräftigung des breiten Rücken-, Trapez- und Deltamuskels und der Rautenmuskeln.

Ausführung: Nach ruck- oder schwunghaftem Anzug der Gegenmuskeln Arme entspannt der federnden, schwingenden oder kreisenden Bewegung bzw. dem Druck oder Zug des Helfers überlassen. Bei Finger- und Handgelenkdehnung Unterarme ebenfalls entspannen.

15 *Arm-Achtergegenkreisen*

16 *Fingerkampf*

Beachte: Die Muskeln müssen vor Beginn der Dehnung warm sein.

Nicht sofort mit scharfer Dehnung einsetzen, sondern leicht beginnen und allmählich steigern.

Vorsicht bei jugendlichen und schwächlichen Personen, insbesondere bei passiven Dehnungen durch Helfer.

Beim Krafteinsatz ausatmen.

16
K *„Fingerkampf" zu zweien.* Gegenstellung, Hochhalte, Flechtgriff gegeneinander:

P a) *B* Abbiegen der Handgelenke des *A* nach rückwärts-abwärts ohne Widerstand;

K b) als *Kampf:* Jeder versucht den (gleichgroßen!) Gegner auf die Knie zu zwingen.

17 *Schulterblatt-Übung.*

    a) Zwanglose Seithalte: Schulterblätter zusammenziehen (ausatmen) und auseinanderstoßen (einatmen);

    b) Entspannte Tiefhalte: Schultern vorschieben (ausatmen) und zurückziehen (einatmen), heben (einatmen) und fallen lassen (ausatmen);

    c) Zwanglose Hochhalte: Schultern aufwärts-rückwärts heben (dadurch Rippen hoch- und auseinanderziehen), wechselseitig und gleichseitig;

    d) Kreisen mit einer Schulter und mit beiden gleichzeitig; vorwärts und rückwärts; in Gleichkreisen und Gegenkreisen; langsam und schnell; *auch* in lockerer Schlaghalte;

    e) Schulterkreisen unter Mitbewegung des Rumpfs, besonders der oberen Wirbelsäule, mit Einrollen der Arme beim Vorführen (ausatmen), Ausrollen beim Rückführen (einatmen);

18 *Waagerechtes Arm-Kreuzfedern.* Seithalte (einatmen): Kreuzen der gestreckten Arme vor der Brust (ausatmen)

    a) schwunghaft (Dehnung des breiten Rückenmuskels);

    b) kurz federnd, zweimal rasch wechselnd rechts über links und umgekehrt *(Waagerechtes Armscheren).*

19 *Arm-Kreuzschlag.* Seithalte (Handflächen nach vorn): lockeres Vorschwingen der Arme mit Kreuzen vor der Brust, so daß die Hände möglichst weit hinten gegen die Schulterblätter schlagen, wechselnd rechts über links und umgekehrt (ausatmen). (Dehnung des breiten Rükkenmuskels.)

    Auch mit Rumpfvorbeugen und Aufrichten *(Sich warm schlagen).*

    Auch rasch hintereinander im Takt: 1. Seithochschwingen mit Handklappen; 2. Arm-Kreuzschlag; 3. Aufschlagen auf die Oberschenkel; 4. Aufschlagen auf die Unterschenkel (den Boden), *(Turnerklatsch).* Fortgesetzt.

20 *Hohes Arm-Kreuzfedern.* Grätschwinkelstand (einatmen): Kreuzen der Arme wechselweise über und hinter dem Kopf (ausatmen)

    a) mit ausholendem Schwung, locker gebeugt;

    b) gestreckt, kurz federnd *("Hohes Armscheren");* federnd mit schnellem Wechsel rechts über links und umgekehrt.

21 *Diagonalgriff rücklings:* Erfassen (oder Berühren) der Hände hinter dem Rücken (die rechte über die rechte Schulter, die linke von unten).

a   c   d

17 *Schultern vor-*   *. . . heben*   *. . . kreisen*
und zurückziehen

18 *Waagerechtes Arm-Kreuzfedern*   **19** *Arm-Kreuzschlag*

20 *Hohes Arm-Kreuzfedern*   **21** *Diagonalgriff rücklings*

22 *Hohes Arm-Rückfedern.* Hochhalte (auch Handflächen nach außen gedreht): Rückfedern der gestreckten Arme (ausatmen)

   a) gleichzeitig (auch mit Griff einer Hand um das andere Handgelenk
oder mit Kreuzflechtgriff — rechter Handballen von links, linker
von rechts gegeneinander gedrückt);

   b) wechselweise mit je einem Arm; *auch* im Winkelstand oder -stütz.

Auch im Sitzen oder Knien.

Auch in Bauchlage, Hochhalte, Hände aufeinander oder Kreuzflechtgriff.

23 *Hohes Arm-Trichterkreisen.* Hochhalte (einatmen): Kreisen der gestreckten Arme über dem Kopf

   a) parallel mit und ohne Handfassung;

   b) gegensinnig.
     (Kreise abwechselnd größer und langsamer, kleiner und schneller
ausführen.)

24 *Tiefes Arm-Rückfedern.* Tiefrückhalte, Flechtgriff, Handballen gegeneinander gedrückt:

   a) Rückwärtsaufwärts-federn der gestreckten Arme;

   b) im Wechsel mit Rückfedern der gebeugten Arme;

   c) Seitwärtsziehen; zügig und ruckhaft. (Rumpf nicht vorbeugen!)

25 *Unterarmschlag.* Schlaghalte: Rückwärtsschlagen der Unterarme

   a) wechselweise;

   b) gleichzeitig.

26 *Schulterprobe.* Vorhalte, Arme gekreuzt und etwas gesenkt, Handflächen
abwärts gerichtet (ausatmen): Schrägrückwärts-aufwärts-schwingen, Fersenheben, Rumpfrückbeugen *(Flughalte),* wie beim Kopfsprung ins Wasser (einatmen); sofort zurück.

   a) mit ein- oder ausgerollten Armen oder fortgesetztem Wechsel zwischen beiden Haltungen;

   b) mit Kniebeugen beim Kreuzen, Kniestrecken beim Aufwärtsschwin-
gen der Arme;

   c) waagerecht, im Wechsel mit zweimaligem schnellen Kreuzen in Vorhalte (das erste Mal rechts über links, das zweite Mal links über
rechts). *(Waagerechtes Armscheren.)*

Auch im Grätschstrecksitz.

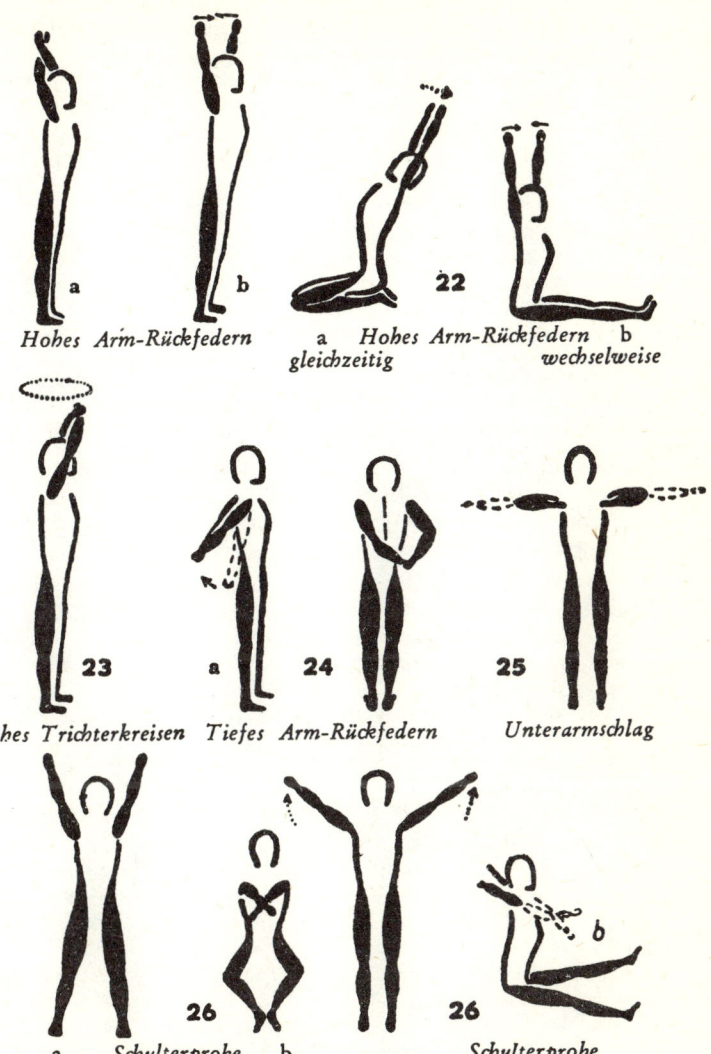

Hohes Arm-Rückfedern

22
a Hohes Arm-Rückfedern b
gleichzeitig   wechselweise

23   a   24   25

Hohes Trichterkreisen   Tiefes Arm-Rückfedern   Unterarmschlag

26   26

a   Schulterprobe   b   Schulterprobe

27 *Ellbogenschlag.* Seithalte, Arme gebeugt, Fäuste vor der Brust zusammengenommen: Rückfedern der Ellbogen
   a) abwechselnd rechts und links; *auch* mit Gegendrehung von Schultern und Hüften;
   b) beide Arme gleichzeitig;
   c) im Wechsel mit zweimaligem raschen Kreuzen der gebeugten Arme vor der Brust. Erstens: rechts über links; zweitens links über rechts;
   d) aus Vorhalte: *Ellbogenrückstoß* einarmig;
   e) *Ellbogenrückstoß* beidarmig;
   f) *Auch* im Wechsel mit betontem Vorstoßen (je zweimal Vor-, zweimal Rückstoßen);
   g) im Wechsel mit *Unterarmschlag* (Nr. 25).
   (Bewegung waagerecht! Ellbogen nicht senken!)

28 *Handklappen rücklings.* Vorhalte, Handflächen aneinander gelegt (ausatmen): Seitrückschwingen der Arme bis zum Zusammenschlagen der Handflächen möglichst hoch hinter dem Rücken (einatmen).

29 *Tiefrückschwingen.* Vorhalte (ausatmen): Tiefrückschwingen der Arme mit Kammhaltung, Fersenheben, leichtes Rumpfrückbeugen (einatmen). *Auch* ruckhaft aus der Schräghochhalte vorwärts mit geballten Fäusten.
   194 Arm-Rückfedern mit Anhocken.

30 *Lockere Rumpfmühle.* Seitgrätschstellung (oder Schrittstellung), Rumpfvorbeuge, nicht tiefer als waagerecht (einatmen): Schwunghaftes Rumpfdrehen rechts und links (ausatmen), Schleuderbewegung der locker gehaltenen Arme in der senkrechten Ebene mit besonderer Betonung der Bewegung des oberen Arms (Blick zur oberen Hand.)
   Auch mit Flechtgriff; Legen eines Arms auf den Rücken; mit wechselweisem losem Hängenlassen *(Einarmige Rumpfmühle).*
   393 „Platzräumen".
   396 „Drehschleuder aufwärts".
   399 Rumpfdrehen und Arm-Seitschwingen im Liegestütz vorlings.

31 *Arm-Trichterkreisen seitlings.* Seithalte (auch in Kammhaltung), Arme möglichst weit herausgestreckt: schnelles Kreisen beider Arme in kleinen Gleichkreisen (oder Gegenkreisen) seitlings mit allmählichem Übergang zu großen Kreisen; vorwärts und rückwärts; langsamer und wieder schneller werden.
   Auch mit Fersenheben und Rumpfrückbeugen beim langsamen Rückwärtsschwingen (einatmen). *Auch* im Sitz.
   Auch in Ausfallstellung mit Kniewippen.
   (Die Bewegungen nach hinten sind zu betonen. Ruhige Atmung.)

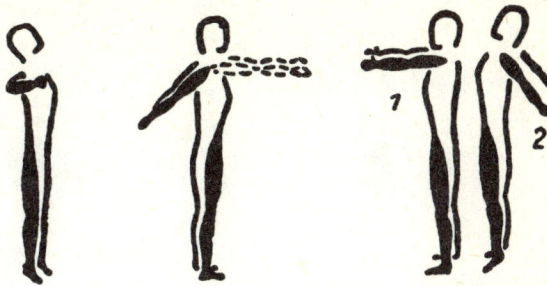

27 *Ellbogenschlag*   **28** *Handklappen rücklings*   **29** *Tiefrückschwingen*

30

Lockere Rumpfmühle ... mit Flechtgriff

31

Trichterkreisen seitlings   *Ausfallkreisen*

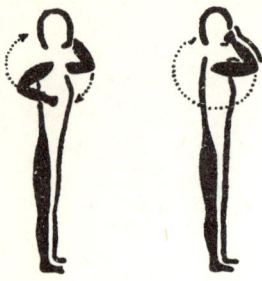 

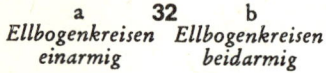

a	**32**	b	a	**32**	b
Ellbogenkreisen einarmig		*Ellbogenkreisen beidarmig*	*einarmig*	*Ellbogenkreisen*	*beidarmig*

32 *Ellbogenkreisen.* Vorhalte, Unterarme in Kammhaltung senkrecht angewinkelt, Fäuste (einatmen): ruckhaftes Rückwärts-abwärtskreisen der
Ellbogen möglichst dicht am Rumpf
a) links und rechts abwechselnd;
b) gleichzeitig.
Auch im Sitz. (Pause nach jedem Kreisschwung.)

33 *Kniesitz-Kniestand-Wechsel.* Kniesitz, Rumpfvorbeuge, Rückhalte (ausatmen): ruckhaftes Hochschwingen der Arme, Erheben in den Kniestand
(einatmen). Fortgesetzt.
Auch mit Handklappen rücklings beim Vorbeugen.

315b „Kniesitzwippe", Rückfedern mit Flechtgriff.
375 Kniestand, linkes Bein seitgestellt: Flankenstoß über den Kopf.

34 *Rutschstellung.* Kniestand, Hochhalte (einatmen): Rumpfvorsenken bis
zum Berühren des Bodens mit den Händen; Rumpfwippen bis zum Berühren des Bodens mit der Brust (ausatmen). (Oberschenkel bleiben
senkrecht.)

425 „Tiefkriechen" mit Beinstrecken und Armschwingen.

35 *Rumpfwippe mit Helfer.* A Seitgrätschstellung, leicht vorgebeugt, Vor-
halte, B einen Schritt Abstand, beliebig gegenüber, Zweihandfassung:
A schwunghaftes, tiefes Rumpfvorsenken mit anschließendem raschen
Aufrichten, fortgesetzt.

33 *Kniesitz-Kniestand-Wechsel*

34 *Rutschstellung*

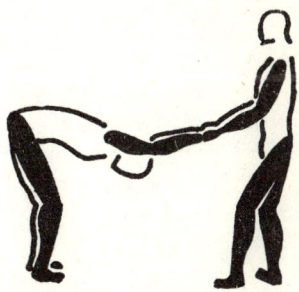

35 *Rumpfwippe — Schulterlockerung*

a   **36** *Schulterstrecken*   f

36 *Schulterstrecken zu zweien.* Rücken gegen Rücken mit einem Schritt Ab-
Z stand, Zweihandfassung: Seithoch- (einatmen) und Seittiefschwingen
(ausatmen)

a) in Schrittstellung, hintere Füße nebeneinander;

b) mit Beugen des vorderen Knies;

c) im Zehenstand, Hinterköpfe gegeneinander;

d) Rücken aneinander, Hochhalte: gleichzeitiger weiter Ausfall links;

e) wie d) nach Aufstehen aus dem Sitz mit einem angebeugten Knie;

f) mit Auseinanderdrücken der Rücken durch einen dazwischenstehen-
den *Dritten;*

g) im Strecksitz; *auch* mit Abdrücken durch einen *Dritten.*

Auch in Grätschstellung Brust gegen Brust, Seithalte, Zweihandfassung:
waagerechtes Vor- und Rückfedern *(Schulterprobe zu zweien).*

37 *Doppelwippe. Zu zweien.* Gegenstellung, Winkelstand, Hände auf den
Z Schultern des Partners (einatmen): Rumpfwippen abwärts; im Wechsel
mit getrenntem lockeren, schwunghaften Rumpfvorbeugen.

Auch A Kopfhalte, *B* Griff zwischen den Armen des A auf dessen
Schulterblättern.

Auch Zweihandfassung: Seitschwingen beim Abwärtswippen.

H *Auch* mit Belastung durch *zwei Helfer* im Reitsitz, Seitsitz, Kniesitz oder
Kniestand quer (ab mit Kniesprung), oder mit gegenseitiger Handfassung
zwischen den Schulterblättern stehend.

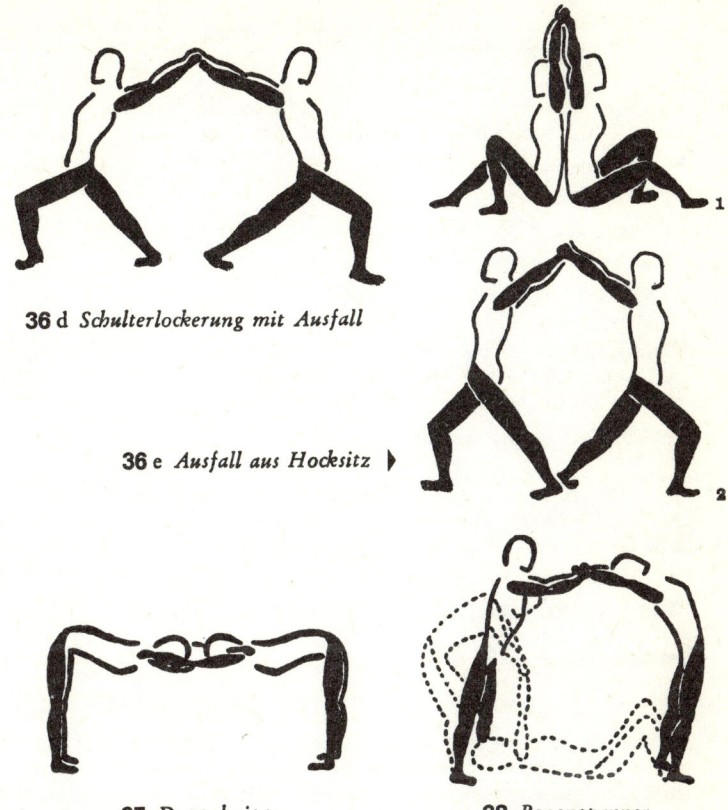

36 d *Schulterlockerung mit Ausfall*

36 e *Ausfall aus Hocksitz* ▶

37 *Doppelwippe*

38 *Bogenspanner*

38 H *Bogenspanner mit Helfer.* A Grätsch-*Rückenlage*, Fußsohlen am Boden, Vorhalte (oder Hocksitz, Hochhalte); *B* dahinter, Zweihandfassung: A Erheben in den Zehenstand, Rumpfrückbeugen *(Spannbeugestand).* *Auch A* gleichzeitiges (oder anschließendes) Vorspreizen oder Anhocken eines Beins.

451 „Durchwinden" unter Handfassung zu zweien und vieren.
452 „Speerwurfbogenspannung" aus Rumpfdrehbeuge mit Helfer.
480 „Spannbeugehang".

39 *Knie-Doppelwippe zu zweien. Auch* linkes Bein vorgestellt. *Auch Knie-*
Z *sitz-Doppelwippe. Auch Hock-Doppelwippe.*

40 *Doppelwippe mit Helfer.* Sämtliche Wippen (im Winkelstand, Hock-
▲H stand, Kniestand, Kniesitz) *mit Helfer,* der

    a) danebenstehend nachdrückt;

    b) in Rückenlage auf der Wippe radelt;

    c) mit je einem Fuß zwischen den Schulterblättern steht;

    d) mit *zwei Helfern,* die von hinten nachdrücken;

    e) mit *zwei Helfern,* im Reitsitz (Seitsitz oder Stand).

41 *Passive Rutschwippe. A* Rutschstellung (Nr. 34); *B* davorstehend: wippt
P den Rumpf des *A,* mit den Händen auf die Schulterblätter drückend,
abwärts bis die Brust den Boden berührt (ausatmen).

Auch A Griff an den Kniekehlen des *B (Passive Kniestandwippe).*

42 *Spannbeugesitz zu zweien.* Hock- (Kreuz-, Streck-)sitz Rücken gegen
Z Rücken, Hochhalte, Handflächen nach vorn, gegeneinander gelegt: wechselweises leichtes Rumpfvor- und rückbeugen (ausatmen). Gesäß bleibt
am Boden!)

Auch Seithalte, Handfassung: Schulterprobe (Nr. 26).

    453 Kniestand zu zweien nebeneinander, Rücken gegen Rücken, Handfassung, Arm-
    schwingen.

43 *Sitzwiegen zu zweien.* Strecksitz, Rücken gegen Rücken, Arme eingehakt
Z (oder Hochhalte oder Seithalte mit Zweihandfassung): wechselweises
Rumpfvorbeugen (ausatmen), Hochziehen und Aufladen des Partners in
den Liegestütz rücklings (einatmen).

Dehnung der Bein-Rückseite.

Auch A Kopfhalte, *B* Griff um die Handgelenke von *A.*

Auch A Vorspreizen des linken Beins beim Hochgezogenwerden.

Auch kann der Partner das Vorbeugen durch Beinstemmen und Rumpf-
W rückbeugen unterstützen oder Widerstand leisten:

K *Sitz-Hebekampf.* Verlierer ist, wer mit dem Gesäß angehoben wird
(Kraftübung für geraden Bauchmuskel).

39 *Knie-Doppelwippe*

40 d *Kniesitz-Doppelwippe mit Helfer*   **40** b *Knie-Doppelwippe mit Radler*

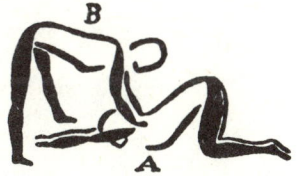 

Passive Rutschwippe   **41**   *Passive Kniestandwippe*

 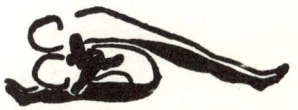

42 *Spannbeugesitz*   **43** *Sitzwiegen*

44 *Passiv.* *A* Hocksitz (Streck-, Kniesitz, Kniestand), Hoch- (oder Kopf-)
P halte; *B* dahinter, Schrittknien links, Knie gegen die Brustwirbelsäule
des *A* gestemmt, Griff an den Ellbogen: Arme rückfedern.

45 *Passiv.* *A* Hocksitz (oder Strecksitz), Flechtgriff am Genick des *B; B* da-
P hinter, Schrittknien links, Knie gegen die Brustwirbelsäule des *A* gestemmt, Hände dazwischengeschoben: Arme des *A* durch Genickzug
rückwärts-aufwärtsfedern.

46 *Passives Armkreisen. Passiv.* *A* Hocksitz (Strecksitz oder Kniesitz);
P *B* stemmt in Ausfallstellung ein Knie (oder im Hockstand beide Knie)
gegen die Brustwirbelsäule des *A*, erfaßt seine Oberarme über den Ell-
bogengelenken von vorn: führt sie in langsamen Kreisen, rückwärts-
aufwärts beginnend und besonders nach rückwärts ziehend, möglichst
dicht an Rumpf und Kopf vorbei.

47 *Passives Aufbäumen.* *A* Bauchlage, Hochhalte (einatmen); *B* in Seit-
▲P grätschstellung über ihm stehend (auch mit einem Fuß auf dem Gesäß
des *A*). Griff an den Handgelenken:
a) Federndes Aufwärtsziehen des Rumpfes (ausatmen);
b) Anheben der Beine mit Griff an den Fußgelenken;
c) Anheben eines Arms und Beins gleichzeitig;
d) *A* Griff um den Nacken des über ihm knienden *B*;
e) *A* Kopfhalte; *B* Sitz auf dem Rücken des *A*, Ellbogengriff.

325m Bauchlage gegenüber, Zweihandfassung: Armbewegungen.

Kraftübungen

Zweck: Kräftigung der zugunsten der Armbeuger meist vernachlässigten Armstrecker, insbesondere des dreiköpfigen Unterarmstreckers (Trizeps),
daneben auch des großen Brustmuskels und Deltamuskels und, bei den
Liegestützübungen vorwärts, der Bauchmuskeln, bei den Liegestütz-
übungen rückwärts des breiten Rückenmuskels und des gemeinsamen
Rückenstreckers.
Beachte: Die Schwierigkeit der Übungen nur soweit steigern, daß ihre Aus-
führung ohne Unterbrechung der Atmung möglich ist.
Zur Erhaltung des Wachstumsreizes mit Maß und Art der Kraftbean-
spruchung häufig wechseln.
Jeder Übung zur besseren Muskeldurchblutung eine Entspannungs- oder
Lockerungsübung folgen lassen.

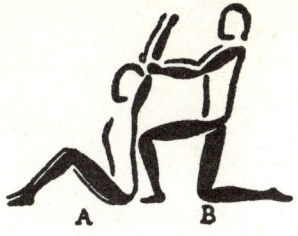

44 *Passives Hochrückfedern*

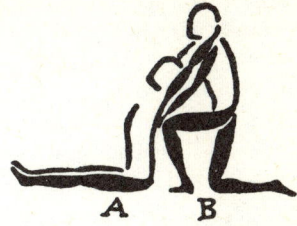

45 *Passives Hochrückfedern*

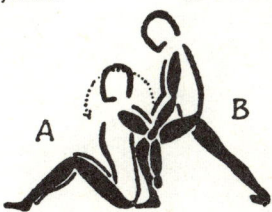

46 *Passives Armkreisen*

a

b

d

e

47 *Passives Aufbäumen*

48 *Bank* (Körpergewicht gut vorgelegt): Armbeugen (1) (einatmen) und -strecken (2) (ausatmen); Armwippen, rasch, halbtief.

Auch im Vorfallen aus Kniestand (Hochhalte, Stoßhalte) mit Rückstrecken eines Beins.

Auch Hand auf Hand (Ellbogen auswärts, Kinn auf Hand).

Auch eine Hand auf den Rücken gelegt.

Auch im Knieliegestütz mit gestreckten Hüften.

W *Auch* gegen *Widerstand* eines Helfers, der auf die Schultern drückt.

H *Auch* in der Fortbewegung mit Reiter (Knie angehoben); im Seitsitz („Damensitz"); im Stand mit weichen Knien, ein Fuß zwischen den Schulterblättern, der andere auf dem Gesäß *(Schildkrötenritt)*.

221b Bank rücklings: Vorspreizen, Vorheben.

49 *Hasenhupf.* Bank, Fußrücken am Boden: Vorhüpfen in den Kniesitz mit hohem Erheben des Gesäßes und der Knie bis zum Anfersen (Hände bleiben fest am Boden).

Auch mit Beckendrehung und Landen auf den seitgelegten gehockten Beinen, wechselnd links und rechts.

50 *Vorschieben in der Bank.* Bank, Hände stützen handbreit vor den Knien auf dem Boden: Vorschieben und Strecken des Rumpfs, Beugen der Arme bis zum Berühren des Bodens mit der Stirne möglichst weit vor den Knien.

Auch in schwunghaftem Wechsel mit Kniesitz. Hände bleiben fest am Boden.

K *Auch Bank-Schiebekampf vorlings.* Gegner a) vorwärts Schulter (oder Kopf) gegen Schulter; b) seitwärts über eine Grenzlinie oder aus einem Kreis schieben.

K *Auch Bank-Hebekampf:* versuchen, unter den Gegner zu kommen und ihn aufzuheben.

K *Auch Bank-Ringkampf:* den in Bank befindlichen Gegner mit Ringergriffen

a) zwingen, mit einem anderen Körperteil als Unterschenkeln und Unterarmen den Boden zu berühren;

▲ b) in die *Rückenlage* bringen.

48 *Bank einarmig*

48 *Vorfallen — Abdrücken*

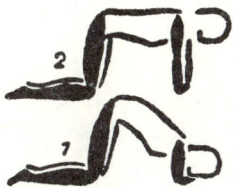

48 *Hand auf Hand*

48 *Knieliegestütz*

49 *Hasenhupf*

50 *Vorschieben in der Bank*

50 *Bank-Schiebekampf*

51 *Grätschstützbeugen.* Weite Seitgrätschstellung, tiefe Rumpfvorbeuge, Stütz der Hände möglichst dicht vor der Standlinie auf dem Boden (einatmen): Armbeugen bis zum Berühren des Bodens mit dem Kopf und Strecken (ausatmen). (Bis die Ausatmung beendet ist, dann Aufrichten.)
Auch Armwippen.

52 *Liegestütz vorlings,* Beine gegrätscht oder geschlossen, Finger nach vorneinwärts gerichtet: Armbeugen und -strecken
 a) zügig; fortgesetztes rasches, halbtiefes Armwippen;
 b) Rumpf unter gleichzeitigem Einatmen fallen lassen, dicht über dem Boden abfangen und mit Ausatmen rasch strecken;
 c) mit Rückspreizen und Schließen (Rückschwingen) eines Beins;
 d) auf Fingerspitzen;
 e) Hände stützen über Schulterbreite;
 f) Hand auf Hand;
 g) mit Berühren der Hände durch Stirn oder Nase *(Nasenwischen)*;
 h) auf nach vorn gerichteten Unterarmen (Unterarmliegestütz);
K i) *Liegestütz-Schiebekampf.* Schulter (oder Kopf) gegen Schulter, Gegner fortschieben: vorwärts; seitwärts; rückwärts (Fußsohlen gegeneinander);
K j) *Liegestütz-Ziehkampf.* Handfassung rechts: Gegner umziehen oder umkippen;
K k) *Liegestütz-Nackenkampf.* Genickgriff rechts: Gegner umziehen.
Auch fortgesetzter Wechsel zwischen Liegestütz (mit gebeugten Armen) und Hockstütz.
400 Armbeugen und -strecken im Drehliegestütz.

53 *Große Bodenwelle (Große Schildkröte).* Liegestütz vorlings mit gebeugten Hüften und vorgebeugtem Rumpf: Beugen der Arme (einatmen), Strecken des Rumpfs, mit der Halswirbelsäule beginnend, Vorschieben der Brust dicht über dem Boden (ausatmen); Strecken der Arme; Erheben des Beckens (einatmen); Rückschieben und Vorbeugen des Rumpfs, mit der Lendenwirbelsäule beginnend, in die Ausgangsstellung (ausatmen). Fortgesetzt.

54 Einarmiger *Liegestütz vorlings,* Körpergewicht auf *einen* Arm verlegt, der andere gestreckt seitwärts mit drei Fingern auf den Boden gestützt: Armbeugen (einatmen) und -strecken (ausatmen).
Auch mit einer Hand möglichst weit auf den Boden vorgreifen.
Auch einen Arm auf den Rücken gelegt oder frei angehoben.
Auch Aufnehmen z. B. eines Taschentuchs mit dem Mund.

51 *Grätschstützbeugen*

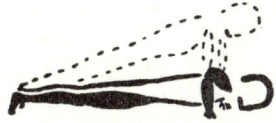

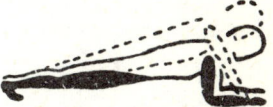

52 d *Auf Fingerspitzen beugen
und strecken*

52 h *Unterarmliegestütz*

52 i *Liegestütz-Schiebekampf*

52 j *Liegestütz-Ziehkampf*

53 *Große Bodenwelle*

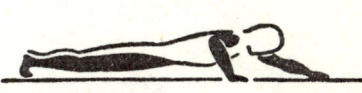

Liegestütz auf einem Arm   **54**   *Vorgreifen im Liegestütz*

55 *Liegestützkreisen.* Liegestütz vorlings, Hände stützen über Schulterbreite: Körpergewicht auf den rechten Arm verlegen; Armbeugen (einatmen); Körpergewicht nach links verlegen; Armstrecken (ausatmen). Fortgesetzt im Kreise nach beiden Seiten links und rechts herum.

Auch mit Berühren der Handrücken durch Stirn oder Nase *(Nasenwischen).*

56 *Eidechsenlauf.* Liegestütz vorlings: Vorziehen oder Rückschieben des gestreckten Körpers.

a) durch Vorwärts- oder Rückwärtsstützeln;
b) durch Stützhüpfen.

(Die Füße schleifen am Boden.)

57 *Liegestützhüpfen vorlings.* Liegestütz vorlings (einatmen): Abdrücken mit den Armen (ausatmen) und ein- oder mehrmaliges Handklappen.

Auch Handklappen hinter dem Rücken.

Auch zu zweien gegenüber: Handklappen der rechten Hände gegeneinander.

334 Seithockstütz-Seitliegestütz-Wechsel.
335 „Bodenflanke".

58 *Bodenschnelle vorlings.* Liegestütz (oder Grätschliegestütz) vorlings (einatmen): Abdrücken mit Händen und Füßen gleichzeitig (ausatmen), so daß der Körper aufwärts schnellt.

Auch mit Handklappen.

Auch mit ½ Drehung um die Längsachse in den Liegestütz rücklings.

Auch vor der Drehung zur Erleichterung die Beine kreuzen.

223 „Bodenschnelle rücklings".

59 *Bodenschnepper.* Liegestütz (oder Grätschliegestütz) vorlings (einatmen): mit ausholendem Heben, Senken und wieder Heben des Gesäßes sowie gleichzeitigem Armbeugen und -strecken Abdrücken des Körpers mit Händen und Füßen vom Boden (ausatmen); während des Schwebens, als Fortsetzung der Aushol- und Abdruckbewegung, flüchtiges Rückbeugen des Rumpfs und Rückheben der Beine („Schneppern") (ausatmen).

Auch mit Seitgrätschen und Schließen („Luftgrätschen").

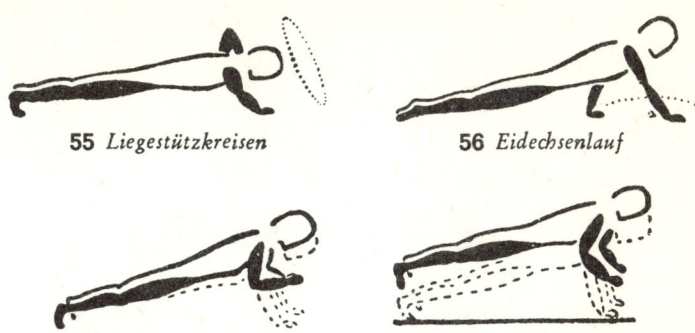

55 *Liegestützkreisen*   **56** *Eidechsenlauf*

57 *Liegestützhüpfen mit Handklappen*   **58** *Bodenschnelle*

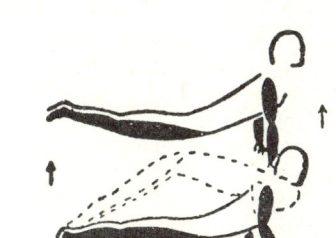

59 *Bodenschnepper*

60 *Panthersprung*

60 *Panthersprung (Froschhüpfen).* Hockstütz (einatmen): Sprung vorwärts (ausatmen) auf die leicht einwärts gedrehten Hände in den Hockstütz. (Mehrmals hintereinander oder kehrt und zurück.)

▲   *Auch* in den flüchtigen Liegestütz vorlings mit sofortigem Einnehmen der *Bauchlage* (Hochhalte oder Arme angelegt).

Auch mit Rückheben eines Beins und ausschließlicher Benutzung des andern.

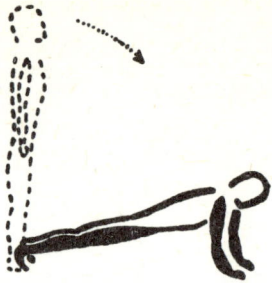

61

2 *Grätschliegestütz vorlings*   3 e *Fallen in Liegestütz*

61 *Fallen in Liegestütz:* 1. aus Hockstütz; 2. aus Seitgrätschstellung; 3. aus
Laufstellung
a) mit Stützhüpfen der Arme *(Wechselhockstütz vorlings);*
b) mit Einbeugen der Hüften *(Winkelstütz);*
c) aus Beugestand; startsprungartig;
d) Hand auf Hand;
e) die Arme bleiben möglichst lang angelegt;
f) mit vorausgehender Kehrtwendung;
g) seitwärts mit Drehung während des Fallens;
h) rückwärts wie vor.
(Fingerspitzen einwärts drehen!) Zurück durch Abdrücken der Hände
und Beugen der Hüften.

62 *Fingerkräftigung.* Erheben auf die Fingerspitzen, rechts und links nacheinander oder gleichzeitig in
a) Bank;
b) Knieliegestütz mit gestreckten Hüften;
c) Liegestütz vorlings.

63 *Schwebesitz.* Streck- (oder Hock-) sitz: Erheben des Gesäßes vom Boden
(ausatmen) durch
a) Wechsel zwischen Strecksitz und Hockstütz auf Fingerspitzen;
b) Strecken der Arme bei aufgestützten Fingerspitzen;
c) Erheben auf die Fingerspitzen bei gestreckten Armen.

64 *Schwebestütz auf Fingerspitzen.* Strecksitz, Stütz der Fingerspitzen auf
dem Boden (einatmen): Vorheben der Beine.
343b „Schwebestütz": Beinbewegungen (3 Formen).

3 c
Beugestand-Liegestütz

61

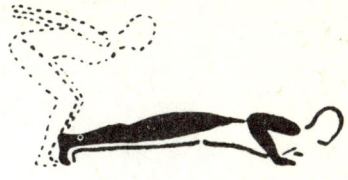

3 c
Startsprung in Liegestütz

61 2 d
Grätschwinkelstütz Hand auf Hand

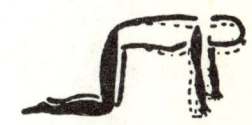

62 a
Bank auf Fingerspitzen

62 b
Knieliegestütz auf Fingerspitzen

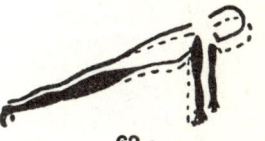

62 c
Finger beugen und strecken

63 *Schwebesitz*

64 *Schwebesitz auf Fingerspitzen*

65 *Hohe Brücke (Handstandbrücke).* Rückenlage, Beine leicht gegrätscht, Fußsohlen auf dem Boden, Hände neben den Ohren auf den Boden gestützt, Fingerspitzen nach den Schultern gerichtet (einatmen): durch Strecken der Arme Hochstemmen in die Brücke. In dieser Haltung
a) Kopf locker schütteln und (ausatmen);
b) Beugen und Strecken der Arme (Unterschenkel senkrecht);
c) Wippen fuß- und kopfwärts (Kniebeugebrücke);
d) Vorwärts- und Rückwärtsgehen;
e) Drehen in den Liegestütz vorlings, ohne mit Knien oder Ellbogen den Boden zu berühren;
f) Aufstehen fußwärts;
g) Aufstehen durch Handstandüberschlag rückwärts.

66 *Hohe Spreizbrücke. Rückenlage.* Einnehmen der *„Hohen Brücke"* wie
H vor; oder durch Überschlag über einen in der Bank befindlichen *Helfer;* oder über die gestreckten rechten oder linken Arme, an denen sich *zwei* gegenüberkniende *Helfer* halten: Darin
a) Vorspreizen und Schließen eines Beins (auch mit Nachfedern) (ausatmen);
b) mit vorgespreiztem Bein Armbeugen und -strecken (ausatmen);
c) Vorspreizen rechts, Vorheben des linken Arms.

67 *Schubkarren vorlings mit Helfer. A* Grätschliegestütz vorlings (einatmen);
H *B* tritt von hinten zwischen die Beine des *A* und hebt sie an 1. mit Umfassen der Oberschenkel; 2. an den Kniekehlen; 3. an den Fußgelenken: *A*
a) Beugen und Strecken der Arme; Armwippen;
b) Stützhüpfen auf der Stelle;
c) Stützhüpfen mit Handklappen;
d) Beinbewegungen wie beim Radeln; *auch Beinrad;*
e) Stützeln oder Stützhüpfen in der Vorwärts- oder Rückwärts-Bewegung mit Schieben oder Ziehen durch *B;*
f) über kleine Hindernisse (Schwebestangen, Kasteneinsätze);
g) mit Griff nur an *einem* Bein;
h) mit Stütz nur auf *einem* Arm: Armbeugen und -strecken; Stützhüpfen vorwärts; seitwärts;
i) mit zwei Übenden nebeneinander, die vom Helfer an je einem Bein gehalten werden (*„Doppelschubkarren nebeneinander"*);
j) wie e) und i) gegen *Widerstand* des *B.*
k) *Zweistöckiger Schubkarren.* Der Zweite mit den Händen auf den Schulterblättern des ersten, mit den Füßen auf den Schultern des Helfers: Armbeugen und -strecken; Vorwärtsbewegung.

483 „Armträger".

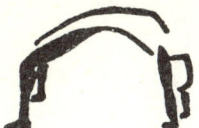

65 *Hohe Brücke*

65 c *Kniebeugebrücke*

66 *Hohe Spreizbrücke*

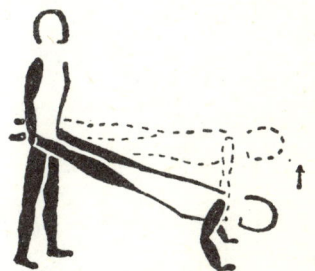

67 *Schubkarren vorlings:
Stützhüpfen, Handklappen*

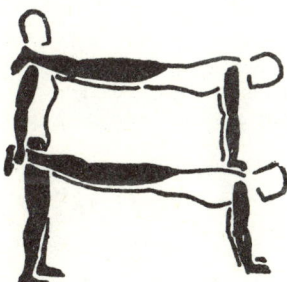

67 k *Zweistöckiger Schubkarren*

68 *Schrägliegestütz vorlings*

68 *Schrägliegestütz vorlings mit Helfer.* Liegestütz vorlings, die Beine sind
H von *B* an den Füßen angehoben (oder auf die Schultern gelegt), so daß
der gestreckte Körper mit dem Boden einen Winkel von 50 bis 70°
bildet: Armbeugen (einatmen) und -strecken (ausatmen); Armwippen.
Auch auf Fingerspitzen. (Kreuz nicht durchhängen lassen!)

61

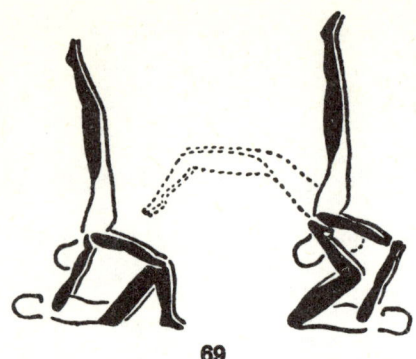

69

Schulterstand   Sohlen-Schulterstand

69 *Schulterstand. B Rückenlage,* Knie gebeugt, Sohlen am Boden, Vorhalte;
▲H *A* Handstütz auf den Knien, Schultern auf den Händen des *B*. Ab mit
Überschlag vorwärts.
Auch Schulterstand auf den Fußsohlen der angehockten Beine des *B*,
die dann langsam senkrecht gestreckt werden *(Sohlen-Schulterstand)*.
Auch freier Schulterstand des *A* mit Festhalten an den Armen bzw.
Beinen des *B*.

70 *Handstandradeln.* Flüchtiger Handstand mit raschen Radelbewegun-
gen, danach weiches Aufsetzen der Füße dicht vor den Händen.
Auch flüchtiger Handstand mit Anhocken, zurück in den Hockstand und
sofort Strecksprung.
Auch Handstand mit Abwenden in den Stand seitlings beim Überkippen.
Auch mit Einziehen und Aufsetzen des Kopfs zwischen den Händen Ab-
▲ rollen in den Stand.
▲H *Auch* flüchtiger Handstand aus *Rückenlage* über Rolle rückwärts (mit
Helfer).

71 *Handstand mit Helfer.* Handstand mit Hilfe an den Fußgelenken oder
H Unterschenkeln. (Kopf immer im Nacken!)
   a) *B* Grätschstrecksitz gegenüber, hält an den Hüften;
   b) Armbeugen bis zum Kopfstand; Armwippen;
   c) Lüften einer Hand („einarmiger Handstand". Vorübung für Rad);
   d) *A* Handstand auf den Fußristen, Kniekehlen auf den Schultern des B;
   e) wie c): Vorwärtsgehen des *B*.

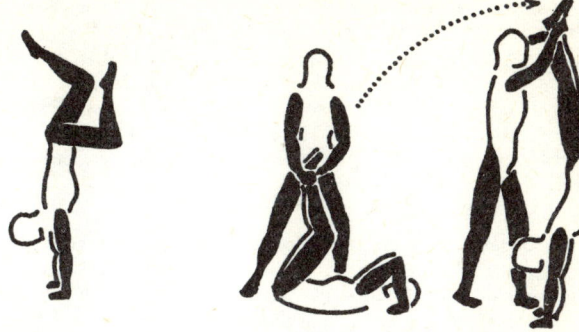

70 *Handstandradeln*   **70** *Handstand aus Rückenlage*

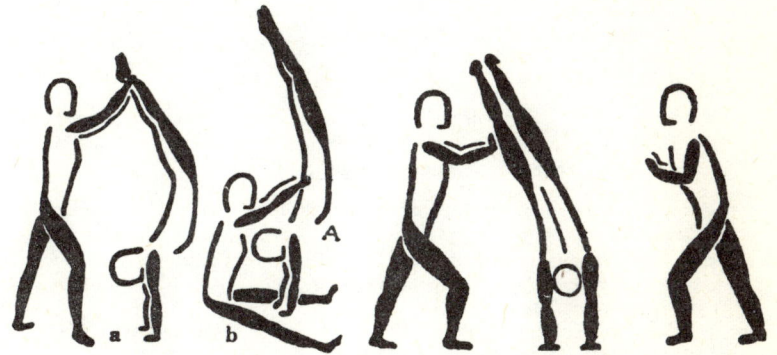

71 *Handstand mit Helfer*   **72** b *Handstandprellen*

72 *Handstandprellen mit zwei Helfern.* Die mit einem Schritt Abstand ge-
H genüberstehenden Helfer lassen den im Handstand zwischen ihnen befindlichen *A* durch Abdrücken an den Beinen hin- und herpendeln; *A*
kehrt den Helfern
a) die Vorder- bzw. Rückseite;
b) die rechte bzw. linke Seite zu. (Abstand allmählich vergrößern.)
Auch A weites Seitgrätschen (mit Lüften einer Hand) (Vorübung zum
Radschlagen).

474 Auffangen und Prellen eines „toten Mannes".

73 *Radschlagen.* (Überschlag seitwärts): 4—6 Schritte lockerer Anlauf, Hupf rechts mit Vorhochschwingen der Arme und Vorspreizen links, ¼ Drehung rechts und mit Rumpfseitbeugen links Aufsetzen des linken Spreizbeins, danach des linken gestreckten Arms, dann des rechten zum flüchtigen Grätschhandstand, sofort Weiterrollen zum Stand seitlings auf dem rechten Bein. Alles so schwungvoll hintereinander weg wie mög-
H lich. Hilfestellung durch Stützen eines *Helfers* von der Rückseite an den Hüften.

74 *Doppel-Liegestütz zu zweien.* Gegenstellung, Fußspitzen berühren ein-
Z ander (oder Füße ineinandergeschoben), Handfassung: 1. *A* gegen den
▲ Widerstand des *B* langsames Herabsenken in den Strecksitz und weiter in die *Rückenlage. B* gibt mit langsamem Rumpfvorbeugen nach und gelangt in den Liegestütz vorlings auf den Händen des *A;* darin Strecken der Hüften; 2. *A* und *B* (oder *A* oder *B* allein) Armbeugen und -strecken; 3. *A* Aufrichten in den Strecksitz, *B* Beugen des Rumpfs und der Knie, Aufrichten und Aufwärtsziehen des *A* in den Stand.

Auch B: Liegestütz aus entgegengesetzter Richtung.

Auch Grätschliegestütz vorlings, Beine gegeneinander verschränkt, Handstütz auf den Fersen des Partners: Kriechen auf „vier Füßen", der eine vorwärts, der andere rückwärts („Krebs").

▲ *Auch B:* Einnehmen der *Schrägen Rückenlage* (Arme in Tief-, Kopf- oder Hochhalte) auf den Händen des *A,* der in Grätschrückenlage gleicher oder entgegengesetzter Richtung den *B* an Schultern, Oberarmen oder Kopf stützt, aufwärts drückt oder prellt.

Auch Einnehmen des Liegestützes unter einem in der „Bank" befindlichen Partner: Anheben dieses durch Strecken der Arme.

Auch Liegestütz vorlings zu mehreren hintereinander. Jeder stützt auf dem Gesäß des Vordermanns („Treppenbau"). Der Stärkste vorn.

Auch: Jeder legt sich die Füße seines Vordermanns auf seine Schultern. Arme beugen und strecken oder vorwärts stützeln *(Lindwurm).*

472   Hochstemmen eines Dritten.
4941   Aufstemmen aus Schultersitz in Schwebestütz.
497f, g   Stemmhilfe bei „Stützaufsprung rückwärts" und „Aufreißer".
499   Stemmhilfe bei „Stützsprung über einen Arm".
501   Stemmhilfe bei „Zuggrätsche" über den Kopf des Helfers.
502   Stemmhilfe bei „Zughocke" über den Kopf des Helfers.

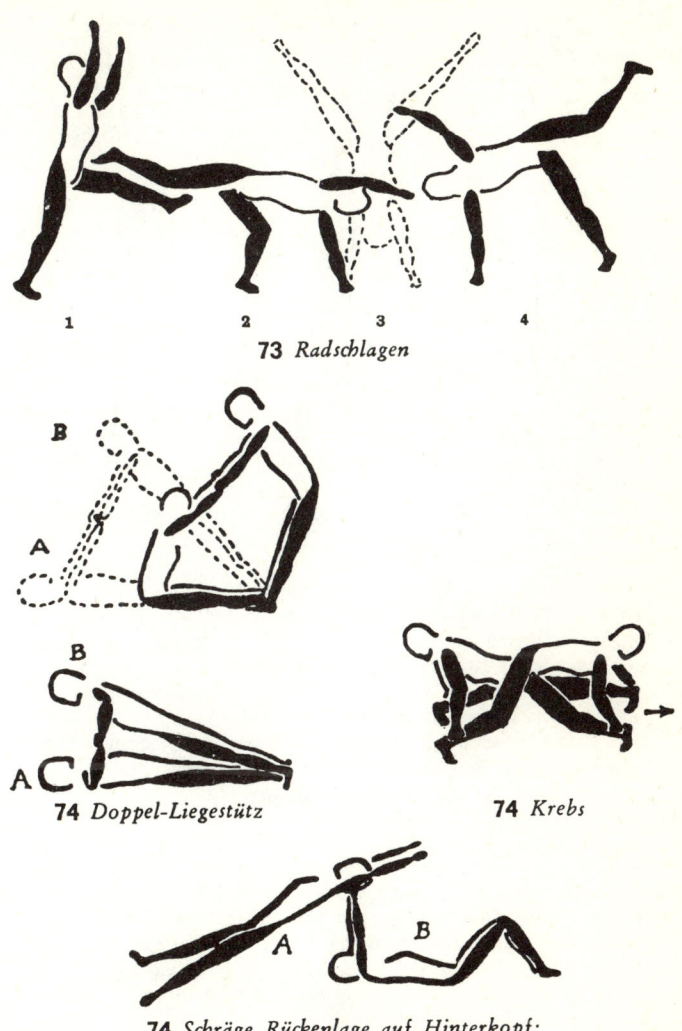

73 *Radschlagen*

74 *Doppel-Liegestütz*

74 *Krebs*

74 *Schräge Rückenlage auf Hinterkopf;*
Hochprellen

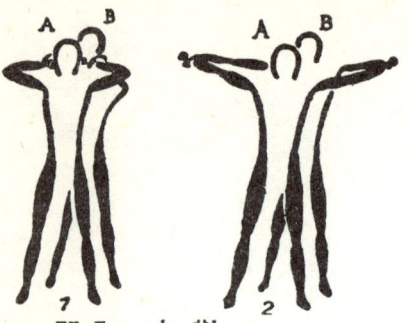

75 *Expander-Übung*
Beugen   Strecken

76 *Befreiung aus Halsumklammerung*

75 *Expander-Übung. Widerstandsübung.* A Seitgrätschstellung, Kopfhalte,
W   Fäuste; B, dahinter stehend, hält A bei den Handgelenken und zieht sie
leicht nach hinten (1). A: Langsames Seit- oder Hochstrecken und Einrollen der Arme mit zurückgenommenen Ellbogen (2); B leistet Widerstand.
Auch Handgelenkbefreiung. A Arme zwanglos gebeugt vorgehalten;
B Griff um die Handgelenke des A
a) von außen oben her (Daumen unten);
b) von außen unter her (Daumen oben):
A Befreiung durch Ausdrehen der Arme nach der Daumenseite des B
mit kräftigem, kreisbogenförmigem Ruck, wobei die eigenen Daumen in
die Bewegungsrichtung zeigen.
K   *Auch als Handgelenkbefreiungskampf,* in dem B nicht nur die Handgelenke festhält, sondern auch die Abwehrbewegung zu verhindern sucht;
auch B umfaßt das rechte Handgelenk des A mit beiden Händen: A,
linken Arm auf den Rücken, versucht sich zu befreien.
402b Rumpfdrehen in Seithalte gegen Widerstand.
403 „Diskuswurf" gegen Widerstand.

76 *Befreiung aus Halsumklammerung von hinten. Widerstandsübung* (Ret-
W   tungsschwimmen). B legt A beide Arme von hinten um den Hals; A faßt
links unter kräftigem Daumendruck den linken Oberarm des B dicht
oberhalb des Ellbogens, rechts den linken Handrücken, dabei das Handgelenk abwärts einknickend: stemmt den gefaßten Ellbogen aufwärts,
reißt den Unterarm abwärts und schlüpft nach rückwärts heraus.
16   „Fingerkampf".
486 „Nackenhebelkampf": Sprengen des doppelten Nackenhebels.

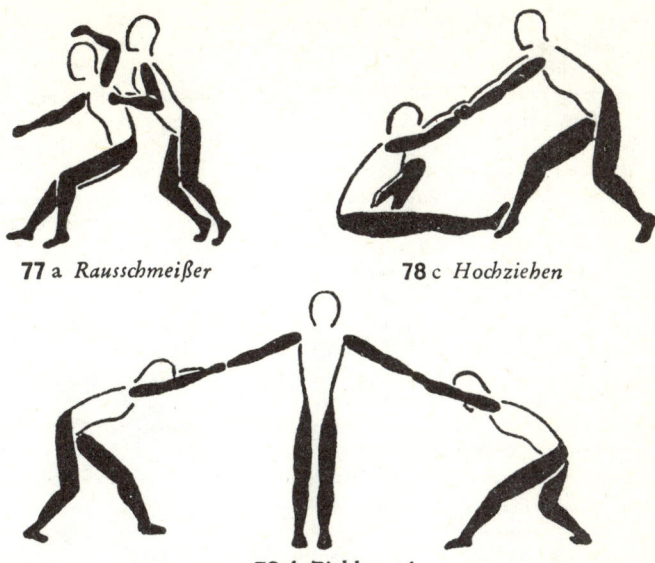

77 a *Rausschmeißer*   **78** c *Hochziehen*

78 d *Ziehkampf*

77 *Schiebekampf*
K a) *Rausschmeißer: A* versucht *B* mit Griff am Rücken über eine Grenze
      oder aus einem Kreis zu schieben;
K b) *Arm-Schiebekampf* in Gegenstellung mit Griff an den Oberarmen
      oder Schultern;
K c) *Bein-Schiebekampf.* Griff beider Hände an einem vorgehobenen Bein
      des Gegners;
K d) *Arm-Schiebekampf* wie b) im Knien.
      485 „Hebekampf" in Gegenstellung.

78 *Ziehkampf.* Den Gegner über eine Grenzlinie herüberziehen:
K a) *Fingerhäkeln.* Gegenstellung, ein Finger eingehakt;
K b) *Ellbogen-Ziehkampf.* Nebeneinander, linker Arm eingehakt: Her-
      überziehen auf ein Bein oder über eine Grenze;
K c) *Hochziehen. B* Strecksitz, linkes Bein angehockt, rechten Fuß gegen
      den rechten Fuß des vor ihm stehenden *A* gestemmt, Handfassung:
      A versucht *B* über das gestreckte rechte Bein in den Stand zu ziehen;
      (Fortsetzung S. 68.)

67

K d) *Kampf um den Dritten. A* und *B* versuchen, einen zwischen ihnen stehenden Dritten mit Griff an je einem Handgelenk zu sich herüberzuziehen;

K e) *Tauziehen ohne Tau. A* und *B* Gegenstellung, Handfassung, hinter jedem stehen 3 bis 6 Kameraden, die einander um den Leib fassen.

79 *Zieh- und Schiebekampf*

K a) *Steirisch-Ringen.* Schrittstellung rechts gegenüber, die rechten Füße mit den Außenkanten gegeneinander gestellt, Handfassung rechts: durch Schieben, Seitdrücken (oder Ziehen) den Gegner zum Aufgeben der Fußstellung zwingen;

K b) *Kniestand-Kampf.* Im Kniestand durch Ziehen oder Schieben mit einer gefaßten Hand (oder beiden Händen) oder im freien Kampf den Gegner zum Aufgeben des Kniestands zwingen;

K c) *Negertanz.* Gegenstellung, Griff an den Schultern: Versuchen, dem Gegner auf die Füße zu treten;

K d) *Ausbrechen.* Handfassung: versuchen, unter den gefaßt bleibenden Händen durchzuschlüpfen;

K e) *Ausbrechen zu dreien* aus dem durch Handfassung gebildeten Kreis.

401 „Sägen" zu zweien mit Widerstand.

80 *Prellen zu zweien.* Gegenstellung, ein Schritt Abstand,

Z a) Schrittstellung, die rechten Schultern gegenüber, Armhaltung ähnlich wie zum Kugelstoßen: mit den rechten Schultern Hand auf Hand gegeneinander lehnen und mit anwachsendem Druck abstoßen;

b) Schrittstellung: *A* stößt, *B* läßt sich abstoßen;

c) mit gestrecktem Körper mit beiden vorgebeugten Armen gegeneinanderfallen und abdrücken;

d) Abstand vergrößern, Hochhalte: Gegeneinanderfallen und mit den Händen zurückdrücken;

e) *A* erfaßt die senkrecht gebeugten Arme des *B* an den Handgelenken, reißt ihn an sich und stößt ihn bei festbleibendem Griff sofort wieder ab;

f) Seitstellung gegenüber, Arme verschränkt: Prellen mit den gegenüber befindlichen Schultern und Oberarmen *(Schulterprellen);*

g) Kniestand: Prellen mit vor- oder hochgehaltenen Armen.

453e „Drehbeugekampf", Kniestand, Rücken gegen Rücken, linkes Bein seitgestellt, Hochhalte, Handfassung.

81 *Unterarmprobe. Widerstand. A* und *B* mit den rechten Schultern gegen-

W über, Vorhalte rechts, rechte Unterarme senkrecht gegeneinander, Flecht-

79 a *Steirisch-Ringen*

79 d *Ausbrechen*

80 a *Prellen*

80 b *Stoßen*

80 f *Schulterprellen*

80 g *Prellen*

81 *Schulterprobe*

griff: Unterarm des Partners durch Drehung im Ellbogengelenk links abwärtsdrücken.

▲ *Auch* in *Bauchlage* gegenüber, Unterarmstütz links, Ellbogenstütz rechts.

K *Auch „Unterarmkampf".*

Schnellkraftübungen

Zweck: Für die Ausbildung des Nervensystems: Steigerung der Reaktionsfähigkeit,
der Muskeln: Erlernung schnellster An- und Abspannung,
der Gelenkbänder: Gewöhnung an plötzliche starke Zugbeanspruchung.

Allgemeines: Die Stoßbewegung der Faust ist der Endausläufer einer Druck-
welle, die, von der Körpermitte ausgehend, nach unten: Knie- und Fußgelenk, nach oben: Hüfte, Flanke, Schulter, Ellbogen (Handgelenk und
Finger) der sich streckenden Körperteile durchläuft. Hieraus ergibt sich
die Ausführung: Knie-Hüftstoß — Schulterstoß — Armstoß, mit wachsender Geschwindigkeit ineinander überfließend und mit gleichzeitiger
(restlicher) Knie- und Armstreckung endend.

Beachte: Bewegungen leicht beginnen, allmählich steigern.
Immer locker bleiben.

Bei kräftiger werdenden Streckungen Arme zur Schonung des Ellbogen-
gelenks einrollen.

Übungen zur Erhaltung der Reaktionsfähigkeit nicht zu lange durch-
führen.

82 *Gerader Stoß vorwärts* wechselweise rechts und links locker aus dem
Schultergelenk in

a) Lauf- oder Seitgrätschstellung, Schlaghalte, Fäuste;

b) Schrittstellung: Abdrücken der hinteren Ferse vom Boden, Strecken
des hinteren, leichtes Beugen des vorderen Knies;

c) Boxstellung (rechter Fuß seitwärts rückgestellt, Fußspitzen nach halblinks, Rumpf etwas geduckt auf leicht gebeugten Knien, Fäuste unter
und vor dem Kinn, linke Faust etwas weiter vorn, Ellbogen locker
angelegt. Getroffen wird mit den Knöcheln des waagerechten Hand-
rückens);

d) Grätschkniestand.

Auch als Reaktionsübung auf Ankündigungs- und Ausführungskom-
mando oder plötzlichen Pfiff zu üben.

83 *Innenseitstoß.* Schlaghalte rechts, Finger zur Faust geschlossen (einatmen):
Stoß nach links, dicht an der linken Schulter vorbei (ausatmen). (Dehnung des breiten Rückenmuskels.)

82 a *Gerader Stoß vorwärts* **82** d *Gerader Stoß vorwärts*

82 c *Gerader Boxstoß*

83 *Innenseitstoß* **84** *Arm-Kreuzstoß*

84 *Arm-Kreuzstoß.* Schlaghalte, Fäuste (einatmen); Gleichzeitiges Seitstoßen beider Arme einwärts dicht an der gegenseitigen Schulter vorbei,
linker Arm über dem rechten und umgekehrt (ausatmen). (Dehnung des
breiten Rückenmuskels.)

18b „Waagerechtes Armscheren".

26c „Schulterprobe" im Wechsel mit zweimal Armscheren.

27c „Ellbogenschlag", wechselnd mit Armkreuzen vor der Brust.

85 *Schwinger* (nur als gymnastische Übung). Boxstellung (oder enge Seitgrätschstellung), zwanglose Rückhalte rechts, Faust geballt, Handrücken
nach halbrechts gerichtet (einatmen): Knie-Hüftstoß rechts, Vorstoßen der
rechten Schulter, Seitvorschwingen des leicht gestreckten rechten Arms in
Kinnhöhe mit Ausschwingen über die Vorhalte hinaus nach links (ausatmen)

a) mit Pause nach jedem Schwung;

b) rechts und links in schneller Folge hintereinander.

(Beim Boxen ist der „Schwinger", weil zu langsam, nicht mehr ge-
bräuchlich.)

86 *Seitenhaken* (boxtechnisch: „Kinnhaken", „Kopfhaken"). Boxstellung
(Nr. 82 c) (oder enge Seitgrätschstellung): einem blitzschnellen Knie-
hüftstoß links, Beinstrecken und Rumpfdrehen rechts mit Vorreißen der
linken Schulter folgt die seitliche Schlag-Stoßbewegung des hakenförmig
(etwa rechtwinklig) im Schulter-, Ellbogen- und Handgelenk festgestell-
ten linken Arms. Der linke Ellbogen hebt sich erst *während* des Stoßes;
die Faust trifft mit der senkrechten Handknöchelkante die gedachte
Kinnspitze des Gegners von links her; die Rumpfdrehbewegung schwingt
mit unveränderter, etwa waagerechter, Armhaltung vollständig aus. Erst
dann wird schnell und locker die Ausgangsstellung eingenommen. Der
rechte Arm bleibt in Boxstellung. Dasselbe rechts. (Zuerst eine Seite
üben, dann links und rechts unmittelbar hintereinander.)
Auch im Kniestand.

87 *Aufwärtshaken.* Boxstellung (Nr. 82 c) mit folgender Abänderung:
Oberkörper und Knie etwas stärker als gewöhnlich, linker Arm rechtwinklig gebeugt, Faust nahe der Hüfte, Handrücken nach vorn abwärts,
Daumen nach außen gerichtet (einatmen) (1): Strecken der Knie und des
Oberkörpers, Hochreißen der linken Schulter und des im Ellbogengelenk versteiften Arms senkrecht aufwärts mit der Faust zur gedach-
ten Kinnspitze des Gegners (ausatmen) (2). Nach beendetem Stoß
schnelles Anlegen des linken Arms an die Brust und Zurücknehmen des
rechten Arms in die entsprechende Stoßstellung. (Zuerst eine Seite üben,
dann links und rechts rasch hintereinander.)

88 *Hochstoß.* Rumpfrückbeuge, Unterarme angewinkelt, Fäuste dicht vor
den Schultern (einatmen): wechselweises lockeres Rückwärts-Aufwärts-
stoßen (ausatmen).
Auch wechselweises Höhergreifen im Zehenstand. *Auch* in *Rückenlage.*

85 *Schwinger*

86 *linker Kinnhaken (Kopfhaken)*

86 *Seitenhaken*

87 *Aufwärtshaken*

88 *Hochstoß*

89 *Körperwelle mit Hochstoßen.* Laufstellung, leichte Kniebeuge, zwanglose Rumpfvorbeuge (ausatmen): die Wellenbewegung (Nr. 11) streckt nacheinander: Knie, Hüften, Rumpf, Hals und Arme (einatmen). Die Arme beugen sich, wenn die Welle die Schultern durchfließt, in die Stoßhalte und stoßen rückwärts-aufwärts (ausatmen). Die Fäuste werden so spät wie möglich aus der Tiefhalte senkrecht dicht am Körper vorbei locker hochgeschleudert.

90 *Flankenstoß über den Kopf.* Stoßhalte rechts wie zum Kugelstoßen, Hüftstütz links: Rumpfbeugen links mit sofort anschließendem möglichst waagerechtem Stoß nach links über den Kopf. (Knie bleiben gestreckt, Hüften nicht verdrehen! Die linke Hand drückt die Hüfte kräftig einwärts und vorwärts.)

Auch im Grätschkniestand mit freier Armhaltung.

Auch im Grätschkniestand mit Seitstellen eines Beins.

Auch mit beiden Armen gleichzeitig nach links.

365 „Seitbeugestoß abwärts" mit einseitigem Kniebeugen.
411 „Rumpfdrehbeugestoß" rechts zur linken Ferse.
420 „Die Stampfe", wechselweiser Bodenstoß.

89 *Körperwelle mit Hochstoßen*

90
Flankenstoß über den Kopf

90
Flankenstoß beidarmig

Beine

Lockerungsübungen

Zweck: Lockerung des Hüft- und Kniegelenks und der Beinmuskulatur.

91 *Unterschenkelkreisen.* Rechtes Knie waagerecht vorgehoben (Kniekehlengriff): lockeres Kreisen und Pendelnlassen des Unterschenkels.

92 *Bogenspreizen.* Rechtes Bein nach innen schräg vorgespreizt (vor dem linken Bein gekreuzt): lockeres Beinschwingen seitwärts-rückwärts bis zum Kreuzen hinter dem sich leicht beugenden Standbein; Beinschwingen vorwärts in die Ausgangsstellung. Fortgesetzt.
Auch mit Ausrollen des Beins beim Rückschwingen, Einrollen beim Vorschwingen.
Auch mit unterstützendem Abstoßen des Schwungbeins vom Boden.

93 *Bein-Achterkreisen.* Das rechte Bein schwingt locker gebeugt und eingerollt kreuzend vor dem linken vorbei, kehrt ausrollend und mit der Fußspitze den ersten (linken) Kreis der ∞ beschreibend, neben das linke Bein zurück und schließt, nach rechts über rückwärts-auswärts, vorwärtseinwärts kreisend und allmählich wieder einrollend, den Achterschwung. (Die Fußspitze führt immer in der Bewegung. Der Antrieb erfolgt jedesmal durch Kniewippen vom Schnittpunkt der ∞ aus.)
Auch Schwung bis aufs Äußerste verstärken.

94 *Knielockerung.* Lockeres rasches Knieheben und -strecken wechselweise rechts und links. Fußspitzen bleiben am Boden. (Bis zur höchsten Tretgeschwindigkeit steigern und wieder langsamer werden.) (Gleichzeitig Fußgelenk- und Wadenmuskelübung. Ruhig atmen!)

95 *Beinschwingen vorwärts-rückwärts zu zweien.* Zehenstand nebeneinander, Handfassung (oder Gegenstellung, Schulterfassung): lockeres Beinschwingen vorwärts und rückwärts, allmählich steigern. (Der Antrieb erfolgt durch Kniewippen des Standbeins. Der Unterschenkel fällt immer zuerst.)
Auch mit gleich- oder gegensinnigem Schwingen des freien Arms.
Auch Standbein auf ganzer Sohle, Schwungbeinhüfte hochgezogen (Schultern waagerecht).
Auch mit Hüpfen auf dem Standbein. *Auch* ohne Partner.
252 Hüpfen mit Vor-, Seit-, Rückstoßen, -schwingen, Bogenspreizen.

Unterschenkelkreisen

91
Unterschenkelpendeln

92 *Bogenspreizen*

93 *Bein-Achterkreisen seitwärts*

94 *Knielockerung*

95

Beinschwingen vorwärts-rückwärts

Beinschwingen vorwärts-rückwärts

Dehnübungen

a) Dehnung der Bein-Rückseite

Bein- (bzw. Rumpf-) Bewegungen vorwärts

(gleichzeitig meist Kräftigung der Bein- bzw. Rumpf-Vorderseite)

Zweck: Dehnung der Muskeln auf der *Rückseite* der Beine, insbesondere des großen Gesäßmuskels, zweiköpfigen Unterschenkelbeugers, halbhäutigen, halbsehnigen, schlanken Muskels, der hinteren Fasern des großen Anziehers und des dreiköpfigen Wadenmuskels, z. T. auch der Zehenbeuger. Bekämpfung eines übermäßig entwickelten Hohlkreuzes.

Beachte: Zur Vermeidung schädlicher übermäßiger Biegungen der ohnehin meist zu stark vorgebeugten Brustwirbelsäule empfiehlt es sich, beim Vorbeugen des Rumpfs den Hals öfters leicht rückzubeugen (den Kopf hoch zu nehmen).
Häufiges Überstrecken der Knie ist bei Jugendlichen wegen der Schädigungsmöglichkeiten für Kniegelenke und Unterschenkelbeuger und daraus folgendem Beckenvorkippen und Hohlkreuz zu vermeiden.

96 *Hohes Vorspreizen.* Linkes Bein zurückgestellt: Beinspreizen vorwärts bis über den Kopf (ausatmen).
Auch dreimal Treten auf der Stelle (links — rechts — links), sofort Vorspreizen rechts usw. (Knie bis zum Anschlag an die Schulter und möglichst gestreckt!)
Auch mit Zwischenschwung (Kommando: „1 und 2 und hoch!").
Auch mit Vorhochschwingen oder Schlagen rechts an die rechte oder linke Fußspitze; Fußsohle.
Auch mit Handklappen hinter dem Spreizbein.
Auch in der Vorwärtsbewegung als Zehengang *(Spreizgang vorwärts).* (Kräftigung der Wadenmuskeln und Zehenbeuger.)
Auch zu zweien nebeneinander mit Handfassung.

> 416 „Schraubenschwung", beide Arme von links oben nach rechts unten, rechtes Bein umgekehrt.

97 *Rumpfvorschwung.* Hochhalte (einatmen): Rumpf vorfallen lassen (ausatmen)
a) mit lockeren Knien;
b) mit festen Knien;

96

Hohes Vorspreizen,   Vorspreizen links   Schlag an die Fußspitze
Handklappen   Vorhochschwingen rechts

c   d   e

97 *Rumpfvorschwung*

c) in Schrittstellung mit festen Knien;
d) in leichter Seitgrätschstellung wechselweise über das linke Bein, das rechte Bein und nach vorn zwischen den Beinen;
e) mit Seitabschwingen und Kreuzen der Arme in der Rumpfbeuge, Nachwippen zum sofortigen Wiederaufrichten und Handklappen in der Hochhalte.

(Die Arme schwingen bei a) bis d) entspannt vorwärts-abwärts-rückwärts.)

409c „Drehzugbeuge": Rumpfdrehbeuge, Fußgelenkgriff von hinten.
411 „Rumpfdrehbeugestoß" der rechten Faust links hinter linke Ferse.

98 *Hackübung.* Seitgrätschstellung, Hochhalte, Hände über Schulterbreite
auseinander, Fäuste, Rumpfrückbeuge (einatmen): schwunghaftes Rumpfvorbeugen, Vortiefschwingen der Arme zwischen den Beinen hindurch
(ausatmen). (Die Knie bleiben gestreckt, die Fäuste schwingen dicht über
dem Boden entlang möglichst weit nach hinten, der Kopf versucht,
zwischen die Beine zu gelangen.)

Auch mit lockerem Vortiefschwingen der Arme bis zur Rückhalte.

Auch im Wechsel zwischen gebeugten und gestreckten Knien.

Auch mit Aufrichten abwechselnd nach rechts und links seitwärts.

Auch mit Schwingen beider Arme an *einer* Seite.

99 *Zugbeuge.* Rumpfvorbeuge (Grätschstellung), Griff von hinten um die
Fußgelenke (oder Unterschenkel): Rumpfvorwippen mit Heranziehen
des Kopfs an die Knie (ausatmen), die zunächst leicht gebeugt werden
können. (Ellbogen beim Abwärtsziehen vordrücken!)

100 *Beugestandwippen.* (Lauf- oder Grätschstellung). Rumpfvorwippen bis
zum Berühren des Bodens mit den Händen (ausatmen)

   a) mit den Fingerspitzen (oder Handknöcheln) vor den Füßen;

   b) mit beiden Händen rechts neben dem rechten Fuß;

   c) hinter den Füßen (bei jedem Wippen weiter rückwärts);

   d) mit den Handballen;

   e) mit Handklappen hinter den Fersen möglichst dicht über dem Boden;

   f) mit Rückwärtsstoßen der Fäuste dicht über dem Boden.

Auch mit Kopfhalte.

Auch schwunghaftes Vorfallenlassen mit gestrecktem Rücken und Anschlagen der Hände möglichst weit vorwärts auf dem Boden *(Bodenklatsch)* im Wechsel mit einmaligem Armpendeln nach dem Aufrichten
oder Rumpfheben und Hochschwingen der Arme.

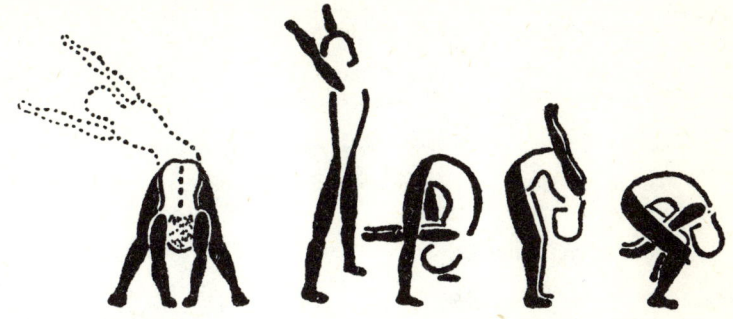

98 *HacHübung
seitwärts*   **98** *HacHübung*

99 *Grätsch-Zugbeuge*

99 *Zugbeuge*

100 a *Beugestand*

d **100** c
Grätsch-Beugestand

101 *Kleiner Katzenbuckel.* Kniesitz (Kniestand oder Hockstütz), Hände neben den Knien auf den Boden gestützt: Kniestrecken (ausatmen) und -beugen (einatmen). (Handflächen bleiben fest am Boden. Kopf hoch.)

Auch Gesäß und Rumpf so weit zurückschieben, daß die Arme genau in Verlängerung des Rumpfs stützen *(Pyramide).*

Auch im Wechsel mit Kniestand, Hochhalte.

Auch im Wechsel mit Fallenlassen des Beckens bis zum Boden im Liegestütz vorlings.

Auch mit Aufsetzen des Kopfs auf den Boden.

Auch im Unterarmstütz.

102 *Großer Katzenbuckel.* Hockstütz, Hände dicht vor (oder neben) den Fußspitzen: Kniewippen bis zum völligen Strecken der Knie (ausatmen).

Auch Wechsel mit Liegestütz durch Vor- und Rückstützeln der Hände oder Füße.

103 *Katzenbuckelgang. Kleiner Katzenbuckel* (Nr. 101). Darin: vorwärts, rückwärts, seitwärts gehen oder laufen auf Händen und Füßen

   a) mit gestreckten Knien im Paßschritt (rechter Arm und rechtes Bein);

   b) im Diagonalschritt (rechter Arm und linkes Bein);

   c) mit gebeugten Knien *(Vierfüßlergang, Vierfüßlerlauf);*

   d) so, daß die Spuren auf einer einzigen Linie liegen *(Fuchsschnüren);*

   e) mit Griff um die Fußgelenke;

   f) als *Vierfüßlergalopp* (Arme zugleich, dann Beine zugleich);

   g) mit Rückspreizen eines Beins;

   h) mit Legen eines Arms auf den Rücken;

   i) auf einem Arm und einem Bein der gleichen oder entgegengesetzten Seite; *auch* mit Griff rücklings am freien Bein;

   j) Hüpfen auf allen vieren gleichzeitig *(Ziegensprung);*

W k) mit Helfer, der mit Griff am rückgespreizten Bein mit *Widerstand* nachgezogen wird.

311d „Katzenbuckel-Standwaage-Wechsel".

101 *Kleiner Katzenbuckel*

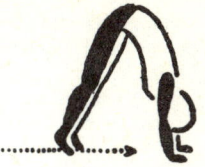

101 *Pyramide*

101 *... aus Hockstütz*
... in Unterarmstütz

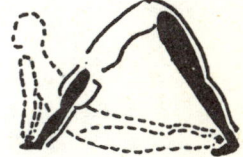

101 *Pyramidesenken*

102 *Großer Katzenbuckel*

102 *Katzenbuckel — Liegestütz*

a   **103**   e
Vierfüßlergang   mit Fußgelenkgriff

104 *Anbücken.* Liegestütz vorlings (einatmen):
   a) einmaliges Vorhüpfen mit gestreckten Beinen bis dicht hinter die am Boden bleibenden Hände (ausatmen);
   b) mit anschließendem Stützhüpfen der Hände mehrmals nacheinander in der Vorwärtsbewegung;
   c) wie vor in der Rückwärtsbewegung.

105 *Durchdrücken.* Ein Bein angehockt, Griff beider Hände an der Fußspitze: Kniestrecken.
   Auch mit Griff der gegenseitigen Hand an der Ferse und Hüpfen mit Drehung um die Längsachse.

106 *Spagat-Übung.* Weite Schrittstellung, Stütz der Hände auf dem Boden: Wippen des möglichst senkrecht gehaltenen Oberkörpers durch Beugen und Strecken der Arme.
   P *Auch passiv* mit Helfer, der auf die Schultern drückt.

   248 „Erweitertes Schrittwechselhüpfen".
   150 Drehen aus Schrittstellung in Seitgrätschstellung.

107 *Schrittknien-Vorbeugen.* Schrittknien, vorderes Bein gestreckt mit der Ferse auf den Boden gestellt: Rumpfvorwippen bis zum Berühren des Oberschenkels (Knies) durch die Brust mit ·
   a) Stütz der Hände auf dem Boden;
   b) Umklammern des Oberschenkels durch beide Unterarme;
   c) Griff einer Hand (oder beider Hände) an der vorderen Fußspitze (Dehnung der Zehenbeuger);
   d) immer weiterem Vorgreifen auf dem Boden;
   P e) *passiv:* Helfer drückt federnd auf die Schultern.

   134 Schrittweitung: Schrittknien, Kniebeugewechsel zu zweien.

108 *Knie-Strecksitz.* Kniesitz, linkes Bein vorgestellt, Fußspitze angezogen, Griff der linken Hand um die Fußsohle, Stütz der rechten Hand auf dem Boden: Rumpfvorwippen, Stirne ans Knie (ausatmen). (Dehnung der Zehenbeuger.)
   P *Auch passiv* mit Helfer, der auf die Schultern drückt.
   Auch Griff beider Hände am linken Fuß: Kniebeugewechsel vorwärts zum tiefen Schrittknien links, Rumpfrückbeugen, „Ausbreiten",
   Auch mit Strecken des rechten Knies.

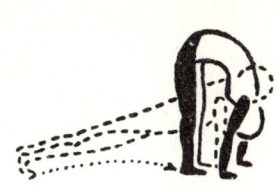 

104 *Anbücken*   **105** *Durchdrücken*

106 *Spagat-Übung*   **107** *Schrittknien ... Vorbeugen*

107 c *Schrittknien ... Fußspitzengriff*   **108** *Knie-Strecksitz*

109 *Rumpf vorfallen lassen*   **110** *Grätschsitzwippe*

109 Strecksitz, Kopfhalte, Rumpf leicht rückgebeugt (einatmen):
 a) Rumpf locker vorfallen lassen bis zur Knie-Stirnberührung (ausatmen);
 b) Vorfallen wechselweise in die Rumpfbeuge und Rumpfsenke (Rücken gestreckt!) (ausatmen) (Abb. siehe S. 85).

110 *Grätschsitzwippe.* Grätschstrecksitz, Hochhalte (einatmen): Rumpfvorwippen, Berühren des Bodens mit den Händen möglichst weit rechts neben dem rechten Fuß; zwischen beiden Füßen; links neben dem linken Fuß (ausatmen). (Fortgesetzt wechselnd.) (Abb. siehe S. 85).

111 *Sitzgrätschen.* Fallen durch den Kreuzsitz in den Grätschstrecksitz mit Griff an den Fußspitzen (Fußgelenken, Fersen): Beine schließen und grätschen. (Stirn nähert sich möglichst dicht dem Boden. Füße auch ein- oder ausgerollt.)
 Auch fortgesetzter rascher Wechsel zwischen Stand und Grätschstrecksitz mit Fußspitzengriff.

112 *Diagonale Grätschsitz-Zugbeuge.* Weiter Grätschstrecksitz, Griff beider Hände an einem Fuß: Rumpfwippen schräg vorwärts (ausatmen).
 Auch mit Griff der linken Hand auf dem rechten Knie und Erfassen der linken Fußspitze mit der rechten Hand *(Diagonaler Fußspitzengriff).*
 379 „Diagonaler Fußspitzengriff" im Grätschstrecksitz.
 431 „Grätschsitz-Drehbeuge", „Fußschnappen", „Diagonalstoß".
 352 Grätschrücklage: „Bodenklatsch", Fußfassen über Kreuz.

113 *Strecksitzwippe* mit Griff an den Fußspitzen (ausatmen). (Dehnung der Zehenbeuger).

114 Strecksitz: *Durchhocken (Einfädeln)* über Flechtgriff; vorwärts und
▲ rückwärts; Beine nacheinander und gleichzeitig. *Auch in Rückenlage.*

115 *Kniestrecken im Sitz* waagerecht oder aufwärts
 a) Strecksitz, rechtes Knie angehockt, Griff beider Hände um rechte Sohle;
 b) um Fuß und Knie;
 c) Hocksitz, Griff um beide Sohlen.

116 Hocksitz, Stirn auf den Knien, Griff um die Fußgelenke: Kniestrecken, Stirn bleibt auf den Knien (ausatmen).

117 *Fersen abheben.* Strecksitz, Griff beider Hände an den Fußspitzen: Abheben der Fersen vom Boden (ausatmen).

111
Sitzgrätschen

112
Diagonale Grätschsitz-Zugbeuge

113
Strecksitzwippe

Anhocken

114 *Durchhocken („Einfädeln")*

114
Durchhocken
(„Einfädeln")

a

b

c

115 *Kniestrecken im Sitz*

116 *Stirn an die Knie*　**117** *Fersen abheben*　**118** *Zugspreizen*

118 Zugspreizen im Sitz. Strecksitz, Griff beider Hände am rechten Unterschenkel (oder einer Hand am rechten Fuß) (einatmen): Heranziehen
des rechten Beins zur Brust (Knie bis an die Schultern, Bein und
Rücken bleiben möglichst gestreckt (ausatmen).
a) mit gestreckter Fußspitze;
b) mit angezogener Fußspitze.

119 *Hürdensitz.* Sitz, linkes Bein vorgestreckt, rechtes Bein gebeugt seitwärts so auf den Boden gelegt, daß beide Oberschenkel einen rechten
Winkel miteinander bilden (einatmen)

    a) Wechsel zwischen Hürdensitz links und rechts ohne Handhilfe;

    b) Griff beider Hände um den vorderen Fuß: federndes Rumpfvor-
ziehen *(Hürdensitz-Zugbeuge);*

    c) Griff an beiden Füßen: Rumpfvorwippen (ausatmen);

    d) Griff der Hände an je einem Fuß: Rumpfvorbeugen, Abheben der
Füße vom Boden (ausatmen);

    e) Vorschieben der Hände auf dem Boden in dem von den Ober-
schenkeln gebildeten Winkel (ausatmen);

    f) Hochhalte: Rumpfrückbeugen, Seitsenken der Arme in Kammhal-
tung zur Tiefrückhalte *(Ausbreiten);*

    g) Seithalte: schwunghaftes Rumpfdrehen links (ausatmen);

    h) Griff der rechten Hand um das seitgebeugte rechte Knie, Stütz der
linken am Boden (oder linker Arm über den Kopf gebeugt): Rumpfseitwippen rechts (ausatmen);

    i) langsames Herablassen in den Hürdensitz aus weiter Schrittstellung;

    j) (zwanglose) Hochhalte: Rumpfkreisen;

▲   k) *Bauchlage-Hürdensitz-Wechsel. Bauchlage:* Rückheben des linken
Beins und Anwinkeln des linken Unterschenkels, Rumpf-Links-
drehen und -Aufrichten, Rückschieben des linken Unterschenkels in
den Hürdensitz;

P   l) *passives* Seitbeugen mit Nachwippen durch Helfer;

P   m) *passives* Rumpfdrehen durch Helfer, der von hinten mit Griff an
rechter Schulter und linken Ellbogen nachfedert (linkes Bein vorn);

P   n) Griff an je einem Unterschenkel (am vorderen Fuß; Handflächen
neben den vorderen Fuß oder in den Winkel zwischen beiden Oberschenkeln vorgeschoben); Rumpfwippen. *B,* dahinterstehend, hilft
durch federnden Druck auf die Schulterblätter *(Hürdensitzpresse).*
W   Anschließend Aufrichten gegen *Widerstand.*

120 *Zugspreizen in Rückenlage,* rechtes Bein angehockt, Sohle auf dem Bo-
▲   den (einatmen): Vorspreizen links, Erfassen der Ferse mit beiden Händen, Heranziehen des Beins gegen die Brust; in dieser Stellung Strecken
des rechten Beins am Boden (ausatmen).

Auch Griff rechts um rechte Fußspitze, Druck links gegen rechtes Knie.

c   **119** *Hürdensitz*   h

. . . Vorwippen *. . . Seitdrehen* *. . . Seitbeugen*

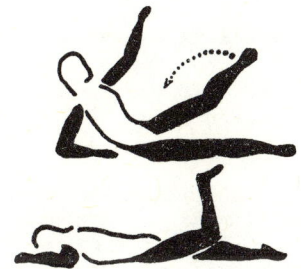 

119 k *Bauchlage-Hürdensitz-Wechsel* **119** n *Hürdensitzpresse*

120 *Zugspreizen*   **120** *Knie durchdrücken*

121 *Grätschsitzdehnung zu zweien.* Weiter Grätschstrecksitz, Fußsohlen
 Z gegeneinandergestemmt, Zweihandfassung (einatmen)

    a) Aufspringen in den Stand und Fallen in die Ausgangsstellung; fort-
gesetzt; auch als Wettkampf (bis zu zehnmal);

    b) wechselweises tiefes Rumpfvorbeugen (ausatmen) und Rumpfrück-
senken (einatmen) mit kräftigem Ziehen der Arme und Nachwippen möglichst bis in die *Rückenlage (Rudern);*

    c) *Sägen* (rasches wechselweises Vorstoßen und Zurückziehen der
Arme); *auch* Hände über Kreuz gefaßt;

    d) Rumpfkreisen über die *Rückenlage* beim Rückführen (einatmen),
beim Vorführen (ausatmen). (Knie bleiben gestreckt);

    e) Hock-Grätschsitz: Rumpfdrehbeugen durch Beugen der Arme auf
der einen Seite, Strecken der anderen Arme über den Kopf; in
dieser Stellung Strecken der Beine;

 H   f) Hochziehen- und Senkenlassen durch einen dazwischen stehenden
Dritten (Pumpe);

 K   g) ohne Handfassung (Hock-, Kreuzsitz): durch Prellen mit den Händen gegen die Schultern (oder frei) Partner zum Umkippen oder
Aufstützen einer Hand zwingen *(Sitz-Prellkampf).*

122 *Passive Spreizdehnung.* Gegenstellung, ein Schritt Abstand; *A* das linke
 P Bein gestreckt auf das rechte Ausfallknie des Helfers gestellt, Fuß-
spitze angezogen, Rumpf vorgebeugt, Griff der linken Hand an der
Fußspitze, der rechte Arm hängt herab oder umfaßt den Oberschenkel
(oder beide Arme hängen herab); *B* Griff der linken Hand um das
Fußgelenk des *A*, die rechte drückt federnd auf den Rücken. *A:* Rumpf-
vorwippen bis zum Anschlag der Brust an das vorgestellte Bein. (Beide
Knie bleiben gestreckt.)

 H *Auch B* hält das vorgespreizte Bein des *A; A* Hoch-, Seit- oder Kopfhalte: schwunghaftes Vorbeugen, Stirne bis ans Knie.

123 *Passives Vorspreizen. A* Vorspreizen links, Flechtgriff um den Nacken
 P des gegenüberstehenden *B; B* Griff rechts am Fußgelenk, Druck links
auf die Kniescheibe: Hochfedern des Beins bis zur Schulterhöhe (ausatmen).

    249j „Steirischer Federhupf": Handfassung links, rechte Hand am rechten Fuß des
        Partners.
    189c „Hinkziehkampf", rechter Fuß auf linker Schulter des Gegners.

121 *Grätschsitzdehnung*

122 *Spreizdehnung, schwunghaft*

122 *Spreizdehnung, passiv*

123 *Passives Vorspreizen*

124 *Schulterpresse.* *A* Grätschstrecksitz, Rumpfvorbeuge, Hände mit den
P Innenflächen möglichst weit nach vorn auf den Boden gelegt (Kopfhalte); *B*, in Seitgrätschstellung dahinter, Hände auf den Schulterblättern des *A*: Rumpfvorwippen durch federnden Druck auf die Schulterblätter des *A*, wobei dessen Hände auf dem Boden möglichst weit
nach vorn gleiten (ausatmen).

438 „Passive Sitzdrehbeuge", Grätschstrecksitz rechte Hand am linken Fuß.

125 *Klappbrett. Passiv. A* Strecksitz, Vorheben der Beine, Vorbeugen des
P Rumpfs, Umfassen der Knie, Heranziehen des Kopfs gegen die Knie;
B, in Seitgrätschstellung rechts neben *A* stehend, umfaßt mit der linken
Hand den Nacken, mit dem rechten Arm die Unterschenkel des *A* und
hilft nach.

342d, e „Sitzwaage"; Zugbeuge; Griff an gegrätschten Füßen.
345b „Kreuzwirbelschaukel", senkrechter Fußgelenkgriff.
346a „Große Rückenschaukel" mit Vorgreifen.
360 „Taschenmesser", senkrechtes Fußfassen in Rückenlage.

126 *Mit Helfer. A Kipplage* Hochhalte; *B* hält das linke Bein und die rechte
▲H Hand des *A* fest; *A:* Zurückschwingen des gestreckten rechten Beins
(ausatmen).
P *Auch passiv. „Passive Kipplage": B* zieht beide Beine federnd rückwärts-abwärts.

b) Dehnung der Bein-Vorderseite

Beinbewegungen rückwärts

Zweck: Dehnung der Muskeln auf der *Vorderseite* des Oberschenkels, insbesondere des Lendendarmbeinmuskels, des Spanners der Oberschenkelbinde, des vierköpfigen Unterschenkelstreckers (Quadrizeps), besonders
seines langen Kopfs, des langen Anziehers und des Kammuskels; gleichzeitig Dehnung des geraden Bauchmuskels.

Beachte: Vorsicht bei Jugendlichen und bänderschwachen Personen wegen der
Gefahr einer Überdehnung des Becken und Oberschenkel verbindenden
Bertinischen Bands und des geraden Bauchmuskels, sowie übermäßiger
Einbiegung der Lendenwirbelsäule.

127 *Anhocken mit Sohlengriff.* Anhocken eines Knies bis zur Brust (bzw.
Schulter) mit Nachhilfe der Hände unter der Fußsohle (ausatmen).
(Standbeinknie gut durchdrücken.)

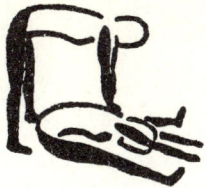

124 *Schulterpresse*

125 *Klappbrett*

125 *Schwunghafte Schrittdehnung*

126 *Passive Kipplage*

127 *Anhocken mit Sohlengriff*

128 *Arm- und Bein-Gegenschwung.* Rückhalte der Arme: lockeres Vorschwingen eines Oberschenkels bis zur Waagerechten, Nachschwingen des Unterschenkels, Rückschwingen des Beins noch vor Beendigung der Kniestreckung in die Rückspreizhalte mit Nachfedern des Unterschenkels und Vorhochschwingen der Arme
a) ruckhaft, mit Pause nach jedem Schwung;
b) rhythmisch, mit leichtem Rumpfvor- und Rückbeugen.
Auch mit Vorhochschwingen des *gleich*seitigen Arms und flüchtigem Erfassen des rückgeschwungenen Fußes durch die gegenseitige Hand.
Auch mit Erfassen des rückgeschwungenen Fußes durch die gleichseitige Hand.
Auch mit rascher Kehrtwendung nach der Seite des rückschwingenden Beins durch Drehen (oder Drehhüpfen) auf dem Standbein am Ende des Beinrück- und Armhochschwunges. (Schlußstellung: Kehrt, Schwungbein und Arme vorgehoben.)

259 „Anfersesprung".

129 *Diagonalschwingen.* Rückspreizen des rechten Beins und Vorhochschwingen des linken Arms im Wechsel mit Rückspreizen links und Vorhochschwingen rechts.
Auch mit einmaligem Hüpfen auf dem Standbein.
Z *Auch zu zweien* oder mehr mit Handfassung nebeneinander.

249d „Hinken" mit Griff am rückgehobenen Fuß.

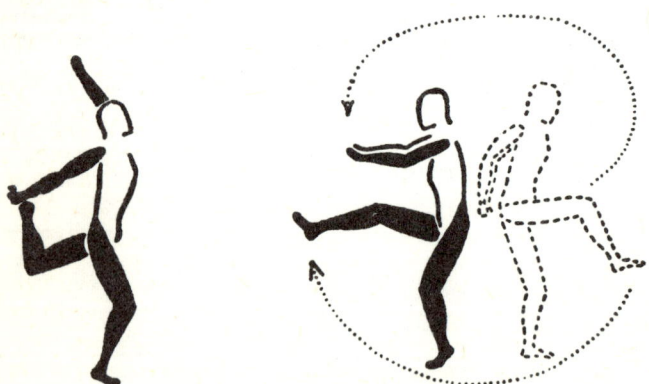

128 *Arm- und Bein-Gegenschwung*
mit Fußfassen   *mit Kehrtwendung*

128 *Arm- und Bein-Gegenschwung*

129 *Diagonalschwingen*

130 *Tiefschwung, Hochschwung,*
Rückspreizen

131 *Anfersen   ... in Bauchlage*

130 *Hochschwung-Rückspreizen.* Zwanglose Hochhalte: Kniebeugen, leichtes Rumpfvorbeugen, Vorwärts-, Abwärts-, Rückwärtsschwingen der Arme (einatmen); sofort Knie- und Rumpfstrecken, Rückspreizen rechts, Fersenheben links, Vorhochschwingen der Arme (über Schulterbreite und möglichst weit rückwärts).
Auch mit ausholendem Vorschleudern des rechten Beins.
Auch zwischen jedem Spreizwechsel dreimal auf der Stelle treten.

131 *Anfersen.* Hüftstütz (oder freie Armhaltung): Rückschwingen eines Beins bis zum Anschlag der Ferse an das Gesäß.
Auch im Gehen und Laufen auf der Stelle und vorwärts.
▲ *Auch* in *Bauchlage,* Unterarmstütz.

132 *Fußrückziehen.* Rechter Unterschenkel rückgehoben, Griff einer Hand (oder beider Hände) an der Fußspitze (einatmen): federndes Rückwärts-Aufwärtsziehen des Beins (ausatmen).
Auch mit lockerem hohem Rückfedern des freien Arms.

133 *Beinrückführen.* Anhocken rechts, Griff der rechten Hand unter der Sohle um den rechten Fußballen: Seitwärts-, Rückwärts-, Aufwärtsführen des rechten Fußes, Legen der linken Hand an den Kopf (einatmen).

134 *Schrittweitung im Knien.* Kniestand, linkes Bein vorgestellt, Hüftstütz (oder Hochhalte, Seithalte, Kopfhalte) (einatmen): Wippen des senkrecht gehaltenen Rumpfs durch federndes Beugen des linken und Strecken des rechten Knies (ausatmen).
Z *Auch zu zweien* oder mehr, mit Handfassung nebeneinander.
P *Auch passiv,* mit Helfer, der auf die Schultern drückt.
248 „Erweitertes Schrittwechselhüpfen".

135 *Fußrückziehen in der Bank.* Bank (einatmen): rechte Hand umfaßt den rückgehobenen linken (oder rechten) Fuß und zieht ihn rückwärts-aufwärts (ausatmen).
Auch in kleiner Katzenbuckelstellung mit gebeugten Knien.

136 *Kniestützbeuge rückwärts.* Kniesitz, Rumpfrückbeuge, Hände auf die Ferse gestützt: Becken
a) heben und senken;
b) heben und seitführen;
c) kreisen;
d) dasselbe mit Stütz der Hände auf dem Boden hinter den Füßen (ausatmen).
Auch im Wechsel mit Abdrücken aus der Bank.
Auch wechselweises Vorstrecken und Zurückziehen eines Beins.

448 Kniestand, linkes Bein seitgestellt: Rumpfdrehbeuge rückwärts.

137 *Hohe Kniebrücke.* Kniestand (oder Grätschkniestand) (einatmen): Rückwärtswippen; Rückbeugen und -senken des Rumpfs bis zum Stütz des Kopfs auf dem Boden (ausatmen). (Becken gut vorschieben.)
Auch mit Seithalte (oder Kopfhalte).

359 Kniestand, Kniestütz des Helfers: Rücksenken in Kniebrücke.

132 *Fußrückziehen*

133 *Beinrückführen*

134 *Schrittweitung im Knien*

135 *Fußrückziehen*

136 *Kniestützbeuge rückwärts*   **137** *Hohe Kniebrücke*

138 *Flache Kniebrücke*. Kniesitz, Seithalte (oder freie Armhaltung) (ein-
▲   atmen): fortgesetztes federndes Rumpfrücksenken bis zum Berühren
    des Bodens durch Kopf und Schultern (ausatmen).

139 *Nest. Bauchlage*, Unterschenkel rückgehoben, Griff an den Füßen (das
▲   schnelle Erfassen als Wettkampf üben!):
    a) Federndes Abheben der Knie vom Boden (ausatmen);
    b) Schaukeln knie- und kopfwärts (*Nestschaukel, Kleine Bauchschaukel*)
    (ausatmen);
    c) Schaukeln seitwärts (*Nestschaukel seitwärts*).

140 *Passives Rückspreizen*. A Rumpf rückgebeugt, Flechtgriff tiefrücklings
 P (oder hochrücklings), linkes Bein auf das Ausfallknie des einen Schritt
    dahinterstehenden Helfers gestellt (einatmen); B Griff rechts um das
    Fußgelenk (oder das Knie) des A, Griff links an den Händen des A:
    Rumpfrückwippen des A (ausatmen) durch Zug an den verschränkten
    Händen. (Beide Knie bleiben gestreckt!)
▲   *Auch in Bauchlage.*

141 *Passives Anfersen*. A Bauchlage, Stirne auf den Händen; B, dahinter
▲P stehend: hebt mit Griff am rechten Fuß und Knie des A das Bein rück-
    wärts an und drückt die Ferse federnd gegen das Gesäß (ausatmen).

c) Dehnung der Bein - I n n e n seite

Beinbewegungen s e i t wärts

Zweck: Dehnung der Muskeln auf der Innenseite der Oberschenkel: der vier
Anzieher, des Kammuskels und schlanken Muskels.

Beachte: Beim Einnehmen der weiten Seitgrätschstellung sind die Füße zur
Vermeidung übermäßiger Belastung des inneren Fußrands und daraus
folgender Begünstigung einer Knick- und Senkfußbildung genau gleichlaufend nach vorn zu richten. Wo diese Schäden bereits bestehen oder
als Anlage erkennbar sind, werden derartige Übungen am besten überhaupt unterlassen. Auch bei X-Bein-Anlage ist, besonders bei Jugendlichen, Vorsicht in der Anwendung der weiten Seitgrätschstellung
geboten.
Wenn beim Seitspreizen die Gleichgewichtserhaltung und richtige
Körperstellung durch Einnehmen einer vorgeschriebenen Armhaltung
zu unsicher ist, gestatte man eine freie Armhaltung, da sonst die
Wirkung der Übung beeinträchtigt wird.

138 *Flache Kniebrücke*

139 *Nest*

140 *Passives Rückspreizen*

140 *Passives Rückspreizen*

140 *mit Hochgriff*

141 *Passives Anfersen*

142 *Hohes Seitspreizen.* (Spreizbeinhüfte gut vordrücken!)
- a) Kopfhalte links, Hüftstütz rechts (etwas von hinten); Kopf und Hüfte des Spreizbeins werden beim Spreizen mit den Händen kräftig seitwärts gedrückt (ausatmen);
- b) mit Schwungholen durch kreuzendes Vorbeischwingen abwechselnd vor und hinter dem Standbein und gleichzeitigem Kreuzen und Seitschwingen der Arme (ausatmen);
- c) mit Seitschwingen beider Arme nach der entgegengesetzten Seite;
- d) bis zum Anschlag an eine seitgehaltene Hand (ausatmen);
- e) mit abwechselndem Aus- und Einrollen des Spreizbeins;
- f) mit Hüpfen auf dem Standbein;
- g) in der Fortbewegung mit Nachstellschritten *(Spreizgang seitwärts).*

Auch hohes Seitstoßen eines Beins mit angezogener Fußspitze abwechselnd rechts und links, als ob man *Fußtritte austeilen* will.

Auch zu zweien. Gegenstellung, Zweihandfassung: abwechselnd links und rechts zweimal hüpfen; bei jedem zweiten Hupf einen *Fußtritt seitwärts* stoßen.

269 „Seitspreizsprung".

143 *Fuß-Stirnberührung.* Linken Fuß mit den Händen bis zur Stirne ziehen (ausatmen). (Hüftgelenklockerung durch Auswärtsrollen des Oberschenkels.)
Auch Herüberheben des Fußes über den Kopf.

144 *Grätschweitung.* Seitgrätschstellung, Seithalte (oder freie Armhaltung): Erweiterung der Stellung durch Seitwärtsrutschen auf den Sohlen mit Drehbewegungen in den Fußgelenken oder durch Hüpfen (ausatmen). Zurück durch Hüpfen mit unterstützenden kleinen ruckhaften Armschwüngen (ausatmen).
Auch im Grätschbeugestand, Hände am Boden.
Auch Wandertippen der Hände von einem Fuß zum andern.

234 Angrätschen im Liegestütz vorlings.

145 *Grätsch-Rumpfbeuge.* Weite Seitgrätschstellung, Seithalte: Rumpfvorwippen bis zum Berühren der Fußspitzen oder Fersen durch die Hände (ausatmen).
Auch anschließend Rumpf schräg vorhoch-, Arme in die Schräghochhalte seitwärts mit Kammhaltung heben; verharren.
Auch Ellbogengriff vorlings: Vorbeugen bis zum Unterarmstütz.

142 *Seitspreizen*

   a   b   c

... *mit Handhilfe*   ... *mit Kreuzen und*   ... *mit Arm-Gegenschwung*
                  Armschwung

143
Fuß-Stirnberührung

Grätschweitung   **144**   ... *im Beugestütz*

145
Grätsch-Rumpfbeuge   ... *bis zum Boden*

146
Grätsch-Wechselknie-
beugen mit Fußfessel

147 *Hüftstreckung*
ruckhaft   *schwunghaft*

146   *Grätsch-Wechselkniebeugen mit Fußfessel.* Weite Seitgrätschstellung, Rumpfvorbeuge, Griff um die Fußgelenke: wechselweises tiefes Kniebeugen rechts und links. Allmählich schneller werden (ausatmen).

405 Drehbeugewippen in weiter Seitgrätschstellung.

147   *Hüftstreckung.* Weite Seitgrätschstellung, leichte Kniebeuge, zwanglose Rumpfvorbeuge, Körpergewicht vorverlegt, zwanglose Vorhalte (ausatmen): Strecken der Knie, Vorschieben des Beckens, Rückbeugen des Rumpfs (einatmen)
a) ruckhaft mit Ausbreiten der Arme, fester Sohlenstand;
b) schwunghaft rhythmisch mit verstärkter Knie- und Rumpfrückbeuge, Zehenstand.

148   *Erweitertes Wechselkniebeugen seitwärts.* Seitgrätschstellung, Kniebeuge rechts (ausatmen): schwunghaftes Kniebeugewechseln mit zweimaligem Kniewippen auf jeder Seite unter allmählicher Erweiterung der Seitgrätschstellung durch Seitwärtsstellen des Fußes der Beugeseite (ausatmen).
Auch mit Hüftstütz, wobei die Hand auf der Seite des gestreckten Beins das Becken kräftig nach vorn und einwärts drückt.
P   *Auch passiv* mit Helfer, der von hinten auf die Schultern drückt.

149   *Wechselknien seitwärts.* Weite Seitgrätschstellung, Seithalte: langsames tiefes Kniebeugen rechts, Knien links; Kniebeugewechsel, Knien rechts.

150   *Schritt-Grätschstellung-Wechsel.* Weite Schrittstellung, Seithalte: Drehen in die Seitgrätschstellung.

102

148 *Erweitertes Wechselkniebeugen seitwärts*

149 *Wechselknien seitwärts*

150 *Drehung aus Grätsch- in Schrittstellung*

151 *Ballett-Übung*

152 *Kniesitz-Kniestand-Wechsel*

151 *Ballett-Übung.* Knieheben rechts, Griff der rechten Hand von innen um die rechte Ferse: Seitstrecken des rechten Beins, Seitheben des linken Arms.

152 *Grätschhocksitz-Grätschkniestand-Wechsel.* Grätschkniesitz (ausatmen): fortgesetzter lebhafter Wechsel mit Grätschkniestand (einatmen). (Bei X-Beinen Füße schließen!)

153 *Kreuzsitzvorbeuge.* Kreuzsitz, Kopfhalte (einatmen): Rumpfvorbeugen (ausatmen)
- a) bis zum Berühren des Bodens mit den vorgedrückten Ellbogen;
- b) abwechselnd über das rechte und linke Knie;
- c) mit Erfassen der Fußspitzen und Heranziehen des Kopfs;
P d) *passiv*, Helfer drückt von hinten auf die Schultern.
(Vorsicht bei O-Beinen! Nach Beendigung *Aufrollen* (Nr. 157).)

119 „Hürdensitz" (19 Formen).
185 Hinsetzen seitwärts, ein Bein seitgestellt.
378 Sitzzugbeuge, Kreuzsitz, linkes Bein seitwärts, Kniegriff links, Seitbeugen links.
379 Grätschstrecksitz: „Diagonaler Fußspitzengriff".

154 *Orientalischer Sitz.* Hocksitz, Fußsohlen gegeneinander, Griff an den Fußspitzen (einatmen): Rumpfvorbeugen mit Nachhilfe der Arme (ausatmen). (Vorsicht bei O-Beinen!)
P *Auch passiv* mit Helfer, der von hinten auf die Schultern drückt.

155 *Ballettsitz.* Hocksitz mit geöffneten Knien, Fußsohlen gegeneinander, Griff um die Fersen (zunächst um die Fußgelenke) von innen: Beine strecken, heben und seitgrätschen (ausatmen)
- a) wechselweise;
- b) gleichzeitig.

156 *Passives Knieöffnen.* A Hocksitz mit geöffneten Knien, Fußsohlen gegeneinander, Griff an den Fußspitzen; B drückt, davorstehend, die
P Knie federnd auf den Boden (ausatmen).
Anschließend: Aufstehen mit Griff an den Fußspitzen.

121 „Grätschsitzdrehung zu zweien", Sohlen gegeneinander, Zweihandfassung.

Kraftübungen

Beachte: Wenn nicht anders vorgeschrieben, sind die Beinbewegungen stets bis zu der äußersten erreichbaren Stellung, d. h. bis zur größtmöglichen Zusammenziehung der betätigten Muskeln durchzuführen.
Zur Erhaltung des Wachstumsreizes mit Maß und Art der Kraftbeanspruchung häufig wechseln!
Jeder längeren Kraftübung zur besseren Muskeldurchblutung eine Lockerungsübung (auch einfaches Ausschütteln oder leichtes massierendes Streichen und Schütteln mit den Händen) folgen lassen!

b   153   c

Kreuzsitzvorbeuge

154

Orientalischer Sitz

155 *Ballettsitz*

156 *Passives Knieöffnen*

a) Kniebeugen und -strecken

(Hierher gehören auch alle Hüpf- und Sprungübungen.)

Zweck: Kräftigung fast der gesamten Beinmuskulatur, insbesondere des großen Gesäßmuskels, vierköpfigen Unterschenkelstreckers (Quadrizeps),
des dreiköpfigen Wadenmuskels und des Spanners der Oberschenkelbinde.

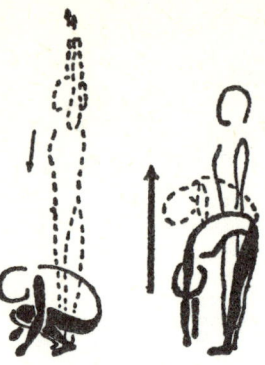

157 *Zusammen- und Aufrollen*

157 *Zusammen- und Aufrollen.* Zehenstand (oder Schrittstellung oder Seitgrätschstellung), Hochhalte, Handteller nach vorn: wechselweises Hochrecken der Arme aus den Schultern (einatmen); entspanntes Zusammenfallen in den Hockstand, Nachwippen bis zum Berühren der Schultern
durch die Knie (ausatmen); langsames Erheben durch *Aufrollen* (ausatmen) (d. h. allmähliches Strecken der einzelnen Körperteile — „einen
Wirbel nach dem andern" —, von unten beginnend, mit dem Kopf
und den Händen endend).

158 *Schrittkniebeuge.* Schrittstellung, Zehenstand, zwanglose Seithalte:
halbtiefes Kniebeugen und -strecken oder Beugewippen *(Kniewippen)*
a) schnell und locker;
b) langsam und zügig; *auch* abschnittsweise;
c) Gewicht wechselweise auf das vordere und hintere Bein verlegen.
(Ruhig atmen!);
d) wie c) senkrecht kreisend *(Kleine Kurbelwelle).*

52 Liegestütz vorlings-Hockstütz-Wechsel.

159 *Langsame tiefe Kniebeuge.* Zehenstand (*auch* Ellbogen auf dem Rücken
erfaßt): langsames *tiefes* Beugen und Strecken der
a) geöffneten Knie *(Geöffnete Kniebeuge);*
b) geschlossenen Knie *(Geschlossene Kniebeuge).* (Rumpf senkrecht und
locker.)

487 Kniebeugen, Laufen, Springen mit „Huckepack".

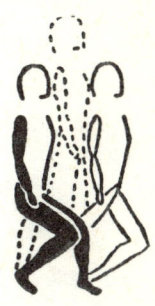

158

a *Schrittkniebeuge*   c ... *mit Verlagerung*   d *Kleine Kurbelwelle*

159 *Langsame tiefe Kniebeuge*

... *geöffnet*   ... *geschlossen*   ... *mit Ellbogengriff*

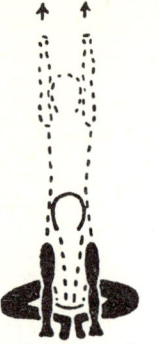 

160 *Hockstützschnelle*   **161** *Hockstützwippe seitlings*

160   *Hockstützschnelle.* Hockstütz, Knie geöffnet, Fäuste am Boden (ausatmen): schnelles Strecken in den Zehenstand, Rückbeugen des Rumpfs,
Hochstoßen der Arme (einatmen) und sofort Zurückfallen in die
Ausgangsstellung mit Nachwippen. (Das Strecken auch als Reaktionsübung auf Kommando.)

254 Fallen in Hockstand nach Schlußsprung.
258 Stoßsprung aus Hockstand.

161   *Hockstützwippe seitlings.* Hockstand, Knie geschlossen: Kniewippen
mit wechselweisem Aufstützen beider Handflächen rechts neben die
rechte Ferse und danach links neben die linke Ferse (ausatmen)
a) mit Seitenwechsel nach je 2- bis 4maligem Wippen;
b) mit sofortigem Wechsel der Stützseite.

233 „Hockfedern seitwärts", Hockstütz, linkes Bein seitgestellt: Wechselhüpfen.
219 Wechselhüpfen im Hocksitz mit Rückspreizen.

162   *Entengang.* Hockstand: Gehen vorwärts und rückwärts auf ganzen
Fußsohlen mit wechselweisem Rumpfseitbeugen rechts und links.

247 „Spatzenhüpfen": Hockhüpfen (13 Formen).

163   *Stufenweise Kniebeuge.* Kopfhalte: tiefes Kniebeugen und -strecken
abschnittweise in 5 bis 10 Zeiten. Zügig oder ruckhaft.
Auch mit Wippen in den verschiedenen Stellungen.
Auch mit gekreuzten Beinen, Fußspitzen gegeneinander (*Zwangsstellung*).

162 *Entengang* **163** *Stufenweise Kniebeuge* ... *in Zwangsstellung*

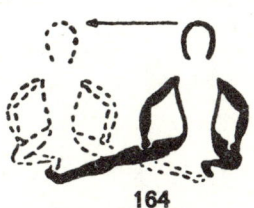

164
Tiefes Wechselkniebeugen seitwärts   **165**
Zeitlupe; Kniebeugegang seitwärts

164 *Tiefes Wechselkniebeugen seitwärts.* Seitgrätschstellung, tiefe Kniebeuge
links, Stütz der Hände auf der Mitte der Oberschenkel: Wechselkniebeugen. (Der Oberkörper darf während der ganzen Übung nicht höher
gehoben werden als in der Ausgangsstellung! Bei je zwei Kniebeugewechseln ausatmen bzw. einatmen.)

Z *Auch zu zweien* in Gegenstellung mit Handfassung.

146 Grätsch-Wechselkniebeugen mit Fußfassen.
148 „Erweitertes Wechselkniebeugen seitwärts", passiv.
373 „Hockseitbeuge", linkes Bein seitgestellt: Seitbeugen links.
149 „Wechselknien seitwärts". Grätsche, Kniebeuge rechts, Knien links.

165 *Zeitlupe.* Hockstand, Knie geöffnet, Kopfhalte
a) langsames Seitstellen und Schließen eines Beines;
b) langsamer Kniebeugewechsel auf das seitgestellte Bein;
c) das andere Bein nachziehen; Bewegung fortsetzen *(Kniebeugegang
seitwärts).*

Z *Auch zu zweien* mit Handfassung in Gegenstellung.
(Bei je zwei Kniebeugewechseln ausatmen bzw. einatmen.)

166 *Kosakentanz seitwärts.* Tiefe Kniebeuge, ein Bein seitgestellt, Hüftstütz (oder freie Armhaltung): Wechsel*hüpfen.* (Bei je zweimal Hüpfen
ausatmen oder einatmen). Tempo verstärken!)
Auch im Wechsel mit Kosakentanz vorwärts (Nr. 175).
Z *Auch zu zweien* in Gegenstellung mit Handfassung.

167 *Schuhputzen.* Tiefe Ausfallstellung links, Schlaghalte, Flechtgriff vor
(oder hinter) dem Kopf (einatmen): Rumpfdrehbeugen bis zum Berühren des linken Fußes abwechselnd durch den linken und rechten
Ellbogen (ausatmen).

168 *Vorfallen und Auffangen.* Der Körper fällt, ohne in den Hüften ein-
zuknicken, entspannt vor und wird so spät wie möglich durch Vorstellen
eines Beins mit tiefem Kniebeugen und Nachfedern aufgefangen (ausatmen). Die Arme schwingen dabei entspannt vortief-rückwärts und
unterstützen durch Vorhochschwingen das Aufrichten des Körpers und
Schließen des vorgestellten Beins in die Ausgangsstellung (einatmen).
Ausgangsstellungen:
a) enge Schrittstellung;
b) Laufstellung;
c) Laufstellung, Zehenstand, Hochhalte;
d) enge Schrittstellung, hinteres Bein aufgezeht, Becken vorgeschoben,
Rumpf rückgebeugt.
309 Arme seitheben in Hockliegestütz vorlings.
60 „Froschhüpfen" aus Hockstütz auf einem Bein.

169 In halbtiefer Kniebeuge: Strecken eines Unterschenkels vorwärts; seitwärts; rückwärts (ausatmen)
a) mit eingerolltem Bein aus geschlossener Kniebeuge;
b) mit ausgerolltem Bein aus Kniebeuge mit auswärts gerichteten
Knien und Fußspitzen;
c) mit anschließendem Beinkreisen vorlings;
d) mit Beinkreisen seitlings.
310 „Waagewippen" aus Hockliegestütz oder Startstellung.
284 „Startsprung": Hüpfen in Startstellung.

170 *Große Kurbelwelle.* Schrittstellung, Zehenstand, senkrechter Rumpf und
Arme „entspannt": 1. *Tiefes* Kniebeugen des hinteren Beins; 2. Knie-
beugewechsel mit Verlegen des Körpergewichts auf das vordere Bein
(ausatmen); 3. Strecken beider Knie (in den Zehenstand), Becken vor-
schieben; 4. Körpergewicht auf das hintere Bein verlegen (einatmen)
(Gleichgewichtsübung). (Mehrmals fortlaufend hintereinander üben).
Dasselbe in umgekehrter Reihenfolge von vorn nach hinten.)
Z *Auch zu zweien* oder mehreren nebeneinander, Handfassung.

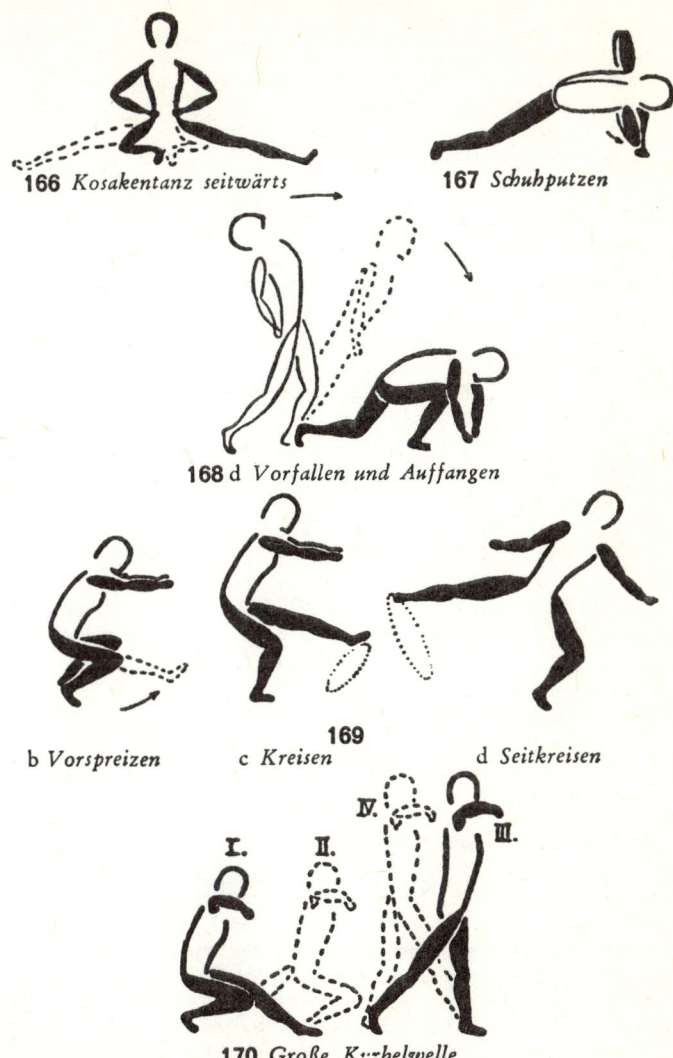

166 *Kosakentanz seitwärts*

167 *Schuhputzen*

168 d *Vorfallen und Auffangen*

b *Vorspreizen*   c *Kreisen*   d *Seitkreisen*

169

170 *Große K---belwelle*

171 *Einseitiger Hockstand.* Hockstand: Vorstellen, Seitstellen, Rückstellen eines Beins (ausatmen).
Auch Ausstoßen eines Beins: *Fußtritt vorwärts; Fußtritt seitwärts;* rückwärts mit Auftippen der Fußspize.

135 Fußrückziehen in Katzenbuckelstellung.

172 *Kniebeugegang vorwärts-rückwärts.* Hockstand, rechtes Bein gestreckt vorgestellt, leichte Rumpfvorbeuge (oder straff aufgerichtet): Kniebeugewechsel, Körpergewicht auf das rechte Bein vorziehen (einatmen); linkes Bein vorstellen (ausatmen); Körpergewicht auf das linke Bein vorziehen. Entsprechend Rückbewegung in die Ausgangsstellung. (Der Fuß darf beim Vor- und Rückführen den Boden nicht berühren.)
Auch mit freier Armhaltung und Nachwippen bei jedem Schritt.
Z *Auch zu zweien* nebeneinander, Handfassung.

173 *Einseitiges tiefes Kniebeugen.* Vorhalte: Vorspreizen rechts, tiefes Kniebeugen (einatmen) und -strecken (ausatmen) auf der linken Fußspitze. (Gleichgewichtsübung.)
Auch mit Kniewippen.
Auch mit Seitführen des rechten Beins über das linke Knie.

174 *Kanone.* Linkes Bein vorgespreizt, Vorhalte: tiefes Kniebeugen (ausatmen) und -strecken (einatmen) rechts auf der ganzen Fuß*sohle*
   a) mit Griff einer Hand oder beider Hände an der Fußspitze des vorgespreizten Beins;
   b) mit Kniewippen *(Kanone-Wippen)*;
   c) mit Hüpfen auf und von der Stelle *(Kanone-Hüpfen)*.
Z *Auch zu zweien* gegenüber mit Zweihandfassung und fortgesetztem Beinwechsel.

286 „Strecksprung in Kanone".

175 *Kosakentanz vorwärts.* Hockstand links, rechtes Bein vorgestellt (Ferse am Boden), Vorhalte: Wechselhüpfen. (Bei je zweimal Hüpfen ausatmen bzw. einatmen.) Schneller und wieder langsamer werden.
Auch mit Vorspreizen (ohne Aufsetzen der Ferse).
Auch in der Vorwärts- und Rückwärtsbewegung.
Auch im Wechsel mit Kosakentanz seitwärts (Nr. 166).
Z *Auch zu zweien* gegenüber oder nebeneinander mit Handfassung.

171 *Einseitiger Hockstand*

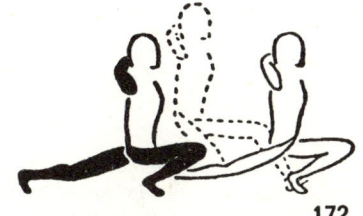

172
Kniebeugegang vorwärts-rückwärts

...frei mit Wippen

173
*Einseitiges tiefes
Kniebeugen*

*rechtes Bein auf
dem linken Bein*

174
Kanone

... mit Fußgriff

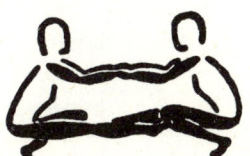

174 *Wechselhüpfen*

175 *Kosakentanz vorwärts
(Ferse aufgesetzt)*

175 *Wechselhüpfen
(Bein frei)*

176 *Schritt-* **177** *Hockstand-* **178** *Gerade Kniebeuge*
Drehkniebeuge   *Beckenwippe*

176 *Schritt-Drehkniebeuge.* Schrittstellung rechts (einatmen): Kniebeugen, Rumpfdrehbeugen rechts rückwärts bis zum Berühren der linken Ferse mit der rechten Hand (ausatmen). Bewegung nach beiden Seiten in schwunghaftem Wechsel.

177 *Hockstand-Beckenwippe.* Zwanglose Seithalte, Hockstand: wiederholtes Vorschieben des Beckens, bis die Knie fast den Boden berühren; mit Vorschieben des Beckens rasches Strecken der geschlossenen Knie zum Stand.

178 *Gerade Kniebeuge.* Lauf- (Schritt-, Grätsch-) stellung, Arme hängen locker herab (einatmen): Kniebeugen und -strecken mit Vorschieben des Beckens und Rumpfrückbeugen (also mit „Bauch heraus!") (ausatmen)
 a) halbtief wippend; schwunghaft;
 b) tief bis zum Berühren der Fersen durch die Hände zügig; rasch.
Z *Auch zu zweien* schräg gegenüber mit Handfassung links.

179 *Gerade Drehkniebeuge.* Tiefes Kniebeugen, Vorschieben des Beckens, Rumpf*dreh*beugen rechts rückwärts bis zum Berühren der linken Ferse mit der rechten Hand (ausatmen)
 a) in Seitgrätschstellung; Hochrückschwingen des linken Arms;
 b) mit geschlossenen Knien;
 c) mit je 1- bis 2maligem Kniewippen von rechts nach links schwingen;
 d) mit Hochschwingen links, Aufstützen rechts weiter rückwärts.
Z *Auch zu zweien* gegenüber mit Handfassung links.

180 *Gerade Kniebeuge seitwärts.* Tiefes federndes Beugen der geschlossenen Knie, Vorschieben des Beckens, Rumpf*seit*beugen rechts bis zum Berühren des Bodens rechts neben dem rechten Fuß durch die rechte Hand (ausatmen).
Z *Auch zu zweien* gegenüber mit Handfassung links.

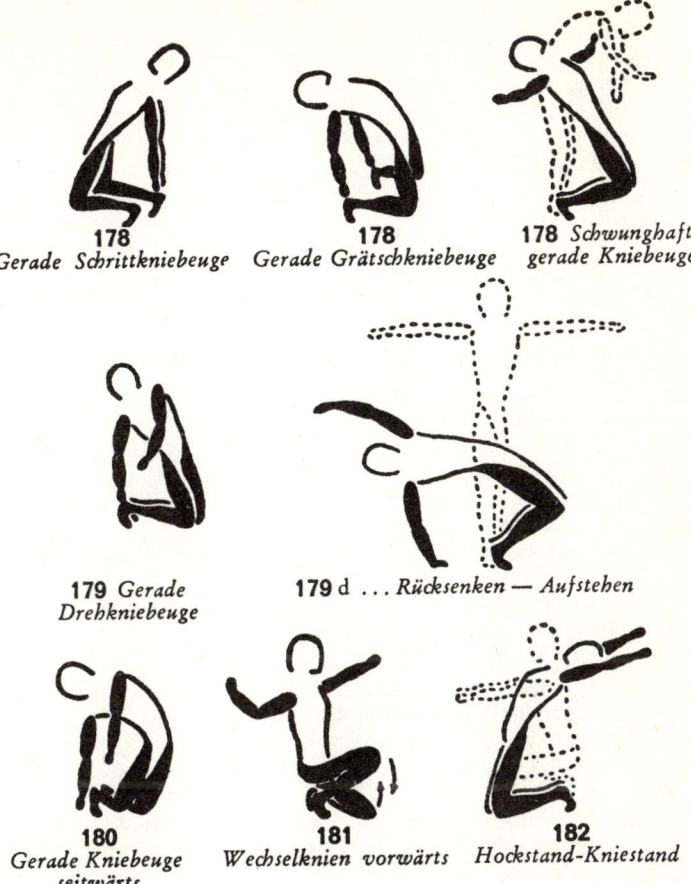

178 *Gerade Schrittkniebeuge*   **178** *Gerade Grätschkniebeuge*   **178** *Schwunghafte gerade Kniebeuge*

179 *Gerade Drehkniebeuge*   **179** d ... *Rücksenken — Aufstehen*

180 *Gerade Kniebeuge seitwärts*   **181** *Wechselknien vorwärts*   **182** *Hockstand-Kniestand*

181   *Wechselknien vorwärts.* Zwangloser Hockstand: wechselweises Berühren des Bodens mit einem Knie. (Ruhige Atmung.)

182   *Hockstand-Kniestand-Wechsel.* Fortgesetzter Wechsel zwischen Hockstand, Vorhalte und Kniestand, Rumpfrückbeuge, Hochhalte.

282   „Kniesprung" aus Kniestand in Kanone.

283   „Knie-Schneppersprung" aus Kniestand.

183 *Schwebesinken.* Zwanglose Seithalte (oder freie Armhaltung): langsames Herabsenken in den Kniestand mit geschlossenen Knien, wobei
das Becken soweit vorgeschoben wird, daß Oberschenkel, Rumpf und
Kopf eine Gerade bilden; mit vorgeschobenem Becken schnelles Strecken
der geschlossenen Knie zum Stand.
Z *Auch zu zweien* nebeneinander, Handfassung.

184 *Kreuzsitzwechsel.* Kreuzsitz, linker Unterschenkel vor dem rechten,
Kopfhalte (oder freie Armhaltung) (einatmen): 1: Aufstehen ohne Be-
nutzung der Hände (ausatmen) (Füße bleiben am Ort); 2: eine ganze
Drehung rechts auf den Fußballen (einatmen); 3: Niederlassen in den
Kreuzsitz, rechter Unterschenkel vor dem linken (ausatmen).
Auch mit Drehhüpfen.

   101 Kniesitz-Katzenbuckel-Wechsel.
   151 Grätschhocksitz-Grätschkniestand-Wechsel.

185 *Hinsetzen auf ein Bein.* Mit Rückstellen und Beugen eines Beins, Niederlassen in den Sitz (das vordere Bein bleibt gestreckt (ausatmen); entsprechend Aufstehen (einatmen).)
Auch mit Seitstellen Hinsetzen seitwärts (Dehnung der Beininnenseite).

186 *Doppelkniebeugen zu zweien.* Stand Rücken gegen Rücken (einatmen):
Z lebhaftes tiefes Kniebeugen und -strecken (ausatmen)
   a) mit gegenseitiger Handfassung in Hochhalte;
   b) mit Handfassung in Tiefhalte, Schwingen in die Hochhalte beim
      Beugen, in die Tiefhalte beim Strecken;
   c) ohne Handfassung, Flechtgriff über dem Kopf.
Auch zu mehreren in *zwei Gliedern* Rücken gegen Rücken.

187 *Setzen — Aufstehen zu zweien.* Stand Rücken gegen Rücken, Arme
Z eingehakt: Hinsetzen und Aufstehen. Langsam; schneller werden
(Rammen); als Wettkampf (10mal).
Auch mit Vorspreizen beim Setzen.
Auch Arme vor der Brust verschränkt.
Auch Zweihandfassung rücklings: steigern bis zum Hüpfen *(Henkel-
hüpfen)*.
Auch Fortbewegen im Sitz: zunächst streckt *A* die Beine, dann, mit
Fußsohlen fest am Boden, *B* und schiebt dadurch *A* in den Hocksitz,
usw. *(Sitzwandern zu zweien).*

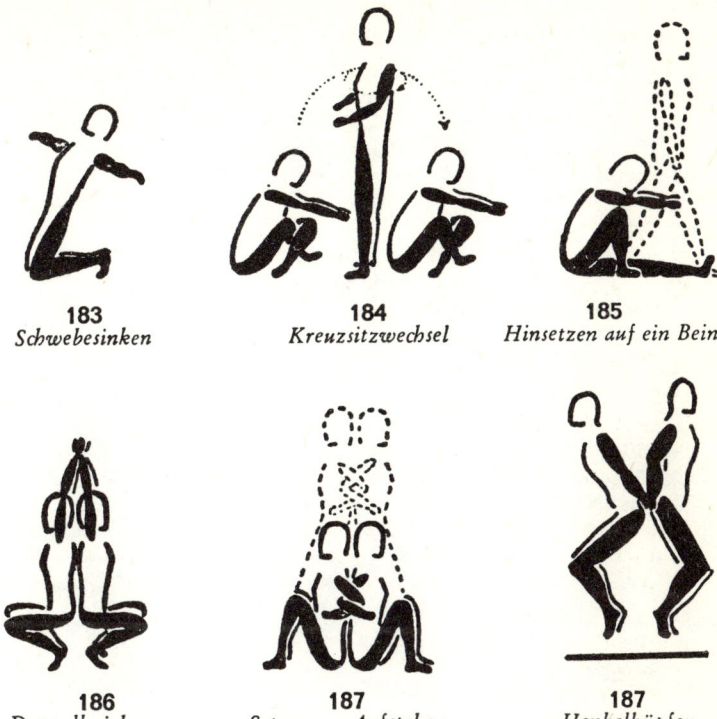

183	184	185
Schwebesinken	*Kreuzsitzwechsel*	*Hinsetzen auf ein Bein*

186	187	187
Doppelkniebeugen	*Setzen — Aufstehen*	*Henkelhüpfen*

    Auch zu mehreren, *in zwei Giedern,* gliedweise eingehakt.

K   *Auch* Wegdrücken des Partners über eine Grenze (oder Kreis) ohne Gesäßberührung *(Rücken-Schiebekampf).*

K   *Auch* als Mannschafts*kampf* stehend in *zwei Gliedern.* Das Glied, das zerreißt, hat verloren.

K   *Auch Sitz-Schiebekampf;* in *zwei Gliedern.*

    Auch in *Gegen*stellung mit Handfassen; Vorspreizen und Schließen rechts.

348 „Stehaufmännchen" zwischen Stand und Kipplage.

188 *Standwaage rücklings mit Helfer.* Gegenstellung, *B* Ausfallstellung vor-
H lings, *A* ein Bein auf das Ausfallbein des *B* gestützt, Hochhalte (oder
Seithalte) (einatmen)

    a) Rumpfrücksenken in die Standwaage rücklings (ausatmen);
    b) Rumpfrückbeugen bis zum Berühren des Bodens mit den Händen
       (Tiefe Standwaage rücklings) (ausatmen);
    c) bis zur *Hohen Spreizbrücke* (Nr. 66);
    d) freies Einnehmen der *Hohen Spreizbrücke,* Aufrichten in den Stand
       durch Helfer wie vor;
    e) in Standwaage rücklings Kniewippen,

    Auch Gegenstellung rechts nebeneinander, Handfassung rechts.
    Auch Freie Standwaage rücklings.

189 *Hink-Ziehkampf.* Gegner über eine Grenze ziehen
K   a) *rückwärts:* Gegenstellung, Handfassung links, eigener Fußgelenkgriff
       rechts rücklings;
    b) *rückwärts:* Gegenstellung, Griff am rechten Bein des Gegners;
    c) *rückwärts:* Gegenstellung, rechter Fuß auf linker Schulter des Geg-
       ners und von diesem links festgehalten, Handfassung rechts;
    d) *vorwärts:* Rücken gegen Rücken, Griff am rechten rückgehobenen
       Unterschenkel des Gegners.

190 *Unterschenkel-Ziehkampf.* Gegenstellung, linker Unterschenkel ein-
K gehakt: Gegner herüberziehen.
    Auch seitwärts.

191 *Aufstehen gegen Widerstand. Widerstandsübung.* Gegenstellung, *A*
W Hockstand (Füße gekreuzt), Hüftstütz (oder Kopfhalte), *B* drückt mit
den Händen von oben auf die Schultern des *A: A* langsames Kniestrecken (ausatmen).
P *Auch passives Kniewippen* durch dahinterstehenden Helfer.

192 *Hock-Ziehkampf.* Handfassung rechts oder Zweihandfassung (einen
K Fuß vorgestellt): Gegner über eine Grenze ziehen.
K *Auch Sitz-Ziehkampf.* Hocksitz, Füße gegeneinander. Wer das Gesäß
vom Boden erhebt, hat verloren.

121 Wechsel zwischen „Grätschsitzdrehung zu zweien" und Stand (5 Formen).

188 *Standwaage rücklings*   **188** *Tiefe Standwaage rücklings*

189 b *Bein-Ziehkampf*

190 *Unterschenkel-Ziehkampf*

191 *Aufstehen*

192 *Hock-Ziehkampf*

b) Beinbewegungen v o r wärts

Zweck: Kräftigung der Muskeln auf der *Vorderseite* des Oberschenkels, insbesondere des *Lendendarmbein*muskels, Spanners der Oberschenkelbinde, vierköpfigen Unterschenkelstreckers (Quadrizeps) (besonders seines langen Kopfs), Schneidermuskels, Kammuskels, langen Anziehers; ferner Kräftigung des geraden Bauchmuskels. (In diesen Abschnitt sind jedoch nur Übungen mit vorzugsweiser *Bewegung* der *Beine* unter mehr *haltender* Mitbetätigung der Bauchmuskeln und des Rumpfs aufgenommen. Übungen des geraden Bauchmuskels im Sinne einer betonten Rumpfbewegung siehe S. 188 ff.)

193   Gehen und Laufen auf der Stelle mit hohem, lockerem Knieheben und kräftigem Schwingen der rechtwinklig gebeugten Arme (rechter Arm und linkes Bein gleichzeitig).
Auch mit jedesmaligem Zwischen*hupf* auf dem Standbein.
Auch mit Anfersen.
Auch mit Vorschleudern des Beins nach dem Anfersen in der Vorwärtsbewegung *(Storchgang)*.
Auch langsames Vorschreiten mit Nachziehen der gestreckten Fußspitze dicht über dem Boden, anschließendem scharfem Strecken des Unterschenkels und Beinheben *(Langsamer Schritt, Paradermarsch)*.
Auch mit Vorspreizen und Schlagen der Fußsohle hoch gegen das Standbein *(Schlagschritt)*.
Auch Gehen auf den Fußaußenkanten. (Gegen Knick- und Senkfuß.)

194   *Federndes Anhocken.* Linkes Knie vorgehoben, Kopfhalte: Aufwärtsfedern bis zum Anschlag an die Brust (ausatmen).
Auch mit Fersenheben des Standbeins. (Rumpf senkrecht!)
Auch mit Tiefrückfedern der Arme; *auch* mit Flechtgriff.
Auch zu zweien. Gegenstellung, linke Hand auf die rechte Schulter des Partners gelegt: mit dem rechten Knie den Arm des Partners hochschlagen.
264 „Schnepperhocksprung": Schlußsprung-Schneppern-Anhocken.

195   *Durchsteigen.* Steigen über die mit den Fingern aneinandergelegten (oder verschränkten) Hände, vorwärts und rückwärts.
265 „Reifensprung" über eigene Handfassung.

196   *Unterschenkelstrecken.* Hüftstütz (oder Kopf- oder Seithalte): Vorheben eines Knies und langsames Strecken, ohne das Knie zu senken (ausatmen)
a) mit gestreckter Fußspitze;
b) mit angezogener Fußspitze.
Auch mit ein- und ausgerolltem Oberschenkel.

193

Laufen auf der Stelle mit Zwischenhupf   Langsamer Schritt   Schlagschritt

194

Federndes   ... mit   ... Flechtgriff   ... Hochschlagen
Anhocken   Rückfedern   der linken Arme

a   b

195 *Durchsteigen* 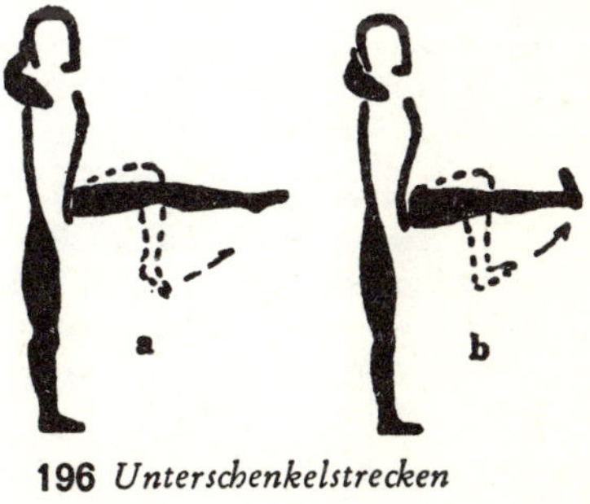   **196** *Unterschenkelstrecken*

197 a
Beinkreisen vorlings

b
Bein aufwärts federn

197　*Beinkreisen vorlings.* Linkes Bein vorgespreizt (Fußspitze gestreckt oder angebeugt), Kopfhalte:
a) Ein- und Ausrollen;
b) Aufwärtsfedern.

198　Liegestütz vorlings (einatmen): wechselweises Anhocken eines Knies.
235　Waagerechtes Beinkreisen im Liegestütz vorlings.

199　Liegestütz rücklings (*auch* auf Fingerspitzen)
a) Knieheben (ausatmen) und -senken rechts (einatmen);
b) rechtes Knie heben, mehrmals strecken und beugen; senken;
c) federndes Vorspreizen rechts;
d) Beinkreisen rechts.
221, 222　Vorspreizen in Bank rücklings; in Unterarmbank rücklings.

200　*Hockfedern vorwärts.* Hockstütz: wechselseitiges Vorstrecken und Aufwärtsfedern eines Beins mit und ohne Zwischenwippen (ausatmen).
171—175　Beinbewegungen im Hockstand.
237　Bogenspreizen im Hockstütz.
343　Beinbewegungen im Schwebestütz.

201　*Bein durchstecken.* Hocksitz, Hände weiter rückwärts: Vor- und Seitheben des rechten Beins; Durchstecken unter dem linken Knie, ohne den Boden zu berühren; ebenso zurück (linke Fußsohle bleibt am Boden).
Auch linkes Bein durchstecken zwischen rechtem Bein und Fußgriff links.
114　„Einfädeln" in Strecksitz; in Rückenlage.
323　Beinbewegungen in Schulterbrücke.
239　Hürdensitz-Strecksitz-Wechsel ohne Handbenutzung.
341, 342　Beinbewegungen im Strecksitz; in Sitzwaage.

198 *Wechselweises Anhocken*

199 b *Anhocken — Strecken*

199 c *Auf Fingerspitzen Spreizfedern und Kreisen*

200 *Wechselweises Vorstrecken*

Bein durchstecken **201** *... mit Fußgriff*

202 *Beine strecken und senken*

203 *Beinrad*

202 *Rückenlage*, Knie gebeugt, Fußsohlen auf dem Boden, Hochhalte (1)
▲ (einatmen): Strecken der Unterschenkel (2); langsames Senken der gestreckten Beine auf dem Boden (3) (ausatmen).

203 *Beinrad. Rückenlage*, Hochhalte (einatmen): Anhocken der Knie zur
▲ Brust; durch Strecken, Senken, Beugen und Heben der Beine mit den Füßen senkrechte Kreise beschreiben, ohne den Boden zu berühren.
Z *Auch zu zweien* gegenüber, Zweihandfassung, Sohlen gegeneinander.

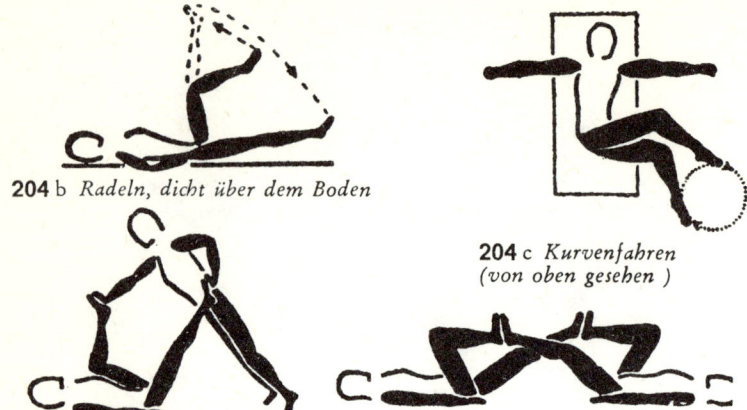

204 b *Radeln, dicht über dem Boden*

204 c *Kurvenfahren*
(von oben gesehen)

h ... *gegen Widerstand*   **204** i *Radeln (oder Lufttreten) zu zweien*

204 **▲** *Radeln. Rückenlage,* Seithalte (oder Kopfhalte oder Tiefhalte, Hand-flächen am Boden), linkes Knie angehockt: Wechselweises kreisförmiges Strecken und Beugen (Radfahren)

    a) in allgemein senkrechter Richtung *(Luftradeln);*
    b) mit Senken des gestreckten Beins bis handbreit über dem Boden *(Bodenradeln);*
    c) mit Neigung der Beinkreise nach links *(Kurvenfahren);*
    d) mit Aufschlagen der Fußspitzen auf dem Boden;
    e) mit stark gestreckten oder angebeugten Füßen;
    f) mit Betonung des Beinstoßes;
    g) mit schräg über oder unter dem andern Bein vorbeikreuzendem Stoß *(Beinkreuzstoß);*

W   h) gegen *Widerstand* des Helfers, der auf die Fußsohlen stützt;
Z   i) *zu zweien* gegenüber, Fußsohlen gegeneinander: *Radeln.*

    Auch einfaches gerades wechselweises Beinstoßen *(Lufttreten).*
    (Langsam beginnen, allmählich schneller werden. Ruhig atmen, z. B. bei 3 Beinkreisen (ausatmen), bei 2 (einatmen).

205 **▲** *Wechselspreizen. Rückenlage,* Beine handbreit über dem Boden: Wech-selweises rasches Vorspreizen bis zur Senkrechten; Fußspitzen gestreckt oder angebeugt. (Solange die Ausatmung dauert.)
    Auch rechte Hand gegen linke Fußsohle schlagen.
    Auch mit raschem senkrechten Aneinandervorbeifedern *(Beinschlagen),* dabei Beine abschnittweise heben und senken.

205 *Wechselspreizen*   **205** *...mit Sohlenschlag*

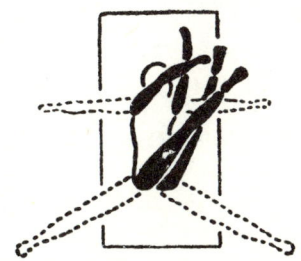

206 *Arme und Beine gleichzeitig*
(von oben gesehen)

206

Beinscheren mit Heben und Senken   *d ...zweimal, dann grätschen*

206 **Beinscheren.** *Rückenlage*, Beine vorgehoben, Seithalte: Wechselweises
▲ Übereinanderscheren (Seitkreuzen) der Beine
    a) handbreit über dem Boden;
    b) senkrecht;
    c) mit allmählichem Heben und Senken der Beine;
    d) zweimal Scheren, einmal Seitgrätschen (fortgesetzt).
Auch im Wechsel mit weitem Seitgrätschen und entsprechender Arm-
bewegung.

207 *Bein-Trichterkreisen. Rückenlage,* Beine handbreit über dem Boden,
▲ Kopfhalte: Beinkreisen gegeneinander nach innen und außen; mit ge-
streckten und angebeugten Fußspitzen; mit wechselnder Schnelligkeit.
(Die Kreise werden so *klein* gemacht, daß die Beine stets einen spitzen
Winkel zum Boden bilden. Beim Zusammentreffen Beine kräftig gegen-
einanderdrücken und ausatmen.

Auch gleichzeitiges Trichterkreisen der Arme.

208 *Bein-Gegenkreisen. Rückenlage,* Beine senkrecht vorgehoben, Seithalte
▲ (einatmen): Kreisen der Beine in *großen* Kreisen gegeneinander. (Die
Fersen nähern sich nur bis auf Handbreite dem Boden. Beim Zusammentreffen Beine gegeneinander drücken und ausatmen.)

209 *Geschlossenes Beinkreisen. Rückenlage,* Seithalte, Beine handbreit über
▲ dem Boden (einatmen):

a) Kreisen der geschlossenen und gestreckten Beine, nicht über die
Senkrechte hinaus (ausatmen);

b) Schwingen in großen Kreisen über die Kipplage;

c) Achterkreisen (Beschreiben einer liegenden ∞).

(Bei jedem Senken der Beine bzw. während der rechten oder linken
Hälfte des Achterkreises ausatmen.)

H *Auch mit Helfer* an den Ellbogen der Kopfhalte.

Z *Auch zu zweien* gegenüber umeinander.

210 *Rückenschwimmen. Rückenlage,* Hochhalte, Handrücken gegeneinander:
▲ Bewegungen wie beim Rückenschwimmen

a) Grätschstoß mit angebeugten Füßen *(Schwimmstoß).* (Beim Beugen
einatmen, beim Ausstoßen ausatmen); *auch* Seitabschwingen der
Arme nach beendetem Beinstoß; Daumenfassung; Vorhochschwingen
beim Kniebeugen (wie beim Gleichschlagschwimmen);

b) Beinschlag: Beine handbreit über dem Boden, wechselseitiges mäßiges Kniehelfen, Strecken und Schlagen. Sechsschlag, wobei jeder
dritte Schlag abwechselnd rechts und links betont wird. (Bei drei
Schlägen einatmen, bei den folgenden drei ausatmen; *auch* locker aus
den Hüften heraus den Boden klopfen (wie beim Rückenkraulen).);

c) mit Vorhoch- und Seittiefschwingen je eines Arms.

Bein-Trichterkreisen   **207** ... *mit Armen und Beinen gleichzeitig*

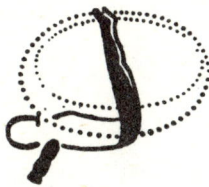

208 *Bein-Gegenkreisen*

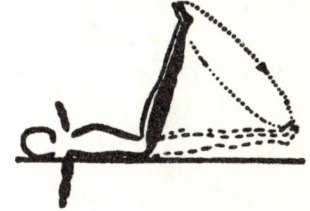

209 a
Geschlossenes Beinkreisen

209
Beinkreisen

210 a *Grätschstoßen*

210 b *Rückenschwimmen*

211 *Durchsteigen zu zweien.* Gegenstellung, Zweihandfassung: Durchsteigen
Z mit dem Bein derselben Seite, Herumdrehen nach der anderen Seite,
die anderen gefaßten Hände über den Kopf führen und sich durchwinden, Nachsteigen mit dem andern Bein (Griff bleibt fest!)
a) von außen nach innen;
b) von innen nach außen;
c) über alle vier Arme.
Auch einzeln nacheinander.
Auch herüberhüpfen.
Auch zu dreien.

43   Vorspreizen im „Sitzwiegen zu zweien" Rücken gegen Rücken eingehakt.
187   „Rammen zu zweien" Rücken gegen Rücken mit Vorspreizen.
477   Schwebehang am Nacken eines Helfers im Winkelstand.
491   Beinbewegungen im Spannbeugehang.

212 *Widerstandsübung.* A und B stehen mit gleicher Front nebeneinander,
W den inneren Arm gegenseitig um die Schultern gelegt: A hebt langsam
ein Knie hoch, Fußspitze angezogen (ausatmen), B stellt seinen Fuß auf
diese und leistet Widerstand.

213 *Widerstandsübung.* A Rückspreizen eines Beins, das B dahinter knie-
W end, am Fußgelenk hält (einatmen): A mit leichtem Rumpfvorbeugen
(oder -vorsenken) Vorheben des Knies gegen den Widerstand des B.
Zügig und ruckhaft (ausatmen). (Zur Erhöhung der Standfestigkeit
können sich auch zwei in Gegenstellung Übende bei den Händen halten.)

214 *Widerstandsübung.* A Liegestütz vorlings, rechtes Bein rückgespreizt:
W Anhocken rechts gegen den Widerstand des dahinterkniendenden B, der
das Fußgelenk hält.
Auch Anhocken im Liegestütz rücklings und mit Widerstand auch bei
der Rückbewegung.

215 *Widerstandsübung.* A *Rückenlage:* Langsames Vorheben eines Knies.
▲W B, davor stehend, leistet durch Zug am Fußgelenk Widerstand (ausatmen).

216 *Widerstandsübung.* A *Rückenlage* (einatmen): Vorspreizen eines Beins
▲W gegen den Widerstand des von oben auf das Fußgelenk drückenden B
(ausatmen); entsprechend Schließen (ausatmen), wobei B beide Fußgelenke hält. (Gleichzeitig Kraftübung für die Beinrückseite.)

230   Unterschenkel senken gegen Widerstand in Bauchlage.
493 1   Schwebestütz nach Hochstemmen aus Schultersitz.

211 *Durchsteigen*

212
Heben gegen Widerstand

213 *Anhocken mit Gegenzug*

214 ... *im Liegestütz*

215
Knieheben gegen Widerstand

216
Vorspreizen und Schließen gegen Widerstand

217 *Widerstandsübung.* A *Rückenlage,* Beine senkrecht vorgehoben, Hoch-
▲W halte, Griff an den Fußgelenken des hinter ihm knienden *B,* der die
Schultern des *A* niederhält: *C* drückt die Beine des *A* langsam in die
Rückenlage nieder.

c) Beinbewegungen r ü c k wärts

Zweck: Kräftigung der Muskeln auf der *Rückseite* des Oberschenkels (der
Beuger), insbesondere des großen Gesäßmuskels, des zweiköpfigen Unterschenkelbeugers, halbhäutigen, halbsehnigen Muskels, der hinteren
Fasern des großen Anziehers, des schlanken Muskels, des Zwillings-
muskels der Wade; gleichzeitig Förderung der Körperhaltung, da die
genannten Muskeln (mit Ausnahme der beiden letzten) der Aufrichtung
des Beckens nach rückwärts und damit auch der richtigen Einstellung der
Wirbelsäule dienen.

218 *Unterschenkelheben.* Stand auf einem Bein, das andere rückgespreizt,
die Hände stützen von hinten auf die Hüften: Heben und Senken
des Unterschenkels; zügig und ruckhaft.
Auch schwunghaftes Rückspreizen und Heben auf der Stelle und in der
Fortbewegung *(Spreizgang rückwärts).*

193 Laufen auf der Stelle mit Anfersen.

219 *Hockstütz,* linkes Bein rückgespreizt: *Wechselhüpfen*

237 „Bogenspreizen im Hockstütz .
171 Rückspreizen im Hockstand.

220 *Liegestütz vorlings* (einatmen)

a) Rückspreizen eines Beins, Anbeugen des Unterschenkels;
b) Rückwärts-aufwärts-federn eines Beins und des gegenseitigen Arms;
c) wie b) im Wechsel mit Anhocken, Sohlengriff;
d) *Fußfesseln.* Erfassen eines rückgehobenen Beins am Fußgelenk durch
die gegenseitige (oder gleichseitige) Hand;
W e) Rückspreizen und Anbeugen gegen *Widerstand.*

235 Bogenspreizen und waagerechtes Beinkreisen im Liegestütz vorlings.
103g „Katzenbuckelgang" mit Rückspreizen.

217 *Beindrücken*

218 *Unterschenkelheben*

219 *Wechselhüpfen*

220 a *Unterschenkel heben*

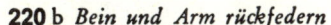

220 b *Bein und Arm rückfedern*

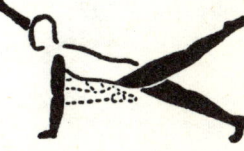

220 c *Fußfassen — Rückstrecken*

221 *Bank rücklings* (einatmen):

   a) wechselweises Strecken und Aufwärtsfedern eines Beins (ausatmen);
   b) Vorspreizen rechts, Vorhoch- (Rückhoch-) heben des linken oder rechten Arms;
   c) Wechsel zwischen zwanglosem Sitz, linke Hand zwischen den Beinen, und Bank rücklings, Vorhochschwingen links;
   d) Laufen fuß-, kopf-, seitwärts; *auch auf einem* Bein;
   e) rascher Wechsel zwischen Bank rücklings auf Fuß- und Fingerspitzen, Becken vorgehoben, — und Hockstütz, Hände hinter den Füßen — Aufstehen; *auch auf einem* Bein;
   f) wippendes Verschieben des Körpergewichts fußwärts;
   g) senkrechtes Beckenkreisen in Richtung der Längsachse des Körpers; quer zur Längsachse;
W h) *zu zweien* gegenüber, eine Fußsohle gegeneinander; Bein beugen und strecken gegen *Widerstand;*
H i) Becken heben und senken gegen *Widerstand* eines Helfers, der auf den Hüften stützt, sitzt oder steht;
K j) *Bank-Schiebekampf rücklings,* rechte Schultern gegeneinander: Gegner über eine Grenze (oder aus einem Kreis) schieben.

222 *Unterarmbank rücklings:*

   a) wechselweises Strecken und Vorspreizen eines Beins;
   b) Knieheben und federndes Anfersen rechts;
   c) Beckenwippen; -seitschieben; -seitkreisen.

199 Beinbewegungen im Liegestütz rücklings.
323 Bewegungen in Schulterbrücke.
65, 66 Handstandbrücke; mit Vorspreizen.

221

a *Bank rücklings: Vorspreizen*   b *Vorspreizen, Vorheben*

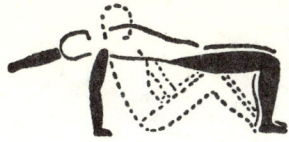 

221

c *Rückschwung aus Sitz*　　e *... auf Fuß- u. Fingerspitzen*

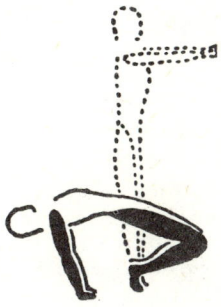

221 e *... mit Aufstehen*

221 h *Beinstemmen*

222 a
Unterarmbank

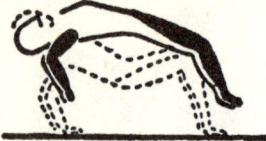

223 *Bodenschnelle rücklings*

224 a¹ *Rückspreizen, Flechtgriff*

a² Unterschenkel heben und senken (Knie hoch!)

224

c ...Trichterkreisen

223 *Bodenschnelle rücklings.* Bank rücklings (einatmen): Mit schwunghaftem Senken und Heben des Beckens und Abdrücken der Hände und Füße vom Boden Hochschnellen des Körpers (ausatmen).
Auch mit ½ Drehung um die Längsachse in den Liegestütz vorlings.

224 *Bauchlage,* Flechtgriff hinter dem Rücken (oder Hochhalte) (einatmen):
▲ Rückbeugen des Rumpfs, Abheben der Hände vom Gesäß (ausatmen) und
    a) wechselweises Rückspreizen; Anfersen (Knie hoch!);
    b) Grätschen und Schließen; zügig und ruckhaft;
    c) Trichterkreisen der Beine gegeneinander; *auch* der Arme;
    d) Beinscheren über- und untereinander;
    e) Beine gegrätscht, Seithalte: Berühren der linken Hand durch den rechten Fuß. (Hände fest am Boden.)

225 *Rückfedern in Bauchlage mit Helfer. A Bauchlage,* Hochhalte; *B* hält
▲H die Hände: *A* Rückfedern beider Beine, ohne den Boden zu berühren.
Auch B hält die Füße: *A* Rumpfrückwippen; Kopfhalte, Rumpfdrehen.

226 *Aufrichten in Rutschstellung mit Helfer. A* Kniesitz, Hochhalte (Hüft-
  H stütz, Kopfhalte, Seithalte). *B,* dahinter kniend, drückt auf die Fersen:
A Rumpfvorbeugen, Stirn bis auf den Boden, Vorschieben des Beckens und des Kopfs am Boden (einatmen), bis die Oberschenkel senkrecht stehen *(Rutschstellung),* Strecken und Heben des Rumpfs (ausatmen) in den Kniestand (Arme gut an den Ohren lassen!).

224 d ... *Beinscheren*

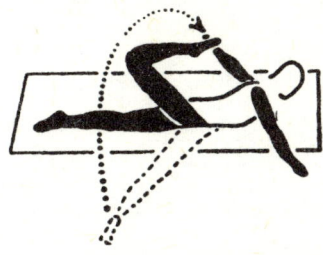

224 e *Beinschwung rechts an linke Hand*

Bein-Rückfedern   **225**   *Rumpfdrehen*

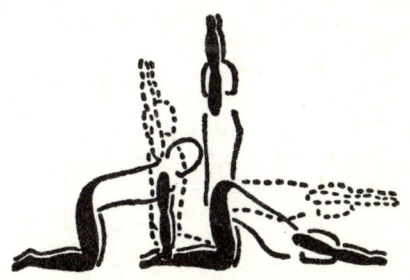

226
Aufrichten in Rutschstellung

227 *Kniewinkelstand mit Helfer.* A Kniestand: Rumpfvorsenken. B drückt,
H   dahinter kniend, auf die Fersen des A (Oberschenkel senkrecht, Ober-
    körper waagerecht. Schwierigkeit nach der Armhaltung: Arme auf dem
    Rücken, Hüftstütz, Seithalte, Kopfhalte, Hochhalte. Ruhige Atmung!);
    darin

    a) Brustschwimmbewegungen der Arme;
    b) Wechsel zwischen Rumpfbeugen und -strecken;
    c) Rumpfseitbeugen, Kopfhalte;
    d) Rumpfdrehen;
    e) Rumpftrichterkreisen, Knie geöffnet;
    f) Vorschieben des Rumpfs durch Strecken der Hüft- und Kniegelenke,
       ohne den Boden zu berühren *(Vorgeschobener Kniewinkelstand).*

228 *Kippschaukel zu zweien.* Kniewinkelstand gegenüber, Hochhalte,
Z   Zweihandfassung: A Rumpfrücksenken, Kopf bis auf den Boden;
▲   B Rumpfvorsenken bis in die *Bauchlage*; entsprechend Rumpfheben und
    umgekehrt.

229 *Rückspreizen gegen Widerstand.* A *Bauchlage,* Flechtgriff rücklings
▲W (einatmen); B hält die Fußgelenke: A Rückspreizen und Schließen links
    gegen den Widerstand des B (ausatmen).
    242 Seitgrätschen und Schließen gegen Widerstand in Bauchlage.

230 *Unterschenkelheben gegen Widerstand.* A *Bauchlage* (einatmen); B hält,
▲W davorkniend, die Fußgelenke: A Unterschenkel heben und senken gegen
    den Widerstand des B (ausatmen).
    216 Rückenlage: Schließen eines vorgespreizten Beines gegen Widerstand.
    190 „Unterschenkel-Ziehkampf".

d) Beinbewegungen s e i t wärts

Zweck: Kräftigung der Bein-*Außenseite*, insbesondere der *Abzieher* (kleiner
    und mittlerer Gesäßmuskel), daneben der seitlichen Beugemuskeln des
    Rumpfs (innerer und äußerer schräger Bauchmuskeln und vierseitiger
    Lendenmuskel).

231 *Spreizfedern seitwärts.* Hüftstütz links, linkes Bein seitgespreizt:
    Federndes Seitspreizen links (nach jedesmaligem geringen Senken des
    Beins), lockeres Seithochschwingen des rechten Arms (ausatmen).
    269 „Seitspreizsprung".

232 *Bein-Seitkreisen.* Flechtgriff rücklings, rechtes Bein seitgespreizt: Seit-
    kreisen rechts; vorwärts und rückwärts beginnend
    a) mit kleinen, allmählich größer werdenden straffen Kreisen;
    b) mit großen lockeren Kreisen.
    (Bei je einem oder zwei Kreisen ausatmen bzw. einatmen.)

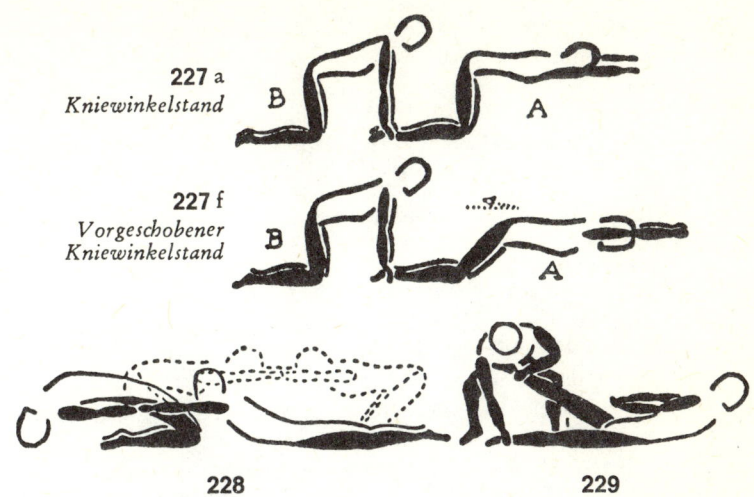

227 a
Kniewinkelstand

227 f
*Vorgeschobener
Kniewinkelstand*

228
Kippschaukel zu zweien

229
Rückspreizen gegen Widerstand

230
*Unterschenkel
heben und senken*

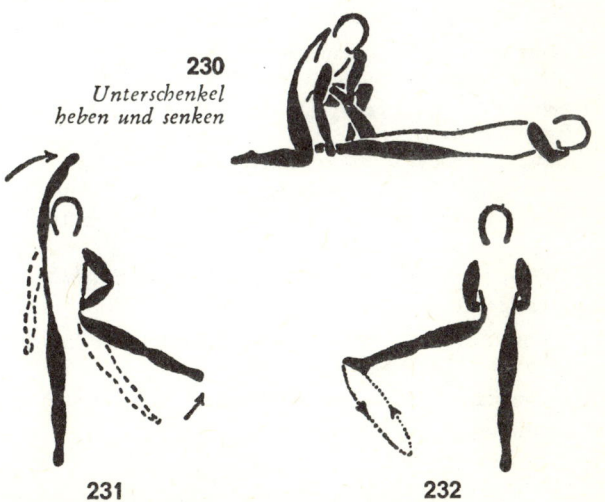

231
Spreizfedern seitwärts

232
Bein-Seitkreisen

233 *Hockfedern seitwärts.* Hockstütz, ein Bein seitgestellt: Hüpfen mit fortgesetztem Beinwechsel

a) mit Zwischenwippen;
b) mit sofortigem Wechsel.

Auch mit einem Bein vor oder hinter dem andern vorbeikreuzend *(Hockfedern mit Beinkreuzen).*

171 Hockstand: Seitstellen; Fußtritte seitwärts.
165 „Zeitlupe". Kniebeugegang seitwärts.
166 „Kosakentanz" seitwärts.

234 *Angrätschen.* Liegestütz vorlings: Hüpfen der Füße in den Grätschstütz bis in Höhe der Hände (ausatmen) und zurück,

a) Hände bleiben fest am Boden; Tempo steigern;
b) mit anschließendem Stützhüpfen der Hände mehrmals nacheinander in der Vorwärts- und Rückwärtsbewegung.

Auch mit federndem Schwungholen mit Rumpf und Beinen.
Auch freies Seitgrätschen und Schließen *(Luftgrätschen).*

235 *Bogenspreizen im Liegestütz vorlings.* Liegestütz vorlings:

a) ausholendes Kreuzen des rechten Beins über dem linken und Schwingen im hohen Bogen weit nach rechts (fortgesetzt);
b) Seitspreizen rechts neben die rechte Hand, ohne den Boden mit dem Spreizbein zu berühren, und Schließen (ausatmen). Langsam und in raschem Wechsel zwischen linkem und rechtem Bein.

Auch waagerechtes Beinkreisen unter den sich lüftenden, etwas nach schräg rückwärts (nicht senkrecht) stützenden Händen hindurch.

236 *Liegestütz rechts seitlings,* Hüftstütz oder Seithalte links:

a) federndes Seitspreizen links;
b) Seitheben, Beugen und Strecken des linken Knies;
c) Seitkreisen des linken Beins;
d) ausholendes Rückspreizen links, schwunghaftes Vorstoßen;
e) Trittbewegung links seitwärts-aufwärts;
f) „Radeln" links;
g) Griff links am rückgehobenen rechten Fuß: Beckenwippen seitwärts (Kraftübung für linke Beininnenseite).

233

Hockfedern seitwärts mit Beinkreuzen

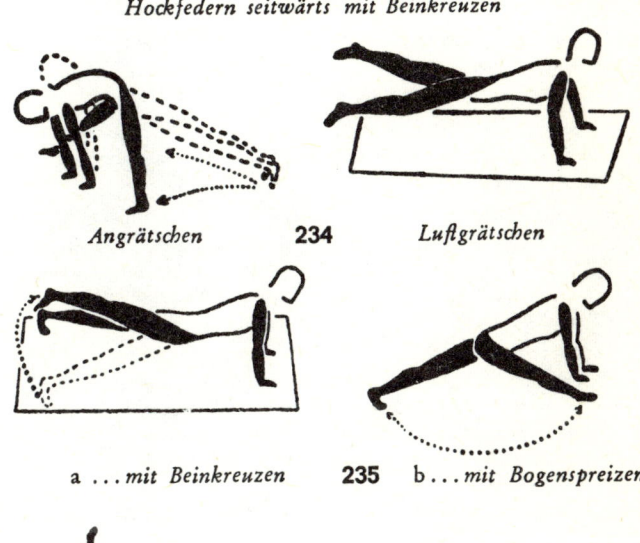

Angrätschen   **234**   *Luftgrätschen*

a ...mit Beinkreuzen   **235**   *b...mit Bogenspreizen*

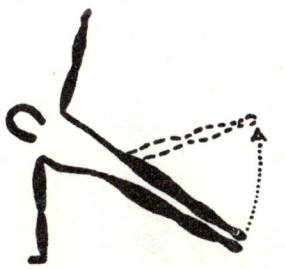

Seitspreizen; Treten; Kreisen links **236**   *f Radeln links*

237 *Bogenspreizen im Hockstütz.* Hockstütz, rechtes Bein rechts neben dem rechten Arm vorgespreizt: Seitschwingen des rechten Beins in die Rückspreizhalte und zurück ohne Bodenberührung (ausatmen).
Auch rechtes Bein zwischen den Armen: Handlüften beim Rückspreizen.

238 *Freie Standwaage seitlings* mit verschiedenen Armhalten.
H *Auch mit Helfer,* der von hinten an den Hüften hält.
Auch Drehen in die Standwaage vorlings (Nr. 311).
Z *Auch zu zweien* gegenüber oder Rücken gegen Rücken, Griff am Spreizbein.

239 *Hürden-Strecksitz-Wechsel.* Hürdensitz: Ruckhaftes Vorziehen (ausatmen) des seitgebeugten Beins in den Strecksitz (einatmen) und zurück (ausatmen) ohne Benutzung der Hände.

240 *Beinwechsel im Kreuzsitz.* Kreuzsitz (einatmen): Das jeweils vordere (obere) Bein seitstrecken und beim Zurückziehen unter das gebeugt gebliebene schieben (ausatmen).

241 *Widerstandsübung.* Strecksitz gegenüber, Stütz der Hände auf dem
W Boden, Füße des *B* von außen gegen die des *A* gelegt (einatmen): *A* Seitgrätschen gegen den Widerstand des *B* (ausatmen), der seine Beine bei der Rückbewegung gegen den Widerstand des *A* schließt (ausatmen). *(B:* Kraftübung für die Innenseite der Beine [Anzieher].)
K *Auch* als *Kampf (Grätsch-Beinkampf).*

242 *Widerstandsübung. A* Rückenlage (einatmen), *B* davorkniend, Griff an
▲W den Fußgelenken: *A* gegen den Widerstand des *B* Seitgrätschen und Schließen (ausatmen); Beine
a) am Boden;
b) im spitzen Winkel;
c) rechtwinklig oder noch weiter kopfwärts vorgehoben.
Auch A in *Bauchlage.*
206 Wechselweises Grätschen und Beinscheren.

Schnellkraftübungen

a) Hüpfen

d. h. mäßiges kurzes Hochschnellen des Körpers vorwiegend durch die Füße (Zehen, Fußgelenke, Wadenmuskeln „mit kurzer Federung") ohne volle Ausnutzung des Kniegelenks und der oberen Sprungmuskulatur (vierköpfiger Unterschenkelstrecker) sowie des Rumpf- und Armschwungs.

237
Bogenspreizen im Hocksitz

238
Standwaage seitlings

239
Hürden-Strecksitz-Wechsel

240
Beinwechsel im Kreuzsitz

241
Seitgrätschen und Schließen

242
... gegen Widerstand

Nicht aufgenommen sind in diesem Abschnitt Hüpfübungen mit fest am Boden bleibenden Händen.

Gelegentlich bis zu „Sprüngen" steigern oder auf Kommando, bzw. regelmäßig nach mehrmaligem Hüpfen, eine tiefe Kniebeuge oder einen Sprung einfügen. Auch mit wechselnder Schnelligkeit, wechselndem Takt und Rhythmus und verschieden starker Betonung der aufeinanderfolgenden Hüpfbewegungen üben.

Fast alle Hüpfübungen können *auch zu mehreren* gegenüber, hinter-, nebeneinander oder im Kreis mit Handfassung oder anderen Griffen ausgeführt werden.

243 *Schlußhüpfen.* Hüftstütz (oder freie Armhaltung): Hüpfen mit geschlossenen, gestreckt bleibenden Knien

a) auf der Stelle;
b) nach beiden Seiten;
c) vorwärts-rückwärts;
d) im Viereck.

Auch mit lockerem Unterarmkreisen wie beim „Seilspringen".
Auch mit Kehrtwendung fortgesetzt in der gleichen Drehrichtung oder von links nach rechts wechselnd.

244 *Hampelmann.* Hüpfen

a) in Seitgrätsch- oder Schrittstellung, bzw. mit wechselndem Vor-, Rück- und Seitstellen oder -stoßen eines Beins und jedesmaligem Zwischenhupf in die Ausgangsstellung; die Arme schlenkern oder schwingen entspannt beiderseits des locker gehaltenen Rumpfs; *auch* im Wechsel zwischen Hockstand und Seitgrätschstellung auf Fersen (Fußspitzen angebeugt); *auch* mit Kehrtwendung;

b) mit Armbewegungen, z. B. Seithochschwingen bis zum Handklappen über dem Kopf oder in der Tiefhalte vor oder hinter dem Rumpf bei jedem Hupf; oder Vorschwingen bzw. -stoßen beim Vorstellen; Seitschwingen bzw. -stoßen beim Seitstellen; Hochschwingen bzw. -stoßen beim Rückstellen; oder kreisförmige Schulter- und Handgelenkbewegungen wie beim *Seilspringen.*

95 Hüpfen mit Beinschwingen vorwärts-rückwärts.
129 Hüpfen mit „Diagonalschwingen": rechtes Bein, linker Arm.

245 *Kreuzhüpfen.* Hüpfen mit Beinkreuzen links vor rechts und umgekehrt mit wechselnder Schnelligkeit

a) mit allmählicher Erweiterung der Kreuzschrittstellung;
b) vorwärts und rückwärts von der Stelle;
c) mit Kreuzen und Öffnen der Beine in der Luft.

246 *Hüpfen mit Beckendrehung.* Seithalte. (Schulterfront bleibt unverändert.)

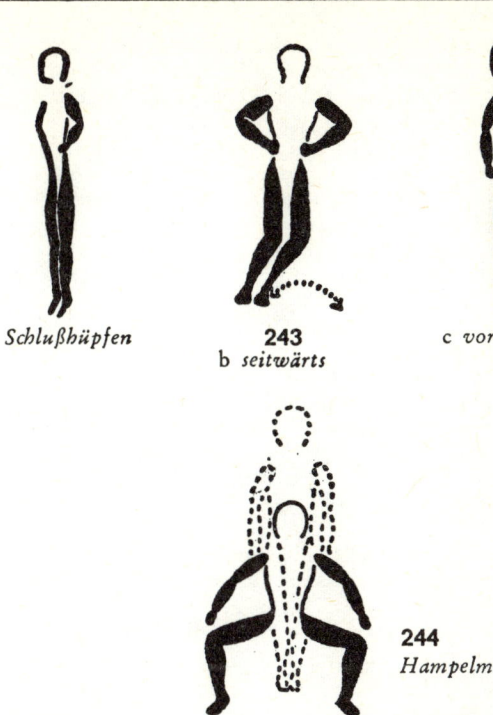

a *Schlußhüpfen*   **243**   c *vorw.—rückw.*
b *seitwärts*

244
Hampelmann

245
Kreuzhüpfen

246
Beckendrehen

247 *Hockhüpfen (Spatzenhüpfen).* Hockstand: Hüpfen
  a) mit Stütz der Hände auf den geschlossenen oder geöffneten Knien;
     auch mit Einlegen eines hohen Sprunges durch kräftiges Abdrücken
     mit Armen und Beinen;
  b) mit Umfassen der Knie;
  c) mit Festhalten der Fußspitzen mit den Fingerspitzen;
  d) mit Umfassen der Fußgelenke (oder -spitzen) von außen zwischen
     den Knien hindurch;
  e) wie vor: vorwärts und rückwärts *gehen (Zwerggang);*
  f) mit Kopfhalte oder freier Armhaltung bei geschlossenen oder ge-
     öffneten Knien; *auch Hocklaufen;*
  g) mit lockerem schwunghaften Arm-Trichterkreisen (Arme gestreckt
     oder gebeugt);
  h) in Grätschhockstand *(Grätschhockhüpfen);*
  i) auf der Stelle nach rechts und links;
  j) in der Fortbewegung vorwärts und rückwärts; im Zickzack;
  k) mit fortlaufender oder rechts und links wechselnder Kehrtwendung;
  Z l) *zu zweien,* Zweihandfassung links oder rechts in kleinen Kreisen
     umeinander (ruhige Atmung);
  K m) *Hock-Prellkampf.* Hockstand, Hüftstütz (oder Schienbeine umfaßt):
     Gegner mit Schulter oder Ellbogen umwerfen;
  K n) *Hock-Stoßkampf.* Hockstand, Vorhalte zum Stoß gegen die Hand-
     flächen: Gegner umstoßen.
  H *Auch* mit Handfassung an einem in der Mitte Stehenden.

184 Kreuzsitzwechsel mit Drehhüpfen.
187 „Henkelhüpfen zu zweien" Rücken gegen Rücken, Zweihandfassung.
166, 175 „Kosakentanz" seitwärts und vorwärts.
174 „Kanonehüpfen"; Wechselhüpfen zu zweien.

248 *Erweitertes Schrittwechselhüpfen.* Schrittstellung: Wechselhüpfen mit
  Armgegenschwung unter allmählicher Erweiterung des Schritts bis zur
  weitesten Schrittstellung. Darin Seitheben der Arme, Wippen des hinteren Knies bis zum Berühren des Bodens.

312 Hüpfen in Standwaage vorlings.

249 *Hinken:* Hüpfen auf einem Fuß je einmal oder mehrmals vorwärts,
  rückwärts, links und rechts seitwärts in fortgesetztem Wechsel
  a) mit freier Armhaltung;
  b) mit Armkreisen seitlings;
  c) mit Griff einer Hand oder beider Hände am *vorgehobenen* Fuß;

d *Hockhüpfen*   **247**   n *Hock-Stoßkampf*

248   **249**

Erweitertes Schrittwechselhüpfen   c *Hinken* d

d) mit Griff einer Hand oder beider Hände am *rück*gehobenen Fuß;

e) mit fortgesetzter Kehrtwendung links oder wechselnd links und rechts;

f) mit freiem, schwunghaftem Drehen; *auch* ohne Hüpfen, auf einem Fußballen oder einer Ferse *(Pirouette)*;

g) mit Anhocken des Hüpfbeins nach 1- bis 3maligem vorbereitendem Anhüpfen; *auch* mit Rumpfdrehbeugen nach der Hüpfbeinseite; *auch* wie vor Hüpfen in kleinen Kreisen; *auch Rollsprung* mit (oder ohne) Anhüpfen, Absprung rechts, Rumpfdrehbeuge rechts *(Tauchen)*, Landen mit Rechtsum auf Händen und rechtem Bein *(Dreibeinlandung)*. (Vorübungen für Hochsprung-Rollstil);

h) über ein Hindernis mit und ohne Hinkanlauf *(Hochhinken)*; Fußgelenk des Partners *(Steirischer Federhupf)*;

Z i) wie a) bis d) *zu zweien* nebeneinander mit Handfassung;

249

j *Steirischer Federhupf*　　　m *Hink-Prellkampf*

Z j) *zu zweien* gegenüber, Handfassung links, Griff rechts am rechten Fußgelenk des Partners *(Steirischer Federhupf)*;

Z k) *zu zweien* gegenüber, rechter Fuß des Partners auf die linke Schulter gelegt und links festgehalten, Handfassung rechts;

Z l) *zu zweien* Rücken an Rücken, Griff an einem Bein des Partners;

K m) *Hink-Prellkampf (Hahnenkampf)*. Arme verschränkt: Durch Rempeln, Täuschen, Ausweichen den Gegner zum Aufsetzen des freien Fußes (oder aus einem Kreis hinaus) zwingen;

K n) *Hink-Stoßkampf*. Griff links rücklings am linken Fußgelenk, Vorhalte rechts: Durch Stoß gegen die rechte Hand (oder frei) den Gegner zum Lösen des Griffs zwingen.

250　„*Stepphüpfen*": Hüpfen auf dem linken Bein mit lockerem Vorschwingen, Strecken und Rückschwingen des rechten Knies und Aufschlagen der Fußsohle auf den Boden bei jedem 2. Hupf.

251　„*Schlaghüpfen*"

　　a) seitwärts: Hüpfen links mit Seitschwingen des rechten Beins nach rechts, der Arme nach rechts (oder links oder Gleichkreisen vorlings); beim Zurückschwingen schlägt das rechte Bein das linke fort und hüpft an seiner Stelle;

　　b) *vorwärts-rückwärts*: Vorspreizen links; beim Schließen Rückspreizen rechts; Armschwingen oder -kreisen seitlings. (Mit 1- bis 2-maligem Hüpfen auf jedem Fuß.)

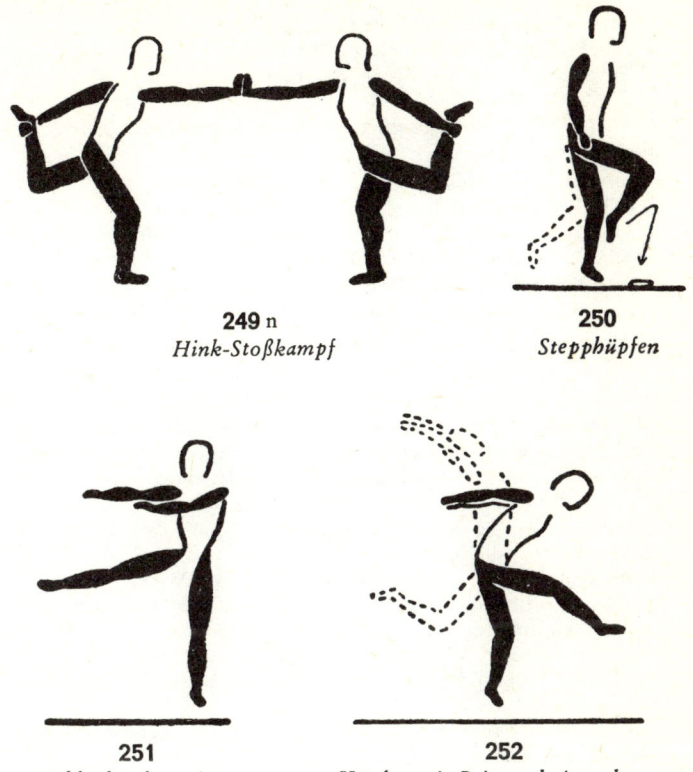

249 n
Hink-Stoßkampf

250
Stepphüpfen

251
Schlaghüpfen seitw.

252
Hüpfen mit Bein und Armschwung

252 *Hüpfen* mit abwechselndem lockeren Vor-, Seit-, Rückstoßen; -schwin-
gen oder Bogenspreizen; Ein- oder Ausrollen eines Beins bei jedem
oder jedem 2. bis 4. Hupf mit

a) Vorhochschwingen beider Arme und leichtem Rumpfrückbeugen bei
jedem Beinrückschwung;

147

b) Vorhochschwingen des gleichseitigen oder gegenseitigen Arms unter fortgesetztem Arm- und Beinwechsel;

c) Hüpfen nur bei jedem Beinrückschwung;

d) Hüpfen bei jedem Beinvor- und -rückschwung.

253 *Wechselhüpfen mit Anhocken* eines Knies bis zur Brust (Atmung nicht unterbrechen).

a) mit Beinwechsel nach jedem zweiten Hupf;

b) mit Kehrtwendung bei jedem Beinwechsel;

c) in der Fortbewegung vorwärts; rückwärts; seitwärts;

d) mit Beinwechsel bei *jedem* Hupf;

e) mit Beinwechsel und Kehrtwendung bei *jedem* Hupf.

b) Sprünge

Schwungholen: Lockerer Zehenstand, zwanglose Hochhalte: Durch schwunghaftes Beugen der Knie, wobei die Fersen sich auf den Boden senken (die Wadenmuskeln also entspannt und gedehnt werden), erhalten die locker vorfallenden Arme eine Bewegungsbeschleunigung, die sie durch die Tiefhalte weit nach rückwärts schwingen läßt. Der Rumpf gibt mit leichtem Vorbeugen nach. Die Knie werden nach dem Durchschwung der Arme durch die Tiefhalte leicht gestreckt und verstärken durch erneutes Beugen den Antrieb zum Zurück- und Wiederhochschwingen und das gleichzeitig damit erfolgende Abdrücken zum Sprung. Auf kräftiges Hochreißen der Schultern und Arme und entspanntes Hängenlassen des Sprungbeins (bzw. beider Beine) nach erfolgtem Abdrücken ist, wenn nicht anders vorgeschrieben, besonders zu achten.

Übe: 1. Mit leichtem Hüpfen beginnend, bis zur größtmöglichen Höhe steigernd und wieder abnehmend.

2. Mit Pause nach jedem Sprung.

3. Mit Zwischenschwüngen oder Zwischenhüpfen.

4. Mit Ausnutzung des Niedersprungs zum Schwungholen und sofortigem erneutem Absprung.

5. Mit zu- und abnehmender Schnelligkeit.

6. Mit gelegentlicher Betonung des Körperschwungs und des Arm- (bei Sprüngen auf einem Bein auch Bein-) Schwungs. (In diesem Fall erfolgt der Sprung lediglich als Auswirkung des Schwungs ohne Abdruck der beim Verlassen des Bodens entspannt herabhängenden Beine).

253 *Wechselhüpfen mit Anhocken*

254 a **254 b**

Hintersprung: Rückspringen *Vordersprung: Vorhochschwingen*

7. Mehrere aufeinanderfolgende Sprünge taktmäßig zusammenfassend, auch mit Wechsel im Takt und Rhythmus durch verschieden starke Betonung und besonderes Herausheben einzelner Sprünge.
8. mit 1 bis 3 Schritten Anlauf.

254 *Zehenstand, Hochhalte* (einatmen): Kniebeugen, Vortiefschwingen.
   a) Schlußsprung mit leichtem Rumpfvorbeugen und Tiefrückschwingen der Arme *(Hintersprung)* (ausatmen);
   b) Schlußsprung bei jedem Vor- *(Vordersprung)* (einatmen) und Rückschwung (ausatmen) der Arme.
   Auch mit Fallen in den Hockstand auf ganzer Sohle.

 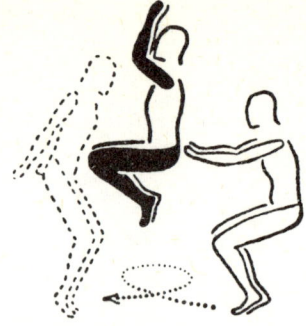

255 *Schlußweitsprung*   **255** c ... *mit Kehrtwendung*

255 *Schlußweitsprung* vorwärts und rückwärts
  a) nur beim Vorhochschwingen der Arme;
  b) bei jedem Vor- und Rückschwingen;
  c) mit sofortigem Rücksprung, mit Kehrtwendung: während des Hinsprungs; nach dem Landen; während des Rückwärtssprungs.

256 *Grätschsprung unterlaufen. Zu zweien.* *A* in Kauerstellung (Start-
  Z sprungstellung) *B* gegenüber: *B* Grätschsprung, *A* läuft zwischen seinen Beinen hindurch. Sofort kehrt und Wechsel: *A* springt, *B* läuft.

257 *Strecksprung.* Schlußsprung mit Vorhochschwingen der Arme, Rückschwingen der gestreckten Beine, leichtem Rumpfrückbeugen (einatmen).
  a) mit Pause nach jedem Sprung;
  b) fortgesetzt unter Ausnutzung des Niedersprungs zum Schwungholen;
  c) im Viertakt (Sprung auf „1", Zwischenhüpfen [oder Kniewippen] und Armschwingen auf „2, 3, 4");
  d) mit Seitschwingen der Arme und Schließen der gestreckten Füße wie bei Kopfsprung *(Flugsprung)* ins Wasser;
  e) mit freier Armhaltung und Rück- oder Seitstoßen des Kopfs mit folgendem dreimaligen Zwischenhüpfen mit vorgebeugtem Kopf (*Kopfstoß* wie bei Fußball);
  f) mit Gleichkreisen seitlings vorwärts (Nr. 9);
  g) mit Arm-Achtergegenkreisen (Nr. 15 b);
  h) mit Kehrtwendung;
  i) als Schlußweitsprung;
  j) mit Ausfallschritt.
  (Arme und Beine schwingen gestreckt möglichst weit nach hinten. Beim Rumpfvorbeugen und Tiefschwingen der Arme ausatmen.)

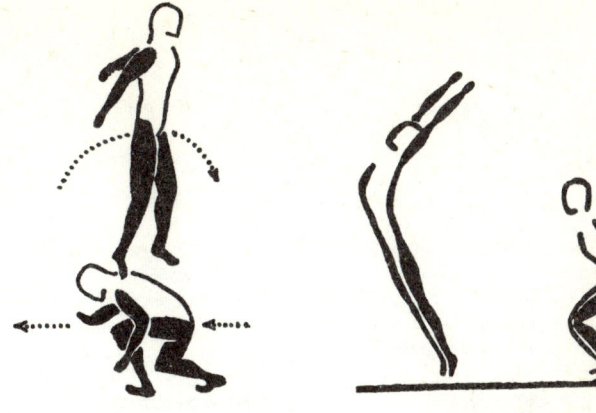

256 *Grätschsprung unterlaufen*   **257** *Strecksprung*

258 *Stoßsprung*

258 Stoßsprung. Hockstand, Knie geschlossen, ganze Sohlen und Fäuste am
Boden (ausatmen): Strecksprung mit Hochstoßen der Arme (einatmen)
und Fallenlassen in die Ausgangsstellung.
Auch aus dem Streckstand nach dreimaligem ausholendem Wippen der
Knie und der zum Stoß gebeugten Arme.

9 Strecksprung mit Tiefrückschwingen der Arme.
340f Streck- und Schneppersprung aus „Rumpfschwung vorwärts-rückwärts".
472 Sprung in Schulterstütz; mit Hochwerfen durch zwei Helfer.

259 *Anfersesprung:* Schlußsprung
  a) mit Anfersen an das Gesäß und leichtem Vorschieben des Beckens (ausatmen);
  b) mit Schlagen der Hände gegen die Fußsohlen *(Schuhplattelsprung);*
  c) mit flüchtigem Umfassen der Fußgelenke;
  d) mit weitem Öffnen der Knie bei geschlossenen Füßen;
  e) mit Seitgrätschen *(Grätsch-Anfersesprung);*
  f) mit ½ Drehung um die Längsachse.

260 *Schneppersprung:* Zehenstand, Hochhalte: Schlußsprung mit
  a) Vorhoch-Rückschwingen der Arme, lockerem weitem Rückwärts-Aufwärtsschwingen der Ober- und Unterschenkel, Rumpfrückbeugen;
  b) mit Seitkreisen der Arme vorwärts-abwärts beginnend;
  c) mit Arm-Achtergegenkreisen (Nr. 15b);
  d) mit Kehrtwendung;
  e) als Weitsprung aus dem Stand *(Schnepperweitsprung).*

261 *Wechselsprung (Sprunglauf auf der Stelle):* Wechselspringen von einem Bein auf das andere mit Ausnutzung des Niedersprungs zum Schwungholen und sofortigem erneuten Absprung. Leicht beginnen, bis zur höchsten Kraftentfaltung steigern. Besonders auf Arm- und Schulterarbeit achten. Sprungbein entspannt hängen lassen!

262 *Galoppsprung.* Laufstellung (oder kleine Schrittstellung): Absprung mit einem oder beiden Beinen, Anhocken der Knie nacheinander zur Brust (ausatmen).

263 *Hocksprung:* Schlußsprung mit Anhocken der geschlossenen oder weit geöffneten Knie (ausatmen)
  a) mit 3 Zwischenhupfen; mit kreuzendem Schwungholen;
  b) fortgesetzt ohne Pause und ohne Ausholbewegung der Arme;
  c) bis zum Anschlag an die Schultern;
  d) mit Beckendrehen und Anhocken nach links und rechts wechselnd bei jedem Sprung;
  e) als Weitsprung *(Hockweitsprung);*
  f) mit Umfassen der Fußgelenke *(Paketsprung);*
  g) mit Anschlag der Hände an die Fußsohlen *(Schuhplattelsprung vorwärts);*
  h) mit Seitspreizen eines Beins;
  i) mit Kehrtwendung rechts und links rasch hintereinander;
  j) Sprungwechsel zwischen Hockstand und Kniestand über Hockstand.

473 Stützsprung über Handfassung zweier Helfer.

259 *Anfersesprung*

260 *Schneppersprung*

261 *Wechselsprung*

262 *Galoppsprung*

263 *Hocksprung*

264 *Schnepperhocksprung:* Schneppersprung mit Anhocken nach beendetem Schneppern noch vor dem Landen.

265 *Reifensprung.* Hocksprung (ausatmen) über die
a) mit den Mittelfingern einander berührenden Hände;
b) auf- oder ineinander gelegten Hände;
c) mit Flechtgriff verschränkten Hände.
Auch Sprung auf *einem* Bein.

266 *Sprung über einen Unterschenkel.* Griff der rechten Hand an der Fußspitze des waagerechten, vor den Körper gehobenen linken Unterschenkels: Sprung mit dem rechten Bein über das linke nach mehrmaligem vorbereitendem Hüpfen auf dem rechten Bein.
Auch mit anschließendem Rücksprung.

267 *Sohlenschlagsprung:* Schlußsprung mit Seitgrätschen der Beine, Beugen der Knie, Zusammenschlagen der Fußsohlen (ausatmen).
Auch mit Schlagen der Fußsohlen gegen die mit den Handrücken aneinandergelegten abwärtsgestreckten Hände.

268 *Kreuzsprung seitwärts:* Sprung vom linken Bein links seitwärts auf das rechte und umgekehrt mit Kreuzen des Schwungbeins
a) *vor* dem Absprungbein;
b) *hinter* dem Absprungbein.
Mit wechselnder Betonung und Schnelligkeit.
Auch Kreuzwechselsprung aus Kreuzstellung mit beiden Beinen gleichzeitig und Kreuzwechsel im Sprung
c) auf der Stelle;
d) vorwärts; rückwärts.

269 *Seitspreizsprung.* Rechtes Bein schwingt ausholend vor dem linken Bein vorbei, beide Arme schwingen rechts seithoch (oder frei) (einatmen): Sprung auf dem linken Bein mit Seitspreizen des rechten und Schwingen der Arme durch die Tiefhalte in die Schräghochhalte links (ausatmen).
Auch mit Kreisen des rechten Beins.

270 *Anschlagsprung seitwärts.* Rechtes Bein schwingt ausholend vor dem linken vorbei (einatmen): Absprung links, Seitspreizen rechts und sofort Schwingen des linken Beins nach rechts bis zum Anschlag an das rechte Bein (ausatmen); Niedersprung links. (Das rechte Bein bleibt seitgespreizt.)

264
Schnepperhocksprung

265
Reifensprung

266
Sprung über ein Bein

267 *Sohlenschlagsprung*

268 a *Kreuzsprung seitwärts*

269
Seitspreizsprung

270
Anschlagsprung seitwärts

271 *Flankensprung:* Schlußsprung mit Seitschwingen der geschlossenen und gestreckten Beine nach rechts, Seitbeugen des Rumpfs rechts, Seithochschwingen des linken Arms (ausatmen).
Auch nach zweimaligem Kniewippen (oder Schlußhüpfen) und Pendelschwingen beider Arme vorlings (oder seitlings).
Auch mit Schwingen des rechten Arms hinter den Rücken, Blick nach den Fersen.
Auch mit Armseitstoß über den Kopf.

272 *Vorspreizsprung.* Rechter Fuß rückgestellt (einatmen): Absprung links, Vorspreizen und Schließen rechts (ausatmen), (das linke Bein hängt nach dem Absprung entspannt herab und fängt den Körper auf)
a) mit Pause nach jedem Sprung;
b) fortgesetzt mit Zwischenschwüngen der Arme und des rechten Beins, Kniewippen oder Hüpfen des linken Beins;
c) mit wechselnder Betonung des Beinschwungs oder des Abdrückens vom Boden;
d) mit ¼ bis ½ Drehung links, während des Sprungs.

273 *Rückspreizsprung:* Ausholendes lockeres Vorschwingen des rechten Beins und der Arme (einatmen); Absprung links mit kräftigem weitem Rückschwingen des rechten Beins und der Arme durch die Tiefhalte, Rumpfrückbeugen (ausatmen)
a) mit Pause nach jedem Sprung;
b) fortgesetzt ohne Pause;
c) mit wechselnder Betonung des Beinschwungs oder des Abdrückens vom Boden;
d) mit ¼ bis ½ Drehung rechts, während des Sprungs;
e) mit Seitkreisen der Arme aus Hochhalte vorwärts-abwärts beginnend;
f) als Schlußsprung (Absprung mit geschlossenen Beinen).
(Der Blick geht über die rechte oder linke Schulter zur rechten Ferse; das linke Bein hängt nach dem Absprung locker herab.)

274 *Schrittsprung:* Schlußsprung mit Vorspreizen des einen und gleichzeitigem Rückspreizen des anderen Beins; auch aus Schrittstellung; Niedersprung
a) mit geschlossenen Beinen;
b) abwechselnd in weite Schrittstellung und Hockstand.
Auch Anschlagen der Fußsohle des vorgespreizten Beins an den rückgespreizten Oberschenkel *(Oberschenkelschlagsprung).*
Auch mit Anlauf Anschlagen wie vor und Landen auf dem Schwungbein *(Pferdchensprung).*

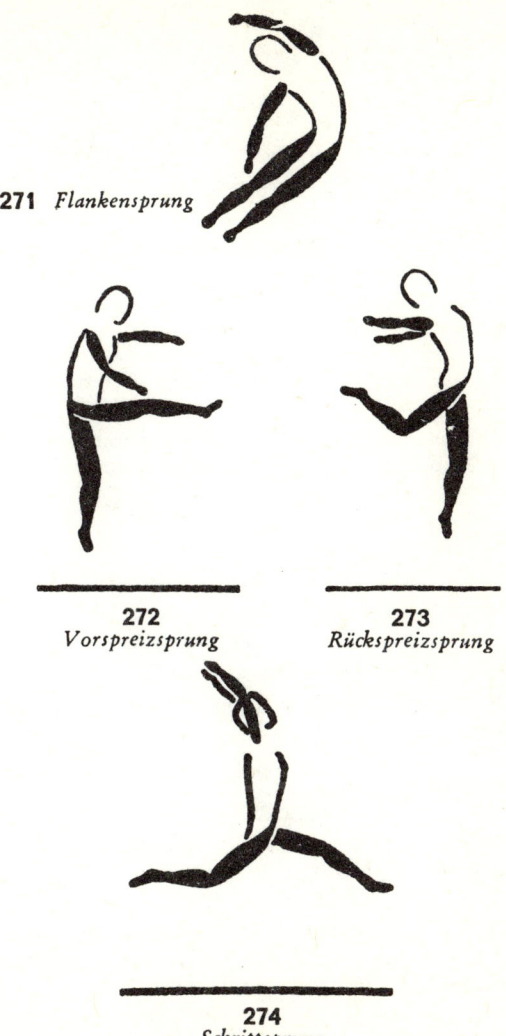

271 *Flankensprung*

272
Vorspreizsprung

273
Rückspreizsprung

274
Schrittsprung

275 *Vorwärtssprung, Rückwärtssprung:* Sprung vorwärts vom linken auf das rechte Bein; Sprung rückwärts vom rechten auf das linke Bein

a) mit Zwischenhupf;

b) ohne Unterbrechung durch Zwischenhüpfen;

c) mit hohem Knieheben des Absprungbeins;

d) mit Kehrtwendung nach innen mit und ohne Zwischenhupf;

e) nur vorwärts im Gehen oder Laufen. Senkrecht hochsteigen *(Steigesprung)*. Absprungbein locker zurücklassen;

f) nur vorwärts mit 4 bis 6 Anlaufschritten (mit dem Schwungbein beginnend: Kommando: „Und 1 und 2 und hepp!"). Beim Absprung: Schwungbein gebeugt hochreißen; während des Flugs: Absprungbein entspannt hinten lassen; auf der Höhe der Flugbahn: lockerer Beinwechsel; Landen: auf dem Absprungbein; (in fortgesetzter Weiterbewegung);

g) wie f), jedoch Landen: nach erneutem Vorziehen des Schwungbeins auf *beiden* Beinen (Form des sportlichen Weitsprungs, sogenannter *Laufsprung*).

(Becken gut in die Sprungrichtung vorschieben.)

276 *Radelsprung:* Sprung auf der Stelle mit Radfahr- (oder Lauf-) Bewegungen der Beine während des Sprungs; Absprung

a) mit einem Bein aus enger Schrittstellung;
b) mit beiden Beinen gleichzeitig.

Auch Beinschlag- oder Scherbewegungen *(Beinschlagsprung), (Beinschersprung)*.

277 *Doppel-Spreizsprung*. Enge Schrittstellung: Sprung mit Vorspreizen beider Beine nacheinander und Rumpfvorbeugen.

Auch Fechtersprung mit Herüberschwingen der Beine nacheinander über eine daneben gedachte Sprunglatte. Vor und zurück.

278 *Ristsprung*. Schlußsprung mit Vorschwingen der geschlossenen gestreckten Beine und Vorbeugen des Rumpfs bis zum Berühren der Hände mit den Fußristen *(Anristen;* beim Wasserspringen auch: *Anhechten)* (ausatmen).

Auch mit Seitgrätschen *(Grätschristsprung)*.

275
Vorwärtssprung

276
Radelsprung Beinschlagsprung

277 *Fechtersprung*

277 *Doppelspreizsprung*

278
Grätschristsprung

278
Ristsprung Anhechten

279 *Drehsprung.* Schlußsprung mit ½ bis 1½ Drehung um die Längsachse

    a) mit gestrecktem Körper (1 bis 1½ Drehung), freie Armhaltung;

    b) mit waagerechtem Seitschwingen beider Arme (aus der Seithalte in der Drehrichtung dreimal ausholend von einer Seite zur anderen schwingen, beim dritten Mal mit dem Sprung den Körper in der Luft herumreißen);

    c) gestreckt, mit Hochschwingen der Arme (½ Drehung);

    d) mit Anhocken der Knie (½ bis 1 Drehung);

    e) gestreckt mit dem Bestreben, nur Becken und Beine zu drehen, die Schultern unverändert vorn zu lassen;

Z f) *zu zweien.* Gegenstellung, 1 Schritt Abstand: Schlußsprung mit ½ Drehung, sich dabei gegenseitig mit dem Gesäß fortstoßen *(Gesäßprellen);*

K g) *Gesäß-Prellkampf.* Verloren hat, wer mit einem andern Körperteil als den Füßen den Boden berührt.

280 *Wendesprung* (als Eislaufsprung auch *Kadetten-* oder *Dreiersprung*). Enge Schrittstellung links: Absprung links, Vorspreizen rechts, Kehrtwendung links, Niedersprung rechts (auf dem *Schwung*bein). (Das rechte Bein bleibt möglichst lange gestreckt, der Körper soll nach der Wendung in der Luft annähernd waagerecht liegen.)

281 *Kehrsprung.* Enge Schrittstellung rechts: Absprung rechts, Vorspreizen links, Nachziehen des rechten Beins mit Anbeugen zur Brust (so daß es einen Augenblick annähernd waagerecht liegt) und Kehrtwendung rechts, Niedersprung (mit verkehrter Front) rechts (auf dem *Sprung*bein).

282 *Kniesprung.* Kniestand (Grätschkniestand oder -sitz), Fußrücken auf dem Boden, Hochhalte (einatmen): Mit Vortief- und Hochschwingen der Arme Sprung vorwärts (ausatmen) in den Stand

    a) auf beiden Beinen;

    b) auf einem Bein mit Vorspreizen des andern *(Kanone);*

    c) in den Hockstand (oder *Kanone*) mit verkehrter Front;

    d) in den Strecksitz (weiche Unterlage);

    e) in den Schwebestütz (Nr. 343) (weiche Unterlage).

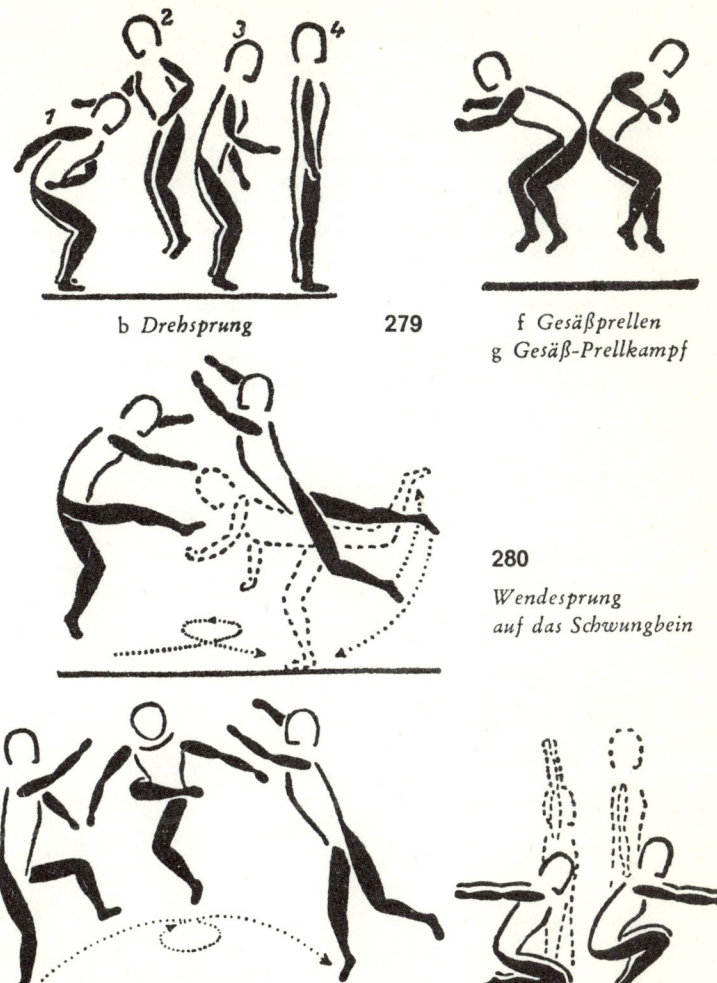

b *Drehsprung*　279

f *Gesäßprellen*
g *Gesäß-Prellkampf*

280

*Wendesprung
auf das Schwungbein*

281 *Kehrsprung
auf das Sprungbein*

282 *Kniesprung*

283 *Knie-Schneppersprung.* Kniestand, Füße angezogen, Hochhalte: Mit Schwungholen der Arme *Schneppersprung* (Nr. 260); Niedersprung über den Hockstand in den Kniestand.

284 *Startsprung.* Hockliegestütz rechts (ähnlich der Tiefstartstellung): Sprung durch Abdrücken mit Armen und Beinen; Niedersprung in die Ausgangsstellung, mit und ohne Beinwechsel.

   Auch mit Seitschwingen der Arme und Rumpfrückbeugen während des Sprungs (einatmen).

285 *Strecksprung in die Standwaage vorlings.* Mit Seithalte.

286 *Strecksprung in Kanone.* Strecksprung in den Hockstand auf einem Bein mit Vorspreizen des andern (ausatmen).

283
*Knie-
Schneppersprung*

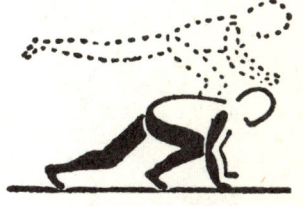

284 *Startsprung*

285
Strecksprung in Standwaage

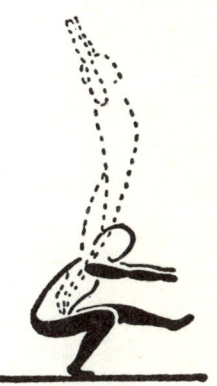

286
Strecksprung in Kanone

Rumpf

Halsübungen

Zweck: Geschmeidigmachen und Kräftigen der Halsmuskulatur, Lockerung
der Halswirbelsäule, Verbesserung der Kopfhaltung durch Kräftigung
der hinteren Streckmuskeln des Halses (insbesondere des langen Rückenstreckers, Halbdornmuskels, bauschförmigen und Trapezmuskels) und
der den Kopf nach vorn an die Wirbelsäule heranziehenden Muskeln
(insbesondere des häufig überdehnten langen Hals- und Kopfmuskels
— auch „Kopfnicker" genannt).

Beachte: Vor Beginn jeder Bewegung zunächst den Hals lang strecken. Die
Vorwärtsbewegung erfolgt als Beugen hauptsächlich im oberen Teil,
die Rückwärtsbewegung als Senken im unteren Teil der Halswirbel-
säule; das Kinn bleibt also angezogen (als ob man eine Last mit dem
Hinterkopf aufwärtsstemmen will).
Jede Bewegung wird so ausgiebig wie möglich durchgeführt.
Bei Kraftübungen die zu übenden Muskeln durch weites Ausholen nach
der entgegengesetzten Seite zunächst in Dehnstellung bringen.

a) Lockerungs- und Dehnübungen

287 Kopf seitwärts-, vorwärts-, rückwärtsfallen und ausfedern lassen.
Auch Halsbeugen vorwärts und -senken rückwärts mit angezogenem
Kinn.
Auch Kopfstoß vorwärts, rückwärts, seitwärts.

288 Flechtgriff rücklings, Arme gestreckt: Halsbeugen seitwärts, zügig und
schwunghaft. (Kinn hoch! Unteres Ohr vorschieben und versuchen,
damit die Schulter zu berühren. Wechsel mit angezogenem Kinn.)

368 Halsbeugen seitwärts durch Flechtgriff über dem Kopf.

289 Kopfdrehen links mit Nachhilfe der rechten Hand, die hinter dem
Nacken herum an die linke Wange greift, während die linke Hand an
der rechten Kinnseite nachdrückt. *Auch* mit Nachfedern.

290 *Kopfkreisen* in möglichst großen Bewegungsbahnen
    a) mit unveränderter Front;
    b) mit gleichzeitigem Kopfseit*drehen (Kopfrollen);*
    c) in Form einer liegenden ∞.

287
*Kopf fallenlassen;
ausfedern; Kopfstoßen*

288
*Halsseitbeugen.
Kinn hoch oder Ohr auf Schulter*

289
... mit Handhilfe

290
*Kopfkreisen und
Kopfrollen*

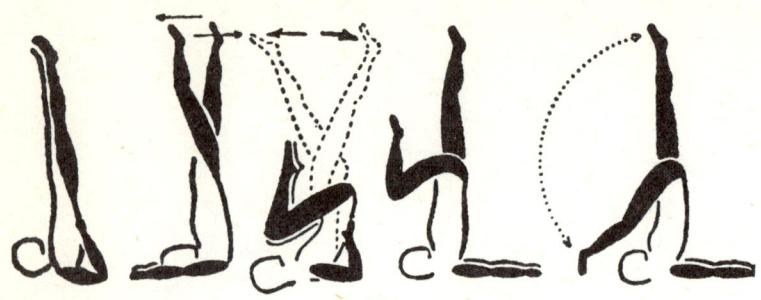

291

a *Kerze* e ... *Beinschlag* g ... *Grätschstoß* i, j ... *Luft-* k ... *Vorspreizen*
treten, *Radeln*

291 ▲ *Kerze (Nackenstand, Genickstand). Rückenlage* (einatmen): Mit Beugen und Strecken der Hüften Erheben in den senkrechten Stand auf Hinterkopf, Nacken und Schultern

   a) mit Hüftstütz, Oberarme auf dem Boden;
   b) Arme wie in der Ausgangsstellung lang am Boden;
   c) Arme in Hochhalte (an den Ohren) auf dem Boden;
   d) Arme in Seithalte. (Ruhige Atmung.)

Beinbewegungen in der *Kerze:*

   e) Scher- (seitwärts) und Beinschlag- (vorwärts-rückwärts) bewegungen;
   f) Seitgrätschen und Schließen;
   g) Bewegungen wie beim Brustschwimmen *(Schwimmstoß);*
   h) senkrechtes Anhocken und Ausstoßen beider geschlossenen Beine;
   i) *Lufttreten.* Wechselweises Beinstoßen;
   j) *Radeln* (Beinbewegungen wie beim Radfahren);
   k) Beinvorspreizen bis zum Berühren des Bodens;
   l) Vorschwingen des rechten, Rückschwingen des linken Beins;
m) Wechsel zwischen *Kerze* und *Kipplage* (Nr. 347);
   n) Kreuzen wie im Kreuzsitz (Becken vordrücken!);
   o) federndes Anfersen;
   p) Beckendrehen mit angewinkelten Knien.

347h „Nackenschaukel".
348 „Hocksitzschaukel zu zweien", Füße unter dem Gesäß des Partners.

292 ▲ *Bodenrolle rückwärts* in den Stand
   a) aus Hocksitz in Hocksitz;
   b) aus Rückenlage mit Handstütz neben dem Kopf, Finger schulterwärts;

291

l ... *Vor- und
Rückspreizen*

m ... *Wechsel mit
Kipplage*

292 e *Rolle rückwärts
über Handstand*

c) aus Kipplage wie vor;
d) aus Stand mit flüchtigem Hinsetzen und Aufstehen auf einem Bein;
e) mit Erheben in den flüchtigen Handstand.

71   Rolle rückwärts, Handstandabrollen.

293 *Bodenrolle vorwärts:* Rumpfvorbeugen, den Hinterkopf zwischen den
▲ Händen auf den Boden stützen, über Nacken und *Rücken* überrollen
in den Hocksitz, sofort aufstehen.

a) aus Kniestand oder Hockstütz; *auch* in den Kreuzsitz;

b) aus Seitgrätschstellung; *auch* in Kreuzsitz, Hockstand, Seitgrätschstellung;

c) über einen Unterarm;

d) aus Seitgrätschstellung mit Griff an den Fußgelenken;

e) aus Seitgrätschstellung mit bleibender Seithalte;

f) ohne Benützung der Hände auch beim Aufstehen.

H *Auch* über *Helfer* in Bank mit Aufsetzen des Kopfs und der Hände auf
dem Rücken.

Auch Überschlag mit Strecken der Arme.

Z *Auch zu dreien. Flohhüpfen vorwärts.* A, B, C in Reihe hintereinander
mit 1 Schritt Abstand, *A* vorn: *A* kehrt und Bodenrolle, *B* Grätschsprung darüber; *C* Bodenrolle, *A* Grätschsprung usw. (Merke: Rolle
abwechselnd von jeder Seite zur Mitte, Sprung von der Mitte nach
außen.)

294 *Übersprungrolle zu zweien.* B Grätschstrecksitz, Hochhalte, hält den
▲Z hinter ihm stehenden *A* bei den Händen: *A* überspringt *B* mit Hocke
oder Grätsche zum Stand zwischen dessen Beine und schließt sofort
bei griffesten Händen eine Rolle vorwärts in den Grätschstrecksitz an;
währenddessen steht *B* auf, um seinerseits die Übersprungrolle zu
machen. Fortgesetzt; *auch* wettkampfmäßig.

295 *Doppelrolle (Kleiner Tank).* B Rückenlage, Beine senkrecht, leicht ge-
▲Z beugt; *A* steht vorgebeugt hinter *B* mit den Füßen neben seinen Ohren;
beide umfassen die Fußgelenke des Partners: *B* senkt die Beine, setzt
die Füße auf den Boden und zieht dadurch *A* zur Rolle vorwärts-
abwärts, *A* hilft durch leichtes Abspringen, zieht kurz vor dem Zu-
Boden-Kommen den Kopf ein und unterstützt beim Überrollen durch
seinen Beinzug das Aufstehen und die anschließende Rolle des *B*.
Fortgesetzt. *Auch* als Wettkampf. (Arme beim Aufsetzen nicht zu früh
beugen!)

293
Bodenrolle vorwärts

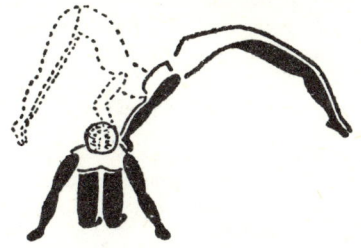

293 ... *Überschlag über Bank*

293 e *Unterarmrolle*

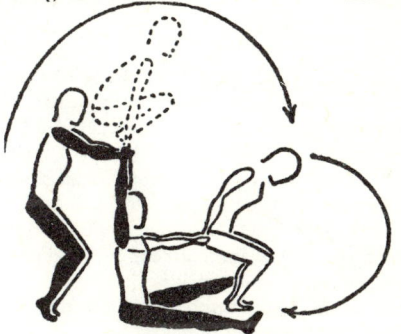

294 *Übersprungrolle*

295 *Doppelrolle (Kleiner Tank)*

b) Kraftübungen

296 *Genickstrecken gegen Widerstand.* A und B in Gegenstellung. B faßt A
W   mit Flechtgriff um den Hinterkopf und beugt ihn vorwärts-abwärts:
    A leistet Widerstand und streckt darauf gegen den Widerstand des B
    den Hals wieder rückwärts.
    Auch B drückt von hinten mit *Doppeltem Nackenhebel* (Flechtgriff von
    hinten unter den Arm um den Nacken, (Nr. 485) den Kopf des A
    abwärts: A streckt ihn gegen Widerstand.

297 *Nackenübung im Kopfwinkelstütz.* (Weiche Unterlage!) Seitgrätsch-
    stellung, leichte Kniebeuge, Rumpfvorbeuge, Griff an den Kniekehlen,
    Kopf mit dem Scheitel eine Unterarmlänge vor den Knien am Boden
    (1); langsames Rückbeugen des Kopfs, bis die Stirn den Boden berührt
    (2); zurück in den Scheitelstütz etwas schneller.
    Auch auf den übereinandergelegten Händen.

    326, 327 Aufrichten gegen Widerstand im Winkelstand; im Grätschstrecksitz.

298 *Kopfbrücke.*
▲   a) *Rückenlage,* Beine leicht gegrätscht, Fußsohlen am Boden dicht am
       Gesäß, Hände neben den Ohren aufgestützt, Fingerspitzen nach
       den Schultern gerichtet: Erheben in die Brücke (Unterschenkel senk-
       recht, Kopf mit dem Scheitel am Boden). Wippen kopfwärts;
    b) wie a), jedoch Arme vor der Brust verschränkt: Einnehmen der
       Brücke ohne Armhilfe, Erheben auf den Fußspitzen, Kopf rück-
       beugen bis die Stirn oder Nase den Boden berührt;
    c) *Seitenlage* links, Kopf im Nacken, rechte Ferse am Gesäß: ohne
       Handhilfe seitwärts in die Brücke gehen;
    d) Kniestand: durch Rumpfrückbeugen über die *Kniebrücke* (Nr. 137)
       in die Kopfbrücke gehen;
    e) in der Brücke: Kreisstützeln mit den Füßen um den Kopf als
       Mittelpunkt;
    f) aus der Brücke herausdrehen seitwärts in den Liegestütz vorlings,
       ohne mit einem andern Körperteil als den Händen und Füßen den
       Boden zu berühren;
    g) durch Heranziehen der Fersen an das Gesäß und Verlegen des
       Körpergewichts fußwärts Einnehmen der *Kniebrücke* und Auf-
       stehen nach vorn ohne Benutzung der Hände (Vorübung zur
       Bodenkippe);
H   h) Rücksenken mit Helfer in die Brücke, Griff an einer Hand.

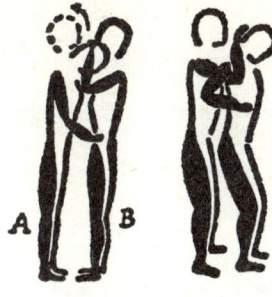

296 *Genickstrecken*

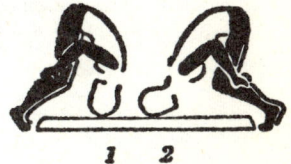

297 *Nackenübung*

Ansatz zur Brücke

298

a *Brücke mit Handstütz*

b *Dehnung in Brücke*

d, g *Aufstehen vorwärts*

h *Senken zur Brücke*

299 *Kopfstand* (Stirn am Boden, Hände weiter rückwärts und seitwärts
▲ aufgestützt, Körper senkrecht gestreckt:

   a) Überfallen in die Brücke (Kopf im Nacken lassen, Beine grätschen
   und rechtzeitig beugen);

   b) mit *Kopfstütz auf den aufeinandergelegten Händen (Yoga-Kopfstand);*

   c) *Kopfstand,* angehockt: Beine ausstoßen, Arme aufstemmen, Überfallen in die *Hohe Brücke (Handstandbrücke)* (Nr. 65).

   477 Am Nacken eines Helfers im Winkelstand, „hängende Last".
   494 Mit Helfer „Nackenhub in den Schultersitz".
   490 Nackenstütz, zwei Helfer: Schulterstütz auf Vordermann, Hintermann stützt
   am Kopf.
   3251 „Passive Bauchschaukel" durch Druck auf den Hinterkopf.
   349 „Kerzesenken" mit Helfer, der die Schultern am Boden hält.
   476 „Balkenheben" am Nacken durch Helfer.

300 *Untergriff-Abwehr. Widerstandsübung.* Gegenstellung; *A* umfaßt *B*
W mit Untergriff von vorn; *B* drückt mit den aufeinandergelegten Händen
das Kinn des *A* rückwärts: *A* Anziehen des Kinns gegen den Widerstand des *B* (ausatmen).

Auch Sprengen des Untergriffs wie beim Ringen oder Rettungsschwim-
men durch verstärktes Abdrücken.

301 *Nacken-Ziehkampf.* Schrittstellung gegenüber Griff rechts um den steif-
K gehaltenen Nacken des Gegners: Den Gegner über eine Grenze ziehen.

   521 „Nackenkampf" im Liegestütz vorlings.

Übungen für die Rückenmuskeln

Haltungsübungen im engeren Sinn

Aktive Streckung der Brustwirbelsäule

(Hierzu gehören auch alle Sitzübungen mit gestrecktem Rücken, fast alle
Armdehnungen [Seite 36], alle Ziehübungen, Hebe- und Trageübungen vor
dem Körper.)

Zweck: Verbesserung und Festigung der natürlichen aufrechten Haltung des
Oberkörpers durch Kräftigung der die Wirbelsäule (insbesondere die
Brustwirbelsäule) streckenden, beiderseits des Rückgrats verlaufenden,

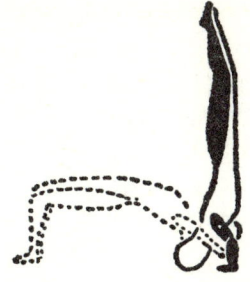

299 a *Kopfstand: Brücke*

299 b *Yoga-Kopfstand*

300
Untergriff-Abwehr

301
Nacken-Ziehkampf

von der Rückenlendenfaszie umschlossenen Muskeln — des gemeinsamen
Rückenstreckers — sowie der die Schulterblätter rückführenden und
dadurch den Brustkorb entlastenden Muskeln (des Trapezmuskels, der
Rautenmuskeln, mittelbar auch des breiten Rückenmuskels). Bekämpfung des Rundrückens.

Beachte: Die „Haltungsmuskulatur" bedarf zur Förderung ihrer den Oberkörper haltenden Tätigkeit auch der Übung durch *Halten.* Diese sind
daher hier in höherem Maße als bei den anderen Abschnitten anzu-
wenden.
Beim Rumpfrückbeugen soll die Lendenwirbelsäule zur Vermeidung
unerwünschter Einknickung im allgemeinen gestreckt bleiben. (Gesäßmuskeln anspannen!)

302   *Rumpfentspannung vorwärts:* Rumpf abschnittweise vorfallen lassen
(ausatmen)

a) Hals- und Brustwirbelsäule;
b) dazu die Lendenwirbelsäule (Becken bleibt stehen);
c) dazu das Becken (Beine bleiben gestreckt).

Je dreimal hintereinander, mit entspanntem Nachwippen bis zur Ruhe
und jedesmaligem langsamen Rumpfstrecken, von unten beginnend
(„Aufrollen" Nr. 157 und 314) oder a), b), c) ohne jedesmaliges Aufrichten, in einem Zug.
Auch Gegenbewegung. Schrittstellung, Rumpf tief vorgebeugt, Arme
leicht rückgehoben: Rumpf und Arme abschnittweise vorhochschwingen in

d) flüchtige waagerechte Rumpfsenkhalte *(Winkelstand);*
e) flüchtige Senkhalte schräg vorhoch;
f) Streckstand. d), e), f) nacheinander. (Nach jedem Aufrichten Vorfallen in die Ausgangsstellung. Der hintere Fuß wird aufgezeht, der
vordere bleibt auf ganzer Sohle.)

303   *Senkrechtes Beckenkreisen vorwärts-rückwärts.* Laufstellung oder enge
Schrittstellung, Arme waagerecht vor der Brust verschränkt (oder freie
Armhaltung): Mit leichtem Kniebeugen und -strecken senkrechtes Krei-
sen des Beckens vorwärts-rückwärts in beiden Richtungen. (Bei der
Vorwärtsbewegung ausatmen, bei der Rückwärtsbewegung einatmen.)

133 Beinrückführen mit Sohlengriff.

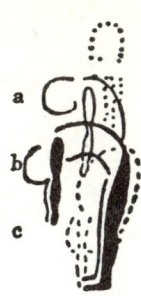

302

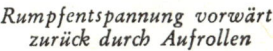

Rumpfentspannung vorwärts   *...abschnittweises Rumpfheben*
zurück durch Aufrollen

303   **304**
Senkrechtes Beckenkreisen vorwärts-rückwärts   *Rumpfsenke—Rumpfbeuge*

304   *Rumpfsenke — Rumpfbeuge.* Winkelstand (oder Grätschwinkelstand), Seithalte (einatmen): Entspanntes Vorfallenlassen des Rumpfs und der Arme (ausatmen) und Rückbewegung (einatmen)

     a) fortgesetzt rhythmisch mit Kreuzen der Arme in der Rumpfbeuge (Kommando: „Tief, ... [und] ... hoch!") oder Nachwippen (Kommando: „Tief, ... 2, ... 3!" „Hoch, ... 2, ... 3!"); *auch* in Hochhalte mit und ohne Zwischenschwünge;

     b) aus der Rumpfbeuge mit entspannt pendelnden Armen in den Winkelstand mit Verharren, ruckhaft auf Kommando;

     c) Wechsel zwischen Hockstütz und Grätschwinkelstand durch Hüpfen; *auch* Grätschwinkelstand nur auf Fersen.

408   „Straffes Rumpfdrehsenken".
409   Rumpfvorbeugen und -strecken in Drehsenkhalte.

305 *Wellenförmige Rumpfwippe.* Seitgrätschstellung, entspannte Rumpfvorbeuge (ausatmen): Schwunghaftes lockeres Rumpfstrecken, von unten
beginnend, („aufrollen") (einatmen), Vorschieben des Beckens, noch
bevor Schulter und Kopf die Streckhaltung erreicht haben, und sofort
lockeres Rumpfvorsenken (ausatmen); fortgesetzt
a) mit entspanntem Seitpendeln und Kreuzen der Arme;
b) mit lockerem Vorhoch- und Vortiefschwingen der Arme.
(Merke: Becken und Lendenwirbelsäule gehen in der Bewegung voraus,
Schultern und Kopf folgen immer erst etwas später nach. Die Wirbelsäule „schlägt" gewissermaßen „Wellen".)

 88 „Hochstoß mit Rückbeugen".
 89 „Körperwelle" mit Hochstoßen.
340d „Ballrückwurf" aus tiefer Rumpfvorbeuge.

306 *Straffe Rumpfwippe.* Winkelstand (oder Grätschwinkelstand), Kopfhalte (oder Hochhalte): Wippen des gestreckten Rumpfs. (Rumpf bleibt
annähernd waagerecht!)
Auch bei jedem Vorwippen einen kleinen Schritt auf ganzer Sohle vorwärts gehen.
Auch in Schrittstellung, Zehenstand.

307 *Kopftiefzug.* Winkelstand (oder Grätschwinkelstand), Kopfhalte:
1. Tiefes Rumpfvorbeugen, viermal federnd (die Ellbogen ziehen den
Kopf bei jedem Mal tiefer abwärts (ausatmen)); 2. Rumpfstrecken in
die Ausgangsstellung (einatmen).
Auch im Wechsel mit *Straffer Rumpfwippe* (Nr. 306).

308 1. Hochhalte, Arme über Schulterbreite (möglichst weit rückwärts),
Handflächen nach vorn; 2. Rumpf „entspannt" vorfallenlassen, Arme
schwingen auf den Rücken, Hände erfassen einander (ausatmen);
3. Rumpfstrecken in den Winkelstand, Seitheben der Arme, Anlegen
der Hände an den Kopf; 4. Strecken der Arme in die Hochhalte;
5. Rumpfheben in die Ausgangsstellung (einatmen). (Die Bewegungen
fließen ineinander über!)

129 „Diagonalschwingen": Rückspreizen rechts, Vorhochschwingen links.
130 „Hochschwung-Rückspreizen"; mit Vorschleudern des rechten Beins.
147 Hüftstreckung im Seitsgrätschstand.
413 „Rumpfmühle seitlings" in Rumpfdrehsenkhalte.
418 Rumpfseitschwingen im Winkelstand.
422 „Straffe Rumpfmühle".
443 Rumpfdrehbeuge rückwärts — Rumpfdrehsenke im Wechsel.

305
Wellenförmige Rumpfwippe

306
Straffe Rumpfwippe

306
Schritt-Rumpfwippe

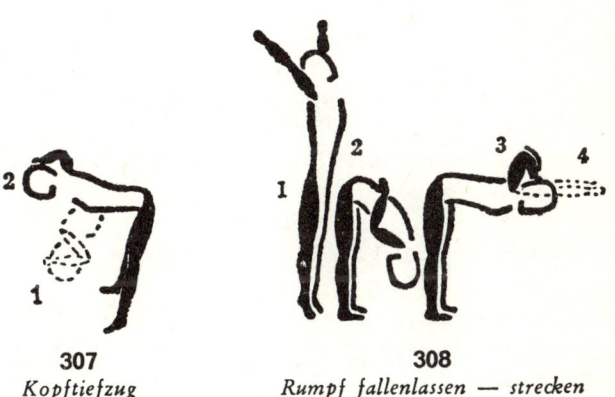

307
Kopftiefzug

308
Rumpf fallenlassen — strecken

309
Hockliegestütz: Rückbeugen

310
Waagewippen

309 Hockliegestütz: Rumpfrückbeugen, Seitheben der Arme in Kammhaltung.

310 *Waagewippen.* Hockliegestütz (oder tiefe Startstellung (Nr. 284) oder Hockstütz (ausatmen): Mit Seitheben der Arme und leichtem Kniestrecken Erheben in die flüchtige Standwaage (einatmen); zurück (ausatmen). Fortgesetzt, zügig und schwunghaft.

Z *Auch zu zweien* oder mehreren, nebeneinander oder gegenüber, Handfassung.

311 *Freie Standwaage vorlings* mit gebeugtem Standbein, Seithalte (oder Hochhalte):

    a) Armbewegungen: Kreisen; Schwimmbewegungen; Hockrückfedern;

    b) Strecken des Standbeins;

    c) Fersenheben und -senken bei gestrecktem Standbein;

    d) schwunghafter Wechsel mit *Großem Katzenbuckel* (Nr. 102);

    e) Anhocken und Rückstrecken (-stoßen) eines Beins;

    f) *Wiegen* wie einen Waagebalken.

Z *Auch zu zweien* mit Zweihandfassung oder Griff am Spreizbein.

312 *Waagehüpfen.* Standwaage vorlings Seithalte: Hüpfen

    a) auf dem Standbein; *auch* mit Armbewegungen *(Flügelschlagen)*;

    b) in fortgesetztem Wechsel zwischen dem rechten und linken Bein;

    c) in der Vorwärts- und Rückwärtsbewegung.

Z *Auch zu zweien* oder mehreren nebeneinander, Handfassung.

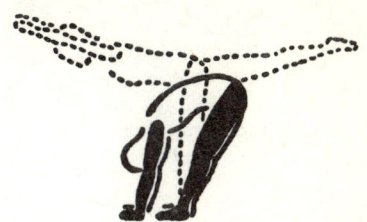

311

b *Standwaage vorlings*   d *Katzenbuckel-Standwaage*

311 e
Anhocken — Rückstoßen

311 f
Wiegen in Standwaage vorlings

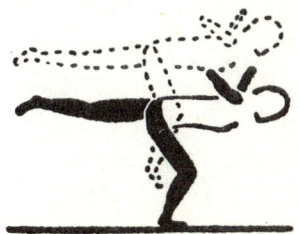

312
Waagehüpfen

179

313 *Waage-Drehsprung.* Standwaage vorlings auf dem linken Bein, Seithalte (einatmen): Vorschwingen des rechten Beins, Kehrtwendung links in die Standwaage mit entgegengesetzter Front (ausatmen)
a) durch Drehen auf der linken Fußspitze;
b) durch Hüpfen auf dem Standbein (links);
c) durch Umspringen auf das Schwungbein (rechts);
d) Sprungweite vergrößern.

257 Strecksprung (10 Formen).
260 „Schneppersprung" (4 Formen.
273 „Rückspreizsprung" (6 Formen).

314 *Aufrollen.* Kniesitz, Rumpfvorbeuge, Kopfhalte (oder Flechtgriff rücklings oder mit den Händen den Rücken möglichst hoch klopfend massieren): Rumpfstrecken, langsam „einen Wirbel nach dem andern" (ausatmen); ebenso zurück in die Ausgangsstellung.

199 Beinbewegungen im Liegestütz rücklings.
333 Durchhocken vom Liegestütz vorlings in Liegestütz rücklings.
335 „Bodenflanke".

315 *Kniesitzwippe.* Kniesitz, Flechtgriff rücklings:
a) Rumpf vorbeugen, Stirn auf den Boden, Rumpf strecken bis zur Waagerechten *(Waagerechter Kniesitz)*;
b) dasselbe mit federndem Abheben der Hände;
c) schwunghaftes Vorsenken und Heben des gestreckten Rumpfs;
d) mit Seitheben der Arme und Drehen in die Kammhaltung beim Rumpfheben;
e) mit Armbewegungen wie beim Brustschwimmen.

316 *Wechsel zwischen geradem und rundem Kreuz im Kniesitz.* Zwanglose Seithalte: Leichtes Hochwippen des Gesäßes; beim Niederlassen abwechselnd Strecken und Beugen der Lendenwirbelsäule (Brustwirbelsäule und Schultern bleiben in Ruhe).
Auch schwunghafter Wechsel zwischen Hockstand, Vorhalte und Kniestand, Rumpfrückbeugen, Vorhochschwingen.

317 *Orientalisches Gebet.* Kniesitz, Rumpfvorbeuge, Kopf vor den Knien auf dem Boden, Arme vor der Brust gekreuzt (ausatmen): Langsames Aufrichten („Aufrollen", Nr. 314) in den Kniestand; Rumpfrückbeugen, Ausbreiten der Arme in die Schräghochhalte seitwärts, Handteller nach oben (einatmen); Rückbewegung entsprechend.

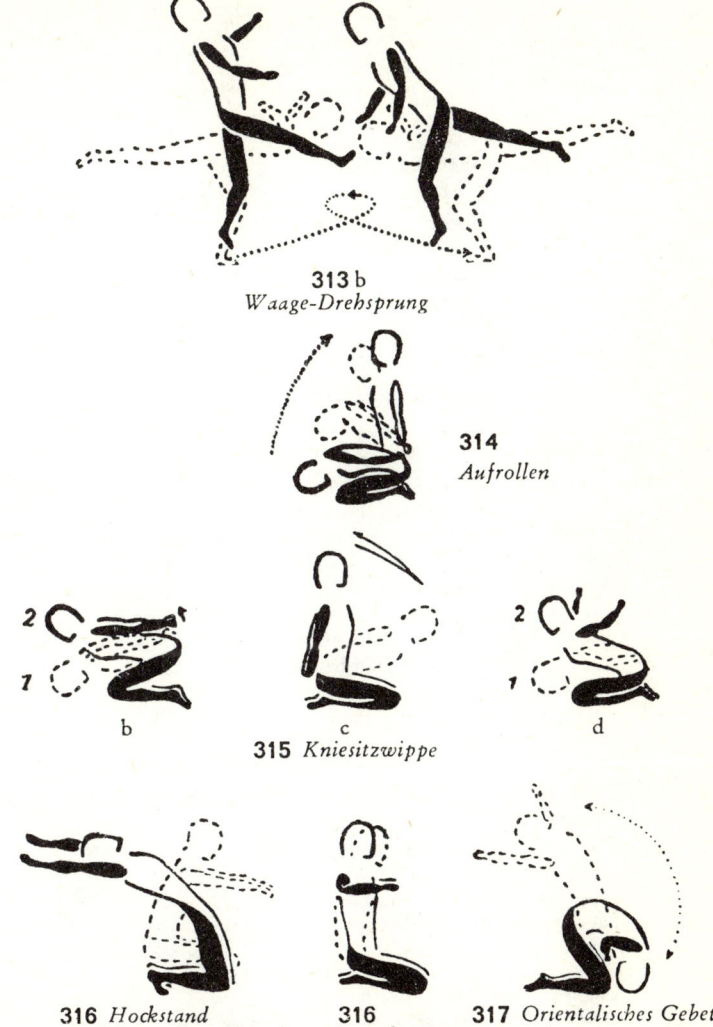

313 b
Waage-Drehsprung

314
Aufrollen

2
1

b

c

315 *Kniesitzwippe*

2
1

d

316 *Hockstand
Kniestand*

316
Gerades und rundes Kreuz

317 *Orientalisches Gebet*

181

318 *Wechsel zwischen geradem und rundem Kreuz in der Bank*
   a) mit gestreckt bleibenden Armen;
   b) mit Beugen der Arme beim Strecken der Lendenwirbelsäule *(Tiefkriechstellung)* (einatmen); zügig; ruckhaft;
   c) Wirbelsäule seitbiegen, drehen, winden, kreisen, schlängeln.
   425 „Tiefkriechen mit Beinstrecken und Armschwung".
   427 Rumpfdrehen in Tiefkriechstellung.

319 *Kniesitz-Welle.* Kniesitz, zwanglose Rumpfvorbeuge (ausatmen): „Aufrollen" (Nr. 314) in den Kniestand; noch während der Kopf in den Nacken rollt, schnellendes lockeres Vorwerfen der Brust und Zusammenfallen des Rumpfs in die Ausgangsstellung (vgl. Nr. 305)
   a) mit entspannt herabhängenden Armen;
   b) mit Seitkreisen der Arme vorwärts (Rückwärtsaufwärtsschwingen beim Heben des Beckens: einatmen, Vortiefschwingen beim Senken: ausatmen).
   Auch umgekehrt: Zusammenrollen im Kniesitz, Arme auf dem Rücken verschränkt: schwunghaftes Aufrichten und Rückbeugen in den Kniestand.
   227 Rumpfbewegungen im Kniewinkelstand mit Helfer an den Füßen.

320 *Kleine Bodenwelle (Kleine Schildkröte).* Kniesitz mit geöffneten Knien, Rumpfvorbeuge, Hochhalte, Hände über Schulterbreite am Boden (1) (ausatmen): Rumpfstrecken, mit Beugen der Arme. Vorschieben der Brust dicht über dem Boden (2) durch die *Tiefkriechstellung* bis vor die Hände (3) (einatmen); Strecken der Arme, Heben des Rumpfs in die Bank (4); Rücksenken des Beckens und Vorbeugen des Rumpfs in die Ausgangsstellung. Fortgesetzt. (Die Bewegungen fließen im Zeitmaß der Atmung kreisförmig ineinander über.)
   Auch geradlinig vor und zurück statt kreisförmig.
   Auch mit weitem Vorgreifen *einer* Hand.
   50 Vorschieben in der Bank.
   53 „Große Bodenwelle" („Große Schildkröte") (Liegestütz vorlings).

321 *Rutschwippe.* Rutschstellung (Nr. 34): Fortgesetztes federndes Abdrücken in den flüchtigen Kniewinkelstand
   a) mit mehrfachem Handklappen; *auch* hinter dem Rücken;
   b) mit Seitschwingen der Arme.
   Auch mit Rumpfrückbeugen. Hände gleiten am Boden entlang und schwingen nach dem Rückbeugen rückwärts-aufwärts in die breite Hochhalte; entsprechend zurück. (Kommando: „Vor — rück — hoch!").
   137, 138 „Hohe (flache) Kniebrücke": Rumpfheben und -senken.
   426 Rumpfdrehen mit Armschwung in Bank.
   436 Rumpfdrehen im Kniewinkelstand mit Helfer an den Füßen.
   226 Aufrichten in Rutschstellung mit Helfer an den Füßen.

318
Gerades und rundes Kreuz in der Bank

319
Kniesitz-Welle

320 *Kleine Bodenwelle*

320 *... mit weitem Vorgreifen rechts*

321

Rutschwippe; Kniewinkelstand

*... mit Rückbeugen und
Seithochschwingen der Arme am Boden*

322 *Brustwölben in Rückenlage.* Seithalte, ein Knie (oder beide) angehockt:
▲ Abheben der Brustwirbelsäule vom Boden
    a) mit Stütz der Hände auf dem Boden;
    b) mit Abheben der Hände vom Boden.
Anschließend Fußsohlen auf den Boden stellen, Bauch mehrmals möglichst schnell und tief einziehen, wobei die Lendenwirbel dem Boden aufliegen.

323 *Schulterbrücke.* Rückenlage, Seithalte (oder Kopfhalte), Beine leicht
▲ gegrätscht, Knie gebeugt, Fußsohlen (oder nur Fußspitzen) auf den Boden: Becken heben und senken (*auch* mit Vorhochschwingen der auf die Knie gelegten Arme; *auch* mit Handklappen unter dem Gesäß); wippen; seitführen; kreisen.
Auch Vorstrecken, Vorheben, Aufwärtsfedern eines Beins.
Auch schwunghafter Wechsel zwischen Hocksitz und Schulterbrücke.
221, 222 Bewegungen in (Unterarm-)Bank rücklings.
291 „Kerze" („Nackenstand", „Genickstand").
298, 299 „Kopfbrücke"; „Kopfstand" (10 Formen).

324 *Walze (Wälzrolle):* Längsdrehung, ohne mit den Armen oder Beinen
▲ den Boden zu berühren
    a) aus dem Hocksitz mit Umfassen der Knie in die *Seitenlage* mit Hochhalte und zurück; *auch* mit Seitheben eines Beins;
    b) aus Strecksitz, Hochhalte in die *Bauchlage* und zurück;
    c) *Gestreckte Walze* durch die *Rücken-* und *Bauchlage;*
    d) *Beckenwalze.* Hocksitz: Mit Strecken des Körpers rasche Drehung über die *Bauchlage* in den Hocksitz;
    e) *Sitzwalze:* Drehung aus Kniesitz über *Bauchlage, Rückenlage* in den Hocksitz;
    f) *Stützwalze.* Strecksitz, Handstütz auf dem Boden: Rollen um die Längsachse, ohne daß Brust und Rücken den Boden berühren, in den Strecksitz;
Z   g) *Walze zu dreien (Flohhüpfen seitwärts).* A, B, C Liegestütz vorlings mit geringem Zwischenraum nebeneinander: Ein außen Liegender springt wechselweise flach in die *Bauchlage* über den jeweils Mittelsten, der auf den Platz des Springenden rollt.

K *Bodenringen. Kampf:* Den Gegner aus der *Bauchlage* in die *Rückenlage;* aus der Rückenlage in die Bauchlage zwingen. (Weicher Boden.)
109b Rumpfvorsenken im Strecksitz.
429 Rumpfdrehen im Grätschstrecksitz.
119f „Ausbreiten" im Hürdensitz.
121b Ziehen in Grätschsitzdehnung zu zweien, Zweihandfassung.

322 *Brustwölben in Rückenlage*

323 *Schulterbrücke, Beckenbewegungen*

...mit Handklappen

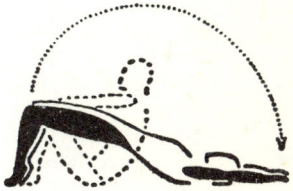

*...durch Rückschwung
aus Hocksitz*

324 a *Hocksitz-Seitenlage Wechsel*

324 d *Beckenwalze*

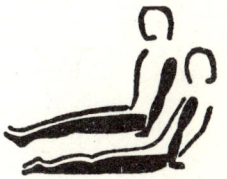

324 f *Stützwalze*

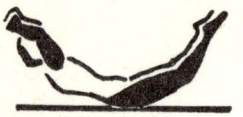

325 a *Aufbäumen, Armstoßen*   c ... *Aufbäumen mit Armseitschwingen*

325 b, f *Große Bauchschaukel*

325 **▲** Bauchlage mit verschiedenen Armhaltungen: Flechtgriff rücklings, Hüft-stütz, Kopfhalte, Stoßhalte, Seithalte, Hochhalte (einatmen);

   a) Hochstoßen der Arme; wechselweise, locker; *auch* „Hohes Arm-Kreuzfedern" (Nr. 20);

   b) Rückheben der Beine und des Rumpfs *(Aufbäumen)* federnd oder zügig (ausatmen); *auch* mit Handklappen rücklings;

   c) Kinn auf den Händen: Abdrücken vom Boden, Seitschwingen der Arme ruckhaftes *Aufbäumen;*

   d) Armbewegungen des Brustschwimmens *auch* Trichterkreisen;

   e) schneller Wechsel zwischen Hockstütz (oder Hockstand) und *Aufbäumen;* wettkampfmäßig; *auch* mit Kehrtwendung beim Hinlegen und Aufstehen;

   f) Schaukeln kopf- und fußwärts *(Große Bauchschaukel);*

   g) Schaukeln seitwärts *(Große Bauchschaukel seitwärts);*

   h) ruckhaftes gleichzeitiges Schwingen des Rumpfs und der Beine nach links mit Hochhalte der Arme (ausatmen); *auch* mit darüberstehendem *Helfer,* der mit seinen Füßen beiderseits das Becken hält;

H i) schaukelnd ½ Drehung auf dem Bauch ausführen;

H j) a), c), d) *mit* Helfer, der die Füße hält;

P k) *Passive Bauchschaukel* durch Druck des *Helfers* auf die Fersen;

P l) *Passive Bauchschaukel* durch Druck des *Helfers* auf den Hinterkopf; *auch* auf die in Kopfhalte befindlichen Ellbogen; *auch* auf die hochgehaltenen Arme;

Z m) *zu zweien,* gegenüber, Zweihandfassung, Arme gebeugt: *Aufbäumen* und Schaukeln durch Hochstoßen der Arme (oder Hochschwingen aus Seithalte).

139 „Nest"; „Nestschaukel".

22 Bauchlage: hohes Armrückfedern.

224 Bauchlage: Rumpfrückbeugen mit Flechtgriff rücklings.

225 Bauchlage mit Helfer an den Füßen: Rumpfrückwippen; Rumpfdrehen.

229 Bauchlage, Flechtgriff rücklings: Rückspreizen gegen Widerstand.

325 m *Aufbäumen und Schaukeln durch Hochstoßen*

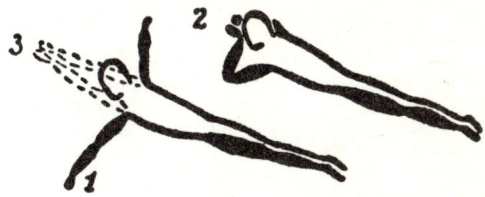

d ... *mit Schwimmbewegungen*

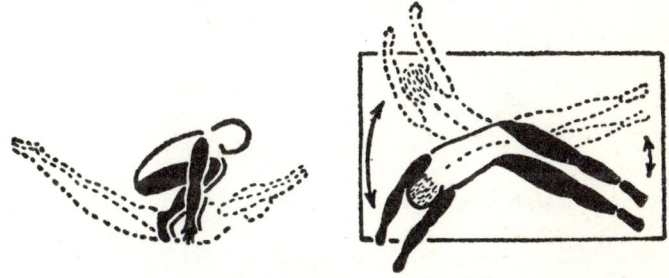

e ... *aus Hockstütz*   **325** h ... *mit Seitbeugen (von oben gesehen)*

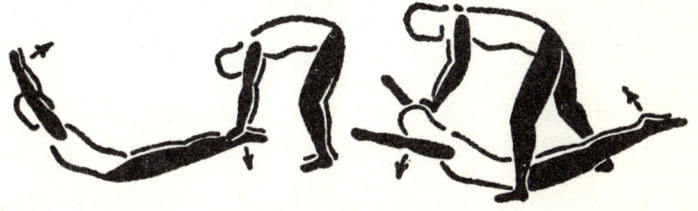

325

k *Bauchschaukel durch Fersendruck*   l *Bauchschaukel durch Kopfdruck*

326 *Widerstandsübung. A* Grätschwinkelstand, Kopfhalte; *B* gegenüber-
W stehend, drückt auf die Ellbogen des *A* (oder auf seinen Hinterkopf):
A langsames Rumpfheben (einatmen).

74 „Schräge Rückenlage", Helfer stützt am Kopf.

327 *Widerstandsübung. A* Grätschstrecksitz, Rumpf vorgebeugt: Aufrichten
W gegen den Widerstand des auf den Hinterkopf drückenden *B.*

476 „Balkenheben" („Steife Last").
480 Waageheben vorlings im Hüftsitz auf Helfer.
482 Träger in „Hüftsitzübung".
483 „Armträger": aus Hocksitz von der Seite auf die Arme nehmen.
484 „Ringermühle"; „Karussell" zu zweien und vieren.
489b Tragen im Flechtgriff vorlings.
301 „Nackenziehkampf".
486 „Nackenhebelkampf".

Kraftübungen für den geraden Bauchmuskel

a) Rumpf v o r beugen

(Siehe auch Seite 120 ff und Liegestützübungen Nr. 52 bis 62)

Übungen im Liegestütz mit gestreckten Armen

328 *Wechselhockstütz vorlings:* Wechsel zwischen Hockstütz (oder Grätsch-
hockstütz) (ausatmen) und Liegestütz (oder Grätschliegestütz) vorlings
(einatmen) durch Vor- und Rückhüpfen der Beine; durch Stützhüpfen
der Arme.

219 Wechselhüpfen im Hockstütz mit Rückspreizen.

329 *Wechselhockstütz seitlings*

    a) Liegestütz vorlings: Anhocken beider Beine rechts neben die rechte
       Hand und zurück;
    b) fortgesetzter Wechsel zwischen Hockstütz rechts neben der rechten
       und links neben der linken Hand (nicht durch den Liegestütz);
    c) wie b) mit ¼ Drehung zu den Händen *(Hockwende).*

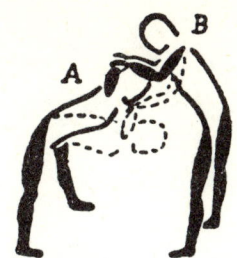

326 *Rumpfheben gegen Ellbogendruck*   **327** *... gegen Kopfdruck*

Wechselhockstütz vorlings **328** *Wechselhockstütz vorlings*

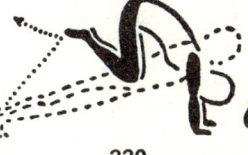

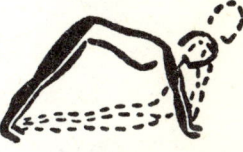

329   **330**   **331**
Wechselhockstütz seitlings   *Fohlenstoß*   *Becken fallenlassen*
Handstütz links daneben

330 *Fohlenstoß.* Liegestütz vorlings (einatmen): Abdrücken mit den Füßen vom Boden, mit hohem Erheben des Gesäßes Anhocken, sofort (ohne den Boden zu berühren) Ausstoßen und Zurückfallen in die Ausgangsstellung (ausatmen).
Auch Anfersen; Beinschlagen; -stoßen; -grätschen; Radeln.
Auch aus Hockstütz.
49 „Hasenhupf" aus Bank.

331 *Becken fallenlassen.* Winkelstütz: Becken fallenlassen bis dicht über den Boden (einatmen), sofort zurück in die Ausgangsstellung (ausatmen).
Auch Fallen in die *Bauchlage*, Vorschnellen in den Kniesitz in schnellem Wechsel (Hände bleiben fest am Boden).

332 *Beckenkreisen seitwärts*   **333** *Bodenhocke*

332 Liegestütz vorlings (einatmen): Beckenschieben und -kreisen seitwärts (Bewegungsumfang und Tempo steigern).

67 „Schubkarren vorlings" (11 Formen).

333 *Bodenhocke.* Liegestütz vorlings: Durchhocken (ausatmen)

  a) in den Hocksitz;
  b) in den Liegestütz rücklings;
▲ c) in die *Rückenlage* mit angelegten Armen.

235 „Waagerechtes Beinkreisen" im Liegestütz vorlings.

334 Liegestütz links seitlings (die rechte Hand stützt nur mit den Fingerspitzen (einatmen): Hüpfen mit den Füßen

  a) in den Hockstütz (ausatmen) und zurück;
  b) aus dem Hockstütz rechts seitlings, rechte Hand zwischen den Knien, in den Liegestütz links seitlings mit Seithochschwingen rechts;
  c) in den Liegestütz rechts seitlings (ausatmen) und zurück;
  d) in den Hocksitz rechts seitlings und zurück.

335 *Bodenflanke.* Liegestütz vorlings: Flanken (ausatmen)

  a) in den Liegestütz seitlings;
  b) in den Liegestütz rücklings;
  c) in den Strecksitz (die Beine dürfen beim Seitschwingen den Boden nicht berühren).

336 *Wolfsprung.* Liegestütz vorlings: Flanken des einen, Durchhocken des anderen Beins in den Liegestütz rücklings.

190

334

a *Hüpfen in den Hockstütz*
c *... in den Liegestütz
rechts seitlings*

b *Seithockstütz-Seitliegestütz-
Wechsel mit Armschwung*

335 b *Bodenflanke (von der Seite)*   *(von vorn)*

(von der Seite)   **336** *Wolfsprung*   *(von vorn)*

337 Unterarmliegestütz vorlings (Unterarme in der Längsrichtung oder
quer verschränkt auf dem Boden), Beine gegrätscht:
a) Beckenheben (ausatmen) und -senken (einatmen); Beckenwippen;
b) Beckenkreisen seitwärts;
c) Beckendrehen: linken Arm seithoch- und zurück unter dem Körper
durchschwingen oder stoßen *(Schulterschrauben).*

338 Bank (einatmen): Rumpfvorbeugen, Anhocken eines Knies bis zum
Kinn oder zur Stirn (ausatmen); Rumpfstrecken, Beinstrecken und
-rückspreizen oder stoßartig rückwärts-aufwärtsschlagen (einatmen).
Auch Durchhocken in den Hocksitz.

339 *Rückenwölben mit Belastung. Widerstandsübung. A* Bank: Rücken mit
W Belastung durch *B* einsinken lassen (einatmen) und wieder vorwölben
(ausatmen)
a) *B* Reit- oder Seitsitz auf der Brustwirbelsäule des *A;*
K b) als *Kampf (Cowboy-Reiten, Störrischer Esel). B* Reitsitz ohne
Handfassung, umschlingt *A* mit den Beinen: *A* versucht, ihn durch
„Bocken" und „Ausbrechen" abzuwerfen; fällt er dabei selbst um,
hat der Reiter gewonnen; *auch* mit verkehrtem Sitz.

Sonstige Kraftübungen für den geraden Bauchmuskel

(Hierzu gehören die auf Seite 120 ff angegebenen Beinübungen vorwärts
sowie die meisten Sprünge und Übungen in Rückenlage.)

Beachte: Beim Heben des gestreckten Rumpfs aus der Rückenlage ist die
Hals- und Schultermuskulatur im allgemeinen locker zu halten.

340 *Rumpfschwung vorwärts-rückwärts:* Schwunghaftes Vor- und Rückbeugen des Rumpfs
a) Laufstellung, Hochhalte: Beim Vorbeugen Fußspitzen anziehen
(Fersenstand); beim Rückbeugen mit Vorschieben des Beckens
Rumpf, Kopf, Arme entspannt rückwärtsfallen und ausfedern
lassen *(Rumpfentspannung rückwärts);*
b) Zehenstand, zwanglose Vorhalte: Locker, rhythmisch (Gleichgewichtsübung); beim Rückbeugen Arme beugen;
c) Schrittstellung, Hochhalte, Handteller nach vorn: Langsames ausholendes Rückbeugen (einatmen), ruckhaftes Vorbeugen (ausatmen)
(als ob ein großer Ball weit nach vorn geworfen werden soll,
Einwurf);

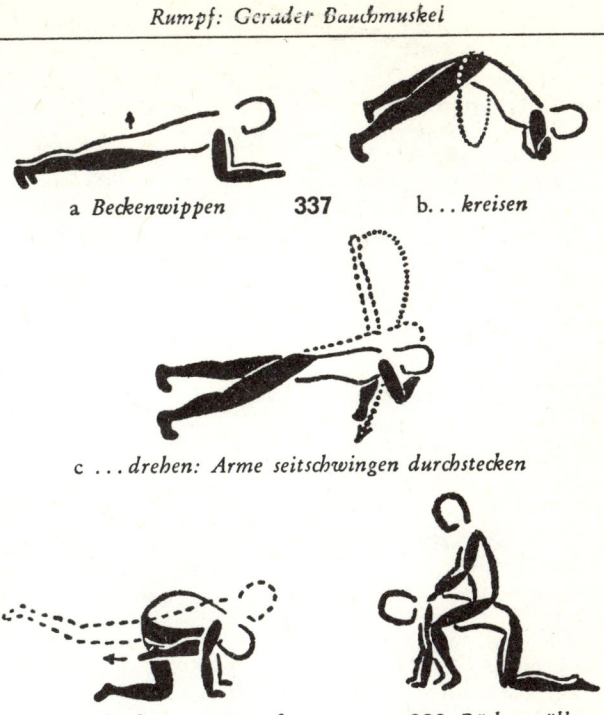

a *Beckenwippen* **337** b ... *kreisen*

c ... *drehen: Arme seitschwingen durchstecken*

338 *Anhocken — Ausstoßen*

339 *Rückenwölben;*
Becken- und Armwippen

340 *Rumpfschwung*
vorwärts-rückwärts

1 c 2 **340**
Einwurf

d
Rückwurf

d) langsames Vorbeugen, Hände auf dem Boden: Ruckhaftes Aufrichten, wurfartiges Rückwärtsschwingen der Arme durch die Hochhalte *(Ballrückwurf, Grasbüschel ausreißen);*

e) zwanglose Seitgrätschstellung: Wie b) mit Achter-Gegenkreisen der Arme (Nr. 15 b). (Beim Vorbeugen Gegenkreisen vorlings, beim Rückbeugen Seitkreisen vorwärts-abwärts beginnend. Die Armkreise gehen in Form einer 8 ineinander über. Mit leichtem Rumpf- und Armschwung beginnen, allmählich bis zum weiten lockeren Rumpfrückbeugen mit Vorschieben des Beckens und Beugen der Knie verstärken);

f) wie e): Kniewippen verstärken bis zum *Streck- oder Schneppersprung* (Nr. 257 und 260).

195, 211 Durchsteigen über eigene und Zweihandfassung.
104 Anbücken im Liegestütz vorlings.
200 Beinbewegungen im Hockstütz.
174 „Kanone" (4 Formen)
175 „Kosakentanz vorlings".

341 Strecksitz, Beine angehoben, Fersen handbreit über dem Boden, Stütz der Hände auf dem Boden (oder Fingerspitzenstütz in Tiefrückhalte) (einatmen)

a) Beugen und Strecken der geschlossenen Knie, schräg-aufwärts; zügig und stoßartig;

b) mit Öffnen der Knie, Gleiten der geschlossenen Fersen am Boden und Armbewegungen wie beim *Rollsitz-Rudern;*

c) Strecken der geschlossenen gebeugten Beine seitwärts-aufwärts;

d) senkrechtes Kreisen der Füße durch Beugen, Heben, Strecken und Senken der geschlossenen Knie *(Beinrad);*

e) *Radeln,* zügig; ruckhaft; Beinstoßen *(Lufttreten);*

f) wechselweises Auf- und Abwärtsfedern der Beine *(Beinschlagen);*

g) Vorheben und Senken der geschlossenen und gestreckten Beine;

h) Heben und Senken der gegrätschten Beine; *auch* federnd; *auch* mit Stütz der Fingerspitzen zwischen den Beinen;

i) Seitgrätschen und Schließen;

j) schwimmstoßartiges Beugen, Grätschen, Strecken, Schließen der Beine *(Schwimmstoß);*

k) Anhocken des linken, Seitstrecken des rechten Beins; schnell wechselnd;

l) Beinscheren (rasches waagerechtes Über- und Untereinanderkreuzen der gestreckten Beine);

m) zweimal Beinscheren, einmal Seitgrätschen (fortgesetzt, Tempo!);

341

a *Beugen — Strecken* b *... Rollsitz-Rudern* c *Strecken links seitwärts-aufwärts*

341 e *Radeln* f Beinschlagen g *Heben — Senken*

h *... gegrätscht Heben — Senken* n *Trichterkreisen*

p *Bein-Achterkreisen rechts* r *Trichterkreisen umeinander*

195

n) Trichterkreisen der Beine gegeneinander;
o) Kreisen der geschlossenen und gestreckten Beine;
p) Achterkreisen des linken Beins im Grätschstrecksitz;
q) Achterkreisen der geschlossenen und gestreckten Beine;
Z r) *zu zweien* gegenüber: *Beinkreisen umeinander* wie n); wie o);
Z s) *zu zweien*, Fußsohlen gegeneinander: *Radeln*.

342 *Sitzwaage. Rückenlage*, Hochhalte: Erheben von Rumpf und Beinen in den freien Sitz (einatmen); darin
a) lockeres Armkreisen vorwärts und rückwärts;
b) Handklappen über und unter den Beinen;
c) Knie anhocken und umfassen; *auch* Kopf an die Knie; danach Strecken, Seitgrätschen, Seithochschwingen (oder -stoßen) der Arme, ruckhaft und zügig;
d) Umfassen der vorgehobenen Unterschenkel und Heranziehen des Kopfs an die Knie *(Zugbeuge)*;
e) ruckhaftes Bein- und Rumpfvorschwingen bis zum Anschlag der Hände an die (gegrätschten) Fußspitzen;
f) wie e), jedoch Anschlag der Hände auf dem Boden neben den (oder zwischen den gegrätschten) hochbleibenden Beinen *(Bodenklatsch)*;
g) Beugen und Strecken der geschlossenen Knie in verschiedenen Höhen, zügig und stoßartig; *auch* mit Zugbewegungen der Arme wie beim *Rudern*;
h) senkrechtes Kreisen der Füße durch Beugen, Heben, Strecken und Senken der geschlossenen Knie *(Beinrad)*;
i) *Radeln*, zügig und ruckhaft; *auch* Arme vor der Brust verschränkt; *auch* wechselweises Beinstoßen *(Lufttreten)*;
j) Schrägvorhochhalte: Wechselweises Vorspreizen der Beine bis zum Berühren der Hände *(Wechselspreizen)*; *auch* mit gleichzeitiger *Paddel*-Bewegung der Arme (Rumpfdrehen mit waagerecht angebeugten Armen);

342 *Sitzwaage*
b ... *Handklappen*   c ... *Anhocken — Strecken*
d'rüber — d'runter

c ... *Knie an Kopf und Strecken*

c ... *Anhocken — Grätschen*

d ... *Zugbeuge*

Sitzwaage

e ... *Fuß-Handschlag*

h *Beinrad*

j ... *Wechselspreizen*

k ... *Heben — Senken*

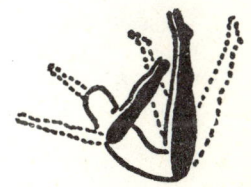

l ... *Grätschen — Schließen*

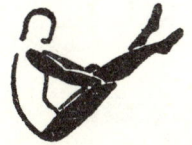

n ... *Kreuzen, Kniegriff*

342

t ... *Einfädeln*

k) Vorheben und **Senken** der geschlossenen (oder gegrätschten) gestreckten Beine;

l) Seitgrätschen und Schließen; gleiche Bewegung mit den Armen;

m) schwimmstoßartiges Beugen und Öffnen der Knie, Grätschstoßen und Schließen *(Schwimmstoß)*;

n) wechselweises Seitgrätschen und Kreuzen der Beine, Kniegriff;

o) Beinscheren (schnelles waagerechtes Über- und Untereinanderkreuzen der gestreckten Beine; *auch* mit Rumpfheben und -senken;

p) 2mal Beinscheren, 1mal Seitgrätschen (fortgesetzt, Tempo!);

q) Trichterkreisen der Beine gegeneinander; *auch* der Arme;

r) Kreisen der geschlossenen und gestreckten Beine;

s) Achterkreisen der Beine;

t) Durchhocken über die mit verschränkten Fingern vorgehobenen Arme nacheinander *(Einfädeln)*; gleichzeitig; vorwärts und rückwärts;

u) Schwingen des Rumpfs nach links, der gebeugten Knie nach rechts;

v) *Gesäßschaukel seitwärts:* Von einer Gesäßhälfte zur andern;

w) *Gesäßhüpfen:* Hüpfen auf dem Gesäß durch Stoß- und Schwungbewegungen der Arme und Beine auf der Stelle;

x) *Gesäßhüpfen* von der Stelle vorwärts; rückwärts; seitwärts.

(Rumpf abwechselnd in Beuge- und Streckhaltung. Nur solange die Ausatmung dauert, dann gleichzeitig mit Tiefrücksenken der Arme ▲ und Beine in die *Rückenlage* senken und ruhig atmen.)

114 Durchhocken, „Einfädeln" im Sitz; in Rückenlage.

343 *Schwebestütz.* Strecksitz, Hände aufgestützt:
   a) Heben des Körpers in den freien Stütz;
   b) darin Seitgrätschen; Beinscheren; Beinschlagen.

63a Hockstütz — Schwebestütz — Wechsel.

344 *Aufstehen mit Armfessel.* Bauchlage, Arme auf dem Rücken ver- ▲ schränkt, Griff um die Ellbogen: Aufstehen, so schnell wie möglich; ebenso wieder Hinlegen; wettkampfmäßig.
   Auch in *Rückenlage.*
   325 Wechsel zwischen Hockstand (Hockstütz) und Aufbäumen in Bauchlage.

345 *Kreuzwirbelschaukel. Rückenlage*
▲ a) ein Knie angehockt, Griff um die Fußsohle: Schaukeln auf Kreuzbein- und Lendenwirbeln *(Flache Kreuzwirbelschaukel)*;
   b) Beine gestreckt senkrecht vorgehoben, Griff um die Fußgelenke *(Steile Kreuzwirbelschaukel)*.

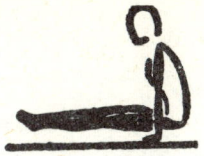 

343 *Schwebestütz* **344** *Aufstehen mit Armfessel*

345

a *Flache Kreuzwirbelschaukel* b ... *Steile Kreuzwirbelschaukel*

346 a *Große Rückenschaukel* b *Kleine Rückenschaukel*

346 Rückenschaukel (Schaukelpferd). Rückenlage.

▲ a) Beine vorgehoben, Fußspitzen hinter dem Kopf am Boden: Schwingen in den (Grätsch-) Strecksitz, Rumpfvorbeugen, Vorfassen vor die Füße (*Große Rückenschaukel*);

b) mit Umfassen der angehockten Unterschenkel im Wechsel mit Hocksitz (oder -stand) (*Kleine Rückenschaukel*).

Auch gegrätscht, Hochhalte der Arme.

Auch mit Fußspitzengriff, Beine gestreckt oder gebeugt.

Auch aus Kreuzsitz mit Fußspitzengriff.

Auch Kehrtdrehung beim Rückrollen.

Auch Wechsel mit Strecksprung mit und ohne Drehung.

347 *Kipplage, Rückenlage,* Beine vorgehoben, Fußspitzen hinter dem Kopf
▲   am Boden:

a) mit den Fußspitzen auf den Boden trommeln (ausatmen);
b) Strecken der Knie und Anbeugen der Fußspitzen (ausatmen);
c) Erfassen der Fußspitzen am Boden, Kniestrecken (ausatmen);
d) Hochschwingen eines Beins, Anbeugen der Ferse an das Gesäß, andere Fußspitze bleibt hinten am Boden;
e) Seitgrätschen und Schließen (ausatmen); zügig und schnell;
f) Griff an den angehockten Fußgelenken (Fußspitzen oder Fersen): Seitgrätschen und Schließen;
g) Beine angehockt, Knie neben den Ohren am Boden *(Igel);*
h) wie g) leichtes Schaukeln auf dem Nacken *(Nackenschaukel);*
i) Schräghochhalte seitwärts (oder Seithalte) (Handrücken am Boden): Berühren der linken Handfläche mit der rechten Fußspitze (rechtes Bein schert über oder unter dem linken vorbei);
j) Seithalte: Halbkreisschwingen der geschlossenen Beine nach links und rechts, Fußspitzen am Boden;

K k) *Kipplage-Kampf.* Rückenlage links gegenüber, Handfassung links, linkes Bein senkrecht eingehakt: Gegner zum Nachgeben (zur Rolle rückwärts) zwingen.

348 *Stehaufmännchen:* Wechsel zwischen Stand und *Kipplage*

▲   a) durch Fallen und Wiederaufrollen über Kreuzsitz;
b) über Hockstand mit Vorspreizen eines Beins *(Kanone);*
c) mit vorausgehendem Hüpfen in Hock- oder Kreuzsitz;
d) über Kniesitz ohne Benutzung der Hände *(Kippschaukel).*

Auch Hocksitz: Fortgesetztes Vorschwingen in den flüchtigen Hockstand durch Rumpfvorbeugen und Vorstoßen der Arme.

Z *Auch zu zweien* Hocksitz gegenüber, Füße unter dem Gesäß des Partners: Schaukeln über Gesäß und Rücken *(Hocksitzschaukel).*

153, 154 Rumpfbewegungen im Kreuzsitz (3 Formen); im „Orientalischen Sitz".
184 „Kreuzsitzwechsel" über Stand ohne Armbenutzung.

347 *Kipplage*

c *Fußspitzengriff*   e *....Grätschen — Schließen*   g *Igel*

j ... *Halbkreisschwung*   k ... *Kipplage-Kampf*

348 a *Stehaufmännchen: über Kreuzsitz*   ... *Hocksitz-Hockstand, Stoßen*

348 *Hocksitzschaukel*   **348** b ... *über Kanone*

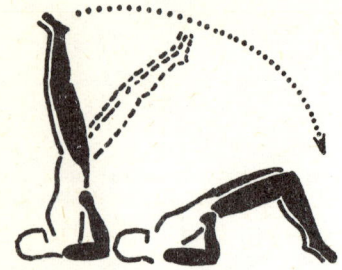 

349 *Kerzesenken in die Schulterbrücke*   **350** *Knie-Stirnreiben*

349 *Kerzesenken.* Kerze mit Hüftstütz (Nr. 291 a): Langsames Rückwärts-
▲ senken in die Schulterbrücke auf Fußspitzen.
Auch mit Griff an einem oder beiden Fußgelenken eines dahinter-
H stehenden *Helfers.*

350 *Knie-Stirnreiben. Rückenlage,* Seithalte: Vorbeugen des Kopfs und
▲ eines Knies, Reiben der Stirn am Knie (ausatmen). (Hände bleiben am
Boden.)

351 *Rückenlage,* Kopfhalte, *Knie gebeugt,* Fußsohlen am Boden (oder
▲ Kreuzsitz): 1 bis 3 Aufrollen zum Sitz (ausatmen); 4 Rückenstrecken
(einatmen); 5 bis 6 Beine strecken und Rumpfsenken in die Rückenlage.
Auch Beine gebeugt und gegrätscht: Aufrollen mit weitem Vorgreifen
auf dem Boden.

43 „Sitzwiegen zu zweien", Rücken gegen Rücken im Strecksitz (4 Formen).

352 *Rückenlage,* Vorhalte: Heben des gestreckten Rumpfs und Vorsenken
▲ bis zum Erfassen der Fußspitzen; *auch* gegrätscht.
Auch schwunghaft aus Hochhalte mit Klatschen der Hände auf den
Boden *(Bodenklatsch).*
Auch mit Vorheben eines oder beider gegrätschter Beine.
Auch gegrätscht mit kreuzweisem Erfassen der Füße.

203—210 Beinbewegungen in Rückenlage.

353 *Sitzsenken zu zweien.* Hocksitz mit geöffneten Knien gegenüber, Füße
Z gegenseitig unter das Gesäß geschoben, Hochhalte (oder Kopfhalte)
(einatmen): Rumpfrücksenken und -heben, ohne den Boden zu berühren (Rumpf bleibt gestreckt!) (ausatmen).
Auch wechselweise mit Zweihandfassung *(Rudern).*

351 *Hocksitz — Aufrollen*   **351** *... Rumpfstrecken — Senken*

351 *... Aufrollen — Bodenfassen*   **352** *Gestreckt Heben — Fußfassen*

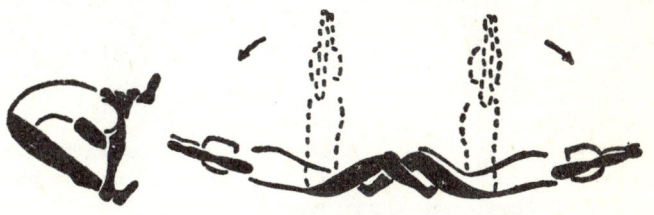

352 *Kreuzweises Fußfassen*   **353** *Sitzsenken zu zweien*

354 *Waageheben*

354   *Waageheben mit Helfer.* B Hocksitz, Hände hinten aufgestützt; A Sitz
H   auf den Knien des B, Unterschenkel unter dessen Achseln, Kopf- (Schlag-, Hoch-) halte: Rumpfrücksenken und -heben, zügig und schnellend.
Auch mit Rumpfdrehen in Schlaghalte oder Kopfhalte.
Auch B ohne Handstütz.

355 *Rücksenken*

355 *Mit Helfer.* B Bank, Griff an den Füßen des auf ihm reitenden *A:*
H *A* Rumpf rücksenken; heben; seitbeugen; drehen; kreisen.

> 477 Schwebehang am Nacken eines Helfers im Winkelstand.
> 480a, b „*Waageheben*" aus Grätschrückenlage durch Helfer.
> 482f, g Rumpfbewegungen im „Bauchreiten".
> 491 Rumpf- und Beinbewegungen im Spannbeugehang.
> 494e—i Rumpfbewegungen im Schultersitz auf Helfer.

356 *Mit Helfer. Rückenlage,* (Beine gegrätscht), Hochhalte (einatmen): Auf-
▲H richten mit gestrecktem Rücken in den Sitz (ausatmen) und (einatmen)
   a) zügig (die Hände verlassen beim Aufrichten den Boden zuletzt und
     berühren ihn beim Rücksenken zuerst);
   b) ruckhaft auf Kommando; *auch* wettkampfmäßig;
   c) Hinlegen mit Rumpfseitbeugen;
   d) abschnittweise (z. B. in 4 Zeiten) heben und senken;
   e) ruckhaft heben und senken bis dicht über den Boden und umgekehrt.

> 434, 439 „Beinschwenken" in Rückenlage; mit Helfer.

357 *Mit Helfer. Hocksitz,* Hochhalte, Rumpf rückgesenkt bis dicht über
H dem Boden. B hält die Fußspitzen: *A* federndes gestrecktes Rumpfwippen, ohne den Boden zu berühren. (Während der Übung ausatmen.)

358 *Mit Helfer.* Grätschstrecksitz, Schlaghalte, Fäuste (einatmen);
H   a) Rumpf bis dicht über dem Boden rückgesenkt: Schwunghaftes
     Rumpfdrehen und Ellbogenschlagen rechts und links (ausatmen);
   b) Rumpfrücksenken und -drehen gleichzeitig, rhythmisch wechselnd
     nach beiden Seiten. *Auch* Hochhalte, Arme über schulterbreit. (Bei
     aufgerichtetem Rumpf einatmen, sonst ausatmen. Danach ruhig at-
     men in *Rückenlage.)*

> 467, 470 Rumpfkreisen im Grätschstrecksitz; mit Fußgriff des Helfers.
> 471 Rumpfachterkreisen zwischen Grätschsitz und Rückenlage; mit Helfer.
> 242 Rückenlage, Beine angehoben: Grätschen und Schließen gegen Widerstand.

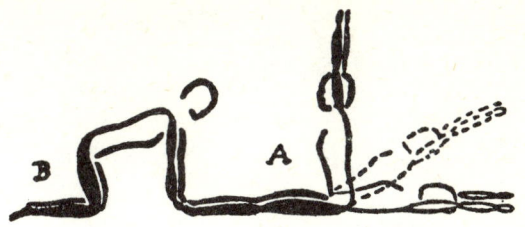

356 *Heben und Senken mit Hohlkreuz*

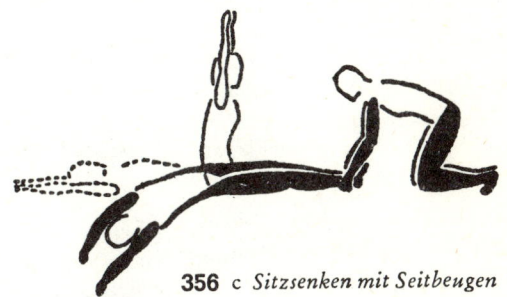

356 c *Sitzsenken mit Seitbeugen*

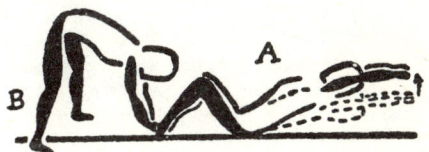

357 *Knie gebeugt: Rumpfwippen*

358 *Rumpfdrehen*

359
H *Mit Helfer.* Kniestand, Hochhalte. B drückt auf die Knie: Rumpfrück-senken bis dicht über den Boden und heben: zügig; schwunghaft; abschnittweise; wippend; bis in die *Kniebrücke* (Nr. 137).

Auch mit federnd nachgebender Unterstützung des im Grätschstreck-sitz davor befindlichen B durch Griff an einer Hand oder beiden vor-gehaltenen Händen des A.

360
▲H *Mit Helfer. Senkrechtes Fußfassen (Taschenmesser).* A Rückenlage, Hochhalte, Beine senkrecht; B hält die Fußgelenke von hinten: A Rumpf vorbeugen bis zum Erfassen der Fußspitzen; ruckhaft und zügig.

Auch B hält die gestreckten Beine des A nur schräg hoch.

Auch wie vor: A ruckhaftes Rumpfdrehen beim Aufrichten.

Auch A bleibt rechtwinklig gebeugt, B bewegt ihn an den Beinen zwi-schen Kipplage und Sitz auf und ab; zügig; wippend; ruckhaft.

361
K *Sitz-Beinkampf* zu zweien gegenübersitzend, ohne Handstütz: Gegner rückwärts oder seitwärts umkippen

a) durch Treten gegen die Fußsohlen *(Sohlenkampf);*
b) durch Anheben der Unterschenkel mit den Füßen;
c) Hocksitz, Hände am Boden; Arme frei; Arme verschränkt;
d) Sitzwaage (Hände und Füße dürfen den Boden nicht berühren);
e) beliebiger Sitz mit freiem Erfassen des Gegners an den Beinen, aber ohne Berühren des Bodens mit den Händen *(Freier Sitzkampf);*
f) A Grätschstrecksitz, B Kniestand dahinter: B soll A zwingen, mit dem Rumpf den Boden zu berühren. A darf mit den Händen auf-stützen, B nicht.

475   Zustoßen eines „toten Mannes" im Sitzkreis.
77d   Armschiebekampf im Kniestand.
79b   Freier Kniestandkampf.
121g   „Sitz-Prellkampf" (Hock- oder Kreuzsitz).

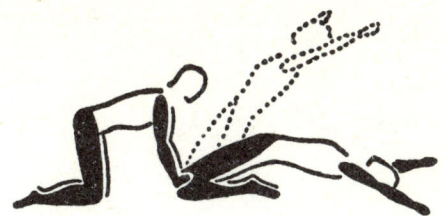

359 *Kniestand; Rücksenken; Kniebrücke*

359 *... Senken; Kniebrücke mit Handhilfe*

360 *Senkrechtes Fußfassen Taschenmesser*

a *Sohlenkampf*

361

f *... Umwerfen*

Übungen für die schrägen Bauchmuskeln

Zweck: Kräftigung und Geschmeidigmachen der gesamten Bauch- und Flankenmuskulatur sowie Erhaltung der Beweglichkeit der Wirbelsäule.

a) Rumpfseitbeugen

(Hierzu gehören auch *alle* Bewegungen mit Seitspreizen und im Liegestütz seitlings.)

Beachte: Das Seitbeugen erfolgt, wenn nicht anders angegeben, in erster Linie in der *Brust*wirbelsäule. Front nicht verwerfen, Rumpf nicht drehen oder vorbeugen!

362 *Rumpfentspannung seitwärts:* Rumpf entspannt wechselweise nach rechts und links fallen und auswippen lassen. (Beim Fallenlassen ausatmen, beim Aufrichten einatmen.)

363 *Hüftstoß seitwärts:* Seitschieben des Beckens nach rechts und links (Schultern bleiben unbewegt);
a) lockere Seithalte: stoßartig (allmählich schneller werden);
b) enge Seitgrätschstellung, leichte Kniebeuge, Arme waagerecht vor der Brust verschränkt: schwunghaft (Kopf bleibt annähernd senkrecht.) *(Beckenschaukeln seitwärts.)*

364 *Senkrechtes Beckenkreisen seitwärts.* Enge Seitgrätschstellung, Seithalte (oder Arme waagerecht vor der Brust verschränkt) (einatmen): Mit leichtem Kniewippen senkrechtes Kreisen des Beckens seitwärts. (Beim Aufwärtsführen einatmen, bei den übrigen Bewegungen ausatmen.)
Auch mit nachfolgendem entspanntem Seitschwingen von Rumpf und Kopf und Nachschwingen der entspannten Arme *(Seitliche Körperwelle).* (Vgl. Nr. 11, 89, 305, 319.)

365 *Gestreckte Seitbeuge.* Hochhalte, Flechtgriff: Lebhaftes Schwingen des gestreckten Rumpfs nach rechts und links. (Becken feststellen, Gesäßmuskeln anspannen.)
Auch mit einmaligem Nachwippen rechts und links (ausatmen). (Die Dehnseite vorher hochrecken.) (Bei je 1 bis 2 Bewegungen rechts *und* links ausatmen oder einatmen.)
Auch aus Seithalte mit Seithochschwingen und Handklappen.

366 *Seitbeugestoß.* Seitgrätschstellung, Fäuste, rechte Faust in die rechte Achselhöhle hochgezogen: Kniebeugen links, ruckhaftes Rumpfseitbeugen rechts, Abwärtsstoßen der rechten Faust hinter den rechten Oberschenkel oder die linke Gesäßhälfte, Hochziehen der linken Faust in die linke Achselhöhle. (Bei jedem Stoß ausatmen, in der folgenden Pause einatmen.)

 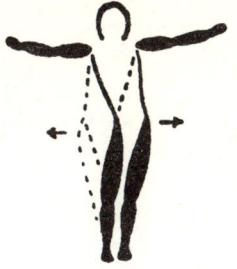 

362
Rumpfentspannung seitwärts

a **363** b
Hüftstoß seitwärts   *Beckenschaukel*

364 *Senkrechtes*
Beckenkreisen usw.

Gestreckte Seitbeuge **365** *. . . mit Handklappen*

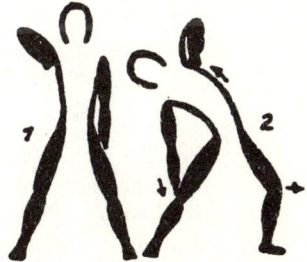

366 *Seitbeugestoß*

367 *Seitbeugen mit Handdruck.* Seitgrätschstellung, Stütz der rechten Hand gegen den Kopf, der linken gegen die Hüfte (einatmen): Rumpfseitwippen links (ausatmen). (Beide Hände helfen durch kräftigen Druck.)

368 *Seitbeugen mit Kopfzug.* Rechten Handballen oben gegen den Kopf gelegt, linke Hand Griff an den freien Fingern (oder Flechtgriff überm Kopf) (einatmen): Rumpfseitwippen links mit kräftigem Zug des linken Arms (ausatmen).

   a) *Hohes Rumpfseitbeugen* nur im Brustteil mit Festhalten des Beckens (durch Anspannen der Gesäßmuskeln); *auch* mit Hochhalte rechts und Stütz der linken Hand gegen die linke Brustkorbseite;

   b) *Tiefes Rumpfseitbeugen* der ganzen Wirbelsäule und des Beckens (ausatmen).

   90 „Flankenstoß über den Kopf" (4 Formen).

369 *Flankenschwung.* Seitgrätschstellung, Hochhalte rechts: Schwunghaftes Rumpfseitbeugen rechts, Seittiefschwingen des rechten Arms möglichst weit hinter den Rücken, Seithochschwingen des linken Arms möglichst weit über den Kopf

   a) mit gestreckten Armen;

   b) mit rechtwinklig gebeugten Armen („S-Halte").

   (Entweder mehrmals nach einer Seite oder fortgesetzt rechts und links. Bei jedem Seitbeugen ausatmen, in der folgenden Pause einatmen oder bei jeder Bewegung rechts und links ausatmen bzw. einatmen.)

370 *Straffes Rumpfseitschwingen.* Seitgrätschstellung (Zehenstand), Knie gebeugt, Hochhalte (Fäuste): Rumpfseitbeugen rechts und links: langsam beginnen, Tempo steigern. (Bei je 1 bis 2 Bewegungen rechts *und* links ausatmen oder einatmen. Arme bleiben gut gestreckt und festgestellt an den Ohren.)

371 *Seitbeugen und -spreizen.* S-Halte (rechter Arm über dem Kopf): Seitspreizen und Rumpfseitbeugen rechts, Schwingen des linken Arms über den Kopf, des rechten auf den Rücken in die entgegengesetzte S-Halte. Fortgesetzt.

   238 Standwaage seitlings (4 Formen).

   271 „Flankensprung" (4 Formen).

372 *Rumpf-Seitschleudern.* Seitgrätschstellung, Kniebeuge links, lockere Rumpfseitbeuge links, rechter Arm hängt entspannt über dem Kopf: Hüftstoß links, schwunghafter Kniebeugewechsel, entspanntes Schwingen des Rumpfs in die Seitbeuge rechts, des linken Arms entspannt über den Kopf; fortgesetzt mit und ohne Nachwippen.

367   **368**

Seitbeugen mit Handdruck   Seitbeugen mit Kopfzug   a ... mit Armhilfe

369   **370**   **371**

a Flankenschwung   Straffes Rumpfseitschwingen   Seitbeugen und -spreizen

372 *Rumpf-Seitschleudern*

373 *Hock-Seitbeuge.* Hockstand, linkes Bein seitgestellt, Flechtgriff auf dem Kopf (einatmen): Rumpfseitbeugen links, Seitsenken des Kopfes links mit Nachhilfe durch die Arme (ausatmen).
Auch im Hockzehenstand mit Seithalte. (Gleichgewichtsübung!)

180 „Gerade Kniebeuge seitwärts".
162 „Entengang" im Hockstand mit Rumpfseitbeugen.

374 *Beckenwippen im Seitliegestütz.* Liegestütz (oder Unterarmliegestütz) rechts seitlings, Hüftstütz links: Schwunghaftes Heben (ausatmen) und Fallenlassen des Beckens (rechte Hand stützt senkrecht unter der Schulter oder weiter fußwärts)

a) fortgesetzt;
b) mit Nachwippen beim Heben und Senken;
c) mit Seithochschwingen links beim Heben, Seittiefschwingen beim Senken.

334 Übungen im Liegestütz seitlings (4 Formen).
236g Beckenwippen im Liegestütz seitlings mit Fußfessel.
335 „Bodenflanke".

375 Kniestand links, rechtes Bein seitgestellt, Kopfhalte (oder Hochhalte mit Flechtgriff, Handteller aufwärts): Rumpfseitbeugen rechts (nach der *Stemm*seite) (ausatmen) wippend oder schwunghaft.
Auch Hüftstütz rechts oder rechte Faust in rechter Achselhöhle.
Auch mit *Kopfarmzug* (linker Arm über den Kopf gelegt und vom rechten an der Hand erfaßt).
Auch mit *Flankenstoß über den Kopf* (Nr. 90).

376 *Seitschaukeln im orientalischen Sitz.* Sohlen gegeneinander, Griff an den Fußspitzen: Rumpfseitschwingen links und rechts (ausatmen).
Auch mit breitem Stütz der Hände rücklings am Boden: Legen der geschlossenen Knie abwechselnd nach rechts und links auf den Boden. (Rumpf bleibt senkrecht.)

377 *Kreuzsitz-Seitbeuge.* Kreuzsitz, Kopfhalte (einatmen): Rumpfseitbeugen rechts bis zum Berühren des Bodens mit dem rechten Ellbogen (ausatmen).
Auch Grätschsitz-Seitbeuge. Grätschstrecksitz, Flechtgriff auf dem Kopf.
Z *Auch Grätschsitz-Seitbeuge zu zweien.* Rücken gegen Rücken, Seithalte, Handfassung.

212

373 *Hock-Seitbeuge* *...im Hockstand*

374
Beckenwippen im Seitliegestütz

375
*...nach der Stemmseite
mit Flechtgriff*

376 *Seitschaukeln
mit Zehengriff*

376 *Knieumlegen*

377
Kreuzsitz-Seitbeuge *Grätschsitz-Seitbeuge*

378 *Sitzzugbeuge seitwärts.* Kreuzsitz, linkes Bein seitgestreckt, Griff links von hinten um das linke Knie, Stütz rechts mit den Fingerspitzen auf dem Boden (einatmen): Rumpfseitwippen links mit Nachhilfe der Arme (ausatmen). (Front nicht verwerfen!)

119h, l Rumpfseitbeugen im Hürdensitz; passiv.

379 Weiter Grätschstrecksitz, Hochhalte rechts, Vorhalte links (einatmen): Rumpfseitbeugen links, Erfassen der linken Fußspitze mit der rechten Hand (ausatmen). *(Diagonaler Fußspitzengriff.)*

380 *Aufsetzen aus Seitenlage.* Seitenlage rechts, rechtes Knie rechtwinklig
▲ angebeugt, Griff links hinter dem Rücken in rechter Ellbeuge (einatmen): Seitheben des Rumpfs in den Sitz, Anziehen des rechten Ellbogens, so daß er beim Aufrichten sich nicht auf den Boden stützt; Nachwippen links (ausatmen).

381 *Mit Helfer. A* Hochhalte, Flechtgriff, linker Fuß auf ein Knie des in
H Ausfallstellung vorlings daneben stehenden Helfers gestellt: Rumpfseitbeugen rechts wippend; schwunghaft; zügig (ausatmen).
Auch mit Schwingen in S-Halte (rechter Arm gebeugt auf dem Rücken, linker über dem Kopf).
P *Auch passives* Seitbeugen links durch Zug des *B* am rechten über den Kopf gebeugten Arm, Hüftstütz links.

382 *Mit Helfer. A* Seitgrätschstellung, Kopfhalte (oder Seithalte) (ein-
H atmen); *B* dahinterstehend, Griff an beiden Ellbogen (oder an den Oberarmen dicht neben den Schultern oder gegenseitige Handfassung in Seithalte):
P a) Rumpfseitbeugen und -wippen rechts *passiv* mit *Nachhilfe* durch *B* (ausatmen);
W b) Rumpf*strecken* gegen den *Widerstand des B;* zügig und ruckhaft (ausatmen);
W c) Rumpfseit*beugen* links gegen den *Widerstand des B;* zügig und ruckhaft (ausatmen);
d) in Gegenstellung, Schräghochhalte seitwärts, gegenseitiger Flechtgriff;
e) Rücken gegen Rücken, Seithalte, gegenseitiger Flechtgriff (Gesäß und Rücken fest aneinander!);
f) Beugen des der Rumpfbeugeseite entgegengesetzten Knies;
K g) *Seitbeuge-Kampf.* Wie e): Gegner zum Seitbeugen rechts zwingen.

378 *Sitzzugbeuge seitwärts*

379 *Weiter Grätschstrecksitz*
Diagonaler Fußspitzengriff

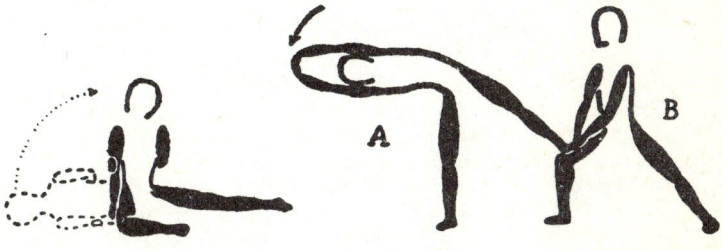

380 *Aufsetzen aus Seitlage*

381 *Seitschwingen, Hochhalte, Flechtgriff*

passives Seitwippen

382
Seitstrecken
gegen Widerstand

Seitbeugen mit Hilfe;
gegen Widerstand

383   *Seitbeugeziehen zu zweien.* A und B Seitgrätschstellung nebeneinander,
Z   die Innenfüße mit den Außenkanten gegeneinander gestellt, Rumpfseitbeuge gegeneinander, Hochhalte, gegenseitige Handfassung (einatmen): Wippendes Beugen der äußeren Knie und Verlegen des Körpergewichts nach außen (ausatmen).

K   *Auch* als *Kampf:* Gegner zum Aufgeben der äußeren Fußstellung
zwingen.

384   *Passives Seitspreizen.* A linkes Bein seitgespreizt, leichte Rumpfseit-
P   beuge links, Kopfhalte (einatmen); B, dahinterstehend, Griff am rechten Ellbogen und linken Unterschenkel des A: A Rumpf und Beine
gegeneinander wippen mit Nachhilfe durch B (ausatmen). B kann auch
durch Stemmen seines rechten Knies gegen die linke Hüfte des A verhindern, daß diese nach hinten ausweicht.

335 Rumpfseitbeugen in Rücksenke auf Bank.
356 Rumpfrücksenken und -seitbeugen im Grätschstrecksitz mit Helfer.

385   *Widerstandsübung.* A Seitgrätschstellung, linke Hand an den Kopf
W   gelegt (oder Seithalte), rechte Hand dem Helfer gereicht. B Grätschstrecksitz rechts neben A, Front gegen A (so daß dieser mit dem rechten Bein zwischen den Beinen des B steht), Griff an der rechten Hand
des A: 1. B Rumpfrücksenken; A läßt sich so weit in die Rumpfseitbeuge herabziehen, als es mit gestreckten Knien und standfesten Füßen
möglich ist; 2. A langsames Rumpfstrecken (einatmen) gegen den
Widerstand des B, der in den Sitz aufwärts gezogen wird.

386   *Aufbäumen seitwärts mit Helfer.* Seitenlage rechts; Füße nebeneinander
H   (der linke Fuß vor dem rechten), Hochhalte, Flechtgriff. B hält die
Füße: A Rumpfseitheben und -senken.

227c Rumpfseitbeugen im Kniewinkelstand mit Helfer an den Füßen.
325g, h „Große Bauchschaukel seitwärts"; mit Helfer.

387   *Mit Helfer.* A Rückenlage, Beine gegrätscht, Rumpf gestreckt, etwas
▲H   vorgehoben, Kopfhalte (Seithalte; Hochhalte); B hält die Füße: A
Rumpfseitbeugen wippend nach einer Seite oder schwunghaft von einer
Seite zur andern (ausatmen). (Nur bis die Ausatmung beendet ist,
dann ruhige Atmung in Rückenlage.)

388   *Sitzkampf seitwärts.* Grätschstrecksitz, Rücken gegen Rücken, Arme
K   eingehakt: Jeder versucht, den Partner zum Seitbeugen des Rumpfs
nach links zu zwingen. (Gesäß am Boden lassen. Atmung nicht unterbrechen!)

K   *Auch Sitzdrehbeugekampf:* Gegner seitdrehen.

361 Kampf: A Grätschstrecksitz, B dahinter: Umwerfen.

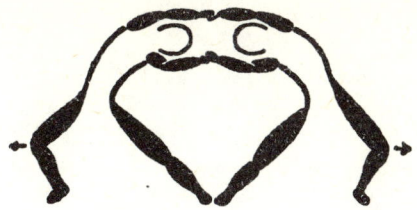

383 *Seitbeugeziehen; Seitbeuge-Kampf*

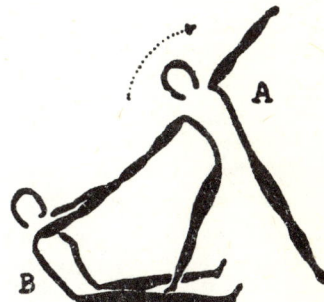

384 *Passives Seitspreizen*   **385** *Aufrichten gegen sitzenden Widerstand*

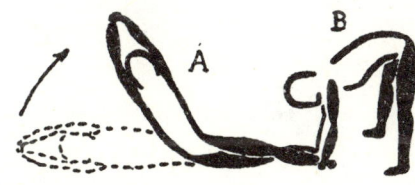

386 *Aufbäumen seitwärts*

387 *Rumpfseitbeugen*   **388** *Sitzkampf*

b) Rumpfdrehen

Beachte: Zur wirksamen Durchführung der Wirbelsäulendrehung bleiben die Fußsohlen im Stehen fest am Boden, die Knie gestreckt. Blick folgt der in der Drehrichtung führenden Hand. Rumpf und Kopf nicht vorbeugen.

389 *Straffes Rumpfdrehen.* Weite Seitgrätschstellung (oder Schrittstellung), Seithalte, Fäuste, Arme in den Schultergelenken festgestellt: Rumpfdrehen
  a) zügig;
  b) schwunghaft;
  c) ohne Mitbewegung des Kopfs (Blick auf einen festen Punkt gerichtet); *auch* mit Gegenbewegung des Kopfs;
  d) schwunghaft mit sofortiger ruckhafter Gegendrehung.

390 *Beckendrehen.* Seitgrätschstellung, Seithalte (einatmen): Schwunghaftes Seitdrehen des Beckens nach rechts und links (ausatmen). (Schultern und Arme bleiben nach vorn gerichtet.)
  246 Hüpfen mit Beckendrehen.

391 *Rumpfdrehschleuder.* Seitgrätschstellung, lockere Seithalte (zwanglose Tiefhalte) (einatmen): ruckhaftes Seitdrehen des Beckens nach links und rechts mit Nachziehen der Schultern und Arme.
  Auch in leichter Rumpfvorbeuge. (Schulterdrehung und Armschwung werden rein passiv durch die Schleuderbewegung des Beckens ausgelöst.)

392 *Mähen.* Schrägtiefhalte beider Arme rechts, Fäuste: Vorstellen (oder -treten) links, schwunghaftes Drehen des Beckens und der nachgezogenen Arme nach links; zurück in die Ausgangsstellung.
  Auch mit Vorstellen (oder -treten) rechts.
  Auch in der Vorwärtsbewegung mit Nachstellschritten oder Übertreten.

393 *Platzräumen.* Seitgrätschstellung, rechter Arm auf den Rücken gebeugt, linker Arm Seithalte rechts, Fäuste (einatmen): Rumpfdrehen links, Seitschwingen des linken Arms nach links und möglichst weit rückwärts (ausatmen)
  a) in fortgesetztem Wechsel nach beiden Seiten;
  b) in breiter Kreuzstellung (linkes Bein vor dem rechten) mehrmals hintereinander nach einer Seite.
  Auch Seitgrätschstellung, Rumpfdrehbeuge links, linker Arm auf den Rücken gebeugt, rechte Faust am linken Knie (ausatmen): Rumpfstrecken und -seitdrehen rechts, Schrägaufwärts-rückwärtsschwingen des rechten Arms.

389 *Straffes Rumpfdrehen*   **390** *Beckendrehen*

391 *Rumpfdrehschleuder*   *Mähen* **392** *...mit Vortreten*

Platzräumen **393** *...aus Drehbeuge links*   **394** *Ellbogenschlag*

394 *Einseitiger Ellbogenschlag.* Seitgrätschstellung, Schlaghalte, Fäuste:
Ausholendes Rumpfdrehen links (einatmen); ruckhaftes Rumpfdrehen
rechts, Ellbogenschlag rechts (ausatmen). Fortgesetzt von rechts nach
links wechselnd oder zweimal nach jeder Seite federnd.

395 *Eislaufbogen rückwärts-auswärts.* Rechtes Bein leicht gebeugt, linkes
locker gebeugt und ausgerollt etwas kreuzend vor das rechte gehoben.
Fußspitze etwa zwei Handbreit über dem Boden, Arme in Hüfthöhe
zwanglos seitgehoben (einatmen): Langsames Seitdrehen links in der
Reihenfolge: Kopf, Schultern, Arme, Becken, linkes Bein. Der linke
Fuß wird dicht an dem rechten vorbeigeführt und das Bein in natür-
licher Beugung möglichst weit rückwärts-aufwärts seitgehoben, Fußspitze und Knie bleiben auswärts, der Blick geht über die linke Schulter
nach dem linken Fuß. (Rumpf nicht vorbeugen! ausatmen.)

257h Schneppersprung mit Kehrtwendung.

272d, 273d „Vorspreizsprung", „Rückspreizsprung": $^1/_2$ Drehung links.

279 „Drehsprung" mit $^1/_2$—$1^1/_2$ Drehung.

281 „Kehrsprung", Landung auf dem Sprungbein.

280 „Wendesprung", Landen auf dem Schwungbein „Eislaufsprung".

313 „Waagedrehsprung", Landen auf Sprung-; Schwungbein.

396 *Drehschleuder aufwärts.* Seitgrätschstellung, Rumpfvorbeuge, rechte
Hand an linker Fußspitze: Schwunghaftes Rumpfstrecken und -seit-
drehen rechts, Seitschwingen des rechten Arms, Blick folgt der rechten
Hand.

397 *Kniestand-Rumpfdrehen.* Kniestand (oder Grätschkniestand oder Kniesitz) (einatmen): Rumpfdrehen rechts, zügig; federnd; schwunghaft
(ausatmen).

a) Seithalte, Fäuste, Arme in den Schultern festgehalten;

b) Schlaghalte: mit Unterarmschlagen rechts; fortgesetzt;

c) rechtes Knie zwei Handbreit vorgeschoben, linker Arm auf den
   Rücken gebeugt, rechter Arm Seithalte links: *Platzräumen* nach
   rechts;

d) Kniestand mit gekreuzten Oberschenkeln *(Kreuzkniestand),* rechts
   vor links: *Platzräumen* nach rechts (Nr. 393).

398 *Arm-Achterkreisen im Kniestand.* Hochhalte (einatmen): Mit Rumpfdrehbeugen Kreisen beider Arme nebeneinander an der linken Seite,
darauf in entgegengesetzter Richtung an der rechten Seite, so daß die
Hände von vorn gesehen eine liegende ∞ beschreiben; zügig;
schwunghaft.

119g, m Rumpfdrehen im Hürdensitz; passiv.

399 *Rumpfdrehen im Liegestütz.* Grätschliegestütz vorlings: Schwunghaftes
Rumpfdrehen und Armseitschwingen links. (Blick folgt der schwingenden Hand.)

395 *Eislaufbogen rückwärts-auswärts*   **396** *Drehschleuder aufwärts*

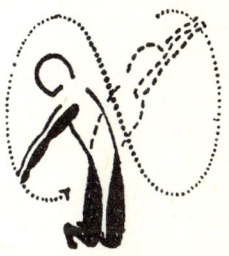

397 a *Rumpfdrehen*   b *... Unterarmschlagen*   **398** *Arm-Achterkreisen*

399 *Rumpfdrehen*

400 *Drehliegestütz.* Liegestütz vorlings, linkes Bein seitgestellt: Mit Links-
drehung des Beckens Herüberschwingen des linken Beins rechts neben
das rechte Bein, Fersen auf dem Boden. (Die Brust bleibt unverändert
dem Boden zugewandt. Atmung nicht unterbrechen!)

Auch mit Beugen der Arme beim Überdrehen.

Auch mit fortgesetztem Armbeugen und -strecken im Drehliegestütz.

Auch mit gleichzeitigem Abdrücken, Hochschwingen und Scheren der
Beine. (Vorübung für Schere am Barren und Pferd.)

337c „Schulterschrauben" im Unterarmliegestütz vorlings.
324 „Walze" (7 Formen).

401 *Sägen zu zweien.* Gegenstellung, ein Schritt Abstand, Seitgrätschstellung
Z (oder Schrittstellung), Zweihandfassung: Rumpfdrehen rechts und links
mit wechselweisem Vorstoßen und Zurückziehen der Arme; zügig;

P a) mit gegenseitiger Nachhilfe *(passiv)*;
ruckhaft

W b) mit *Widerstand*;

c) mit Kreuzen der Arme (Handfassung der beiden rechten und der
beiden linken Hände).

402 *Mit Helfer.* A Seitgrätschstellung, Rumpf rechts seitgedreht; B Seit-
WP grätschstellung dahinter: A Rumpf links drehen gegen *Widerstand* oder
passiv; zügig; ruckhaft; *auch* B bewegt, A leistet Widerstand;

a) Schlaghalte; B Griff links am linken Ellbogen des A, um dessen
Nacken herumgreifend, Griff rechts am rechten Ellbogen;

b) A Seithalte rechts, linker Arm auf den Rücken gebeugt; B Griff
rechts an der rechten Hand des A, drückt mit der linken gegen dessen
rechtes Schulterblatt;

c) A Schrittstellung links (Kreuzstellung), Kopfhalte; B so neben dem
rechten Bein stehend, daß dieses bei der Rumpfdrehung links nicht
ausweichen kann, hilft mit Griff an den Ellbogen nach.

Auch in Gegenstellung.

d) A Vorhalte, Flechtgriff; B Griff rechts an den Händen des A;

e) A wie vor; B wirft die gestreckten Arme des A mit kräftigem
Schwung herum. A läßt den passiven Drehschwung bei festgestelltem
Becken, aber ohne Widerstand im Rumpfteil ausfedern; bzw. wird
zu $^1/_2$ bis $^1/_1$ Drehung herumgeworfen *(Kreisel beidarmig).*

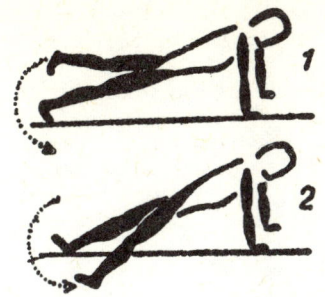

400 *Drehliegestütz*

401 c *Sägen*

402 a *Rumpfdrehen in Schlaghalte*

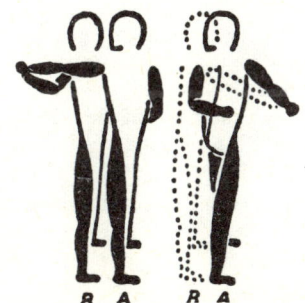

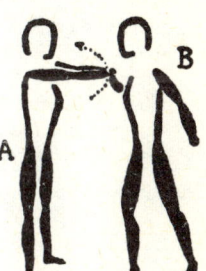

402

b ... *passiv* ... *mit Widerstand*

c ... *Kreuzstellung Kopfhalte*

d, e *Vorhalte, Flechtgriff, Kreisel*

403 *Diskuswurf. Widerstandsübung.* (Schraubentechnik.) *A* Schrittstellung
W links, linke Ferse leicht angehoben, beide Fußspitzen etwa gleichlaufend
nach halbrechts gerichtet, linkes Knie leicht, rechtes etwas stärker
gebeugt, Körpergewicht auf dem rechten Bein, Rumpfdrehbeuge rechts,
linker Arm in Schulterhöhe zwanglos gebeugt, rechter Arm weit rückwärts seitgehoben. Hand etwas über Hüfthöhe, Blick über den linken
Arm vorwärts-aufwärts gerichtet (einatmen). *B* steht hinter *A* und hält
seine rechte Hand; *A* gegen Widerstand fließend nacheinander: Strecken
der Knie und des rechten Fußes, Vorschieben der rechten Hüfte, Vor-
drehen der rechten Schulter, Nachziehen des gestreckten rechten Arms
(ausatmen). Zügig; ruckhaft.

404 *Kniestand — Rumpfdrehen mit Helfer.* *A* Kniestand, Kopfhalte (ein-
H atmen); *B* dahinter dicht neben den Füßen des *A* stehend, Griff an den
Ellbogen: *A.*
P a) Rumpfdrehen rechts *passiv* mit federnder *Nachhilfe des B* (ausatmen);
W b) Rumpfdrehen links gegen den *Widerstand des B* (ausatmen).

227d Rumpfdrehen im Kniewinkelstand, Helfer hält die Füße.
358 Rumpfrücksenken und -drehen im Grätschstrecksitz mit Helfer.
225 Rumpfdrehen in Bauchlage, Helfer hält die Füße.
354, 355 Rumpfdrehen und -rücksenken auf Hocksitz (Bank) des Helfers.

c) Rumpfdrehbeugen (bzw. -drehsenken)

d. h. (Links- oder Rechts-) *Drehen* und (Vor- oder Seit- oder Rück) *-Beugen*
des Rumpfs, entweder gleichzeitig (Rumpfdrehbeugen im engeren Sinn)
oder nacheinander. Nach der Beugerichtung kann Rumpfdrehbeugen
vorwärts, rückwärts, seitwärts unterschieden werden. Für den Übungs-
betrieb genügt die Einteilung in Rumpfdrehbeugen vorwärts und rückwärts. Die Angabe „rechts" und „links" bezieht sich auf die *Dreh-*
richtung, die *Beuge*bezeichnung „vor-", „rück-", „seit-" auf die jeweils
letzte Schulterfront.

Beachte: Der Blick folgt möglichst der in der Bewegungsrichtung führenden
Hand.

Rumpfdrehbeugen vorwärts

(nachfolgend nur mit *Rumpfdrehbeugen* bezeichnet) sind alle mit
Rumpfbeugen vorwärts (oder seitwärts-vorwärts) verbundenen Drehbewegungen, die also vor die Stand- bzw. Frontlinie führen.

403 *Diskuswurf*

404 *Kniestand — Drehen*

405 *Drehbeugewippen*

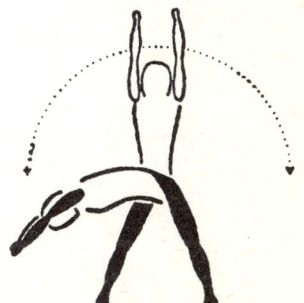

406 b *Hohes Rumpfhalbkreisen*

405 *Drehbeuge-Wippen.* Weite Seitgrätschstellung, Rumpfdrehbeuge rechts, Griff beider Hände um den rechten Unterschenkel: Rumpfwippen, Abwärtsgleiten beider Hände bis zum Fuß.

406 *Hohes Rumpfhalbkreisen.* Seitgrätschstellung, Hochhalte (einatmen): Rumpfdrehbeugen rechts (ausatmen); sofort zurück in die Ausgangsstellung (einatmen) und Rumpfdrehbeugen links (ausatmen); fortgesetzt

a) mit lockeren Knien;
b) mit festen Knien;
c) in Laufstellung.

407 *Drehbeuge-Schleuder.* Seitgrätschstellung, rechtes Knie gebeugt, lockere Rumpfdrehbeuge rechts: Ruckhafter Kniebeugewechsel, Herüberschwingen des Rumpfs über die Senkrechte in die Rumpfdrehbeuge links (ausatmen)

a) mit locker beiderseits des gebeugten Knies in der Rumpfdrehbeuge herabhängenden Armen;

b) mit Schwingen der Arme über die Hoch- und Vorhalte in die Tiefrückhalte.

Auch Glockenläuten. Freier Zehenstand, Hochhalte beider Arme links: Schwunghaftes zwangloses Rumpfdrehbeugen rechts.

(Die Rumpf- und Armbewegungen erfolgen passiv schleuderartig als Auswirkung der Bein- und Hüftarbeit und der Schwerkraft.)

455 Rumpfkreisen mit Wechselkniebeugen.
98 „Hac:kübung" seitwärts.
461 „Großer-Hammerschlag" rechts.

408 *Straffes Rumpfdrehsenken.* Seitgrätschstellung, Seithalte (einatmen): Ruckhaftes Rumpfdreh*senken*. (Rücken gestreckt.)

409 *Vorbeugen in Drehsenke.* Seitgrätschstellung, Rumpfdreh*senk*halte links (einatmen): Rumpfbeugen (ausatmen) und -strecken (einatmen)

a) entspannt, mit Fallenlassen der Arme aus der Seithalte;

b) mit Kopfhalte und Tieferwippen in der Rumpfbeuge;

c) mit Erfassen des linken Fußgelenks und wippendem Abwärtsziehen des Rumpfs *(Drehzugbeuge).*

410 *Rumpfdrehen-Seitbeugen.* Seitgrätschstellung, Seithalte, Fäuste (1) (einatmen): ¼ Rumpfdrehung links (2); Rumpfseitbeugen rechts (3), so daß die rechte Faust den Boden zwischen den Füßen (oder den linken Fuß von außen) berührt; Rumpfstrecken (einatmen). Dasselbe nach rechts: ½ Rumpfdrehung rechts; Rumpfseitbeugen links (ausatmen); Rumpfstrecken usw. Zügig; ruckhaft. (Blick nach der rückwärts bzw. aufwärts schwingenden Hand. Kommando: „Links .. tief .. hoch .."; oder: „Rechts .. 2 .. 3 ..".) (Das Seitdrehen betonen!)

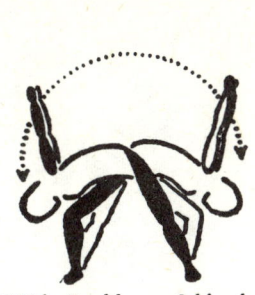

407 b *Drehbeuge-Schleuder*

407 *Glockenläuten*

408 *Straffes Drehsenken*

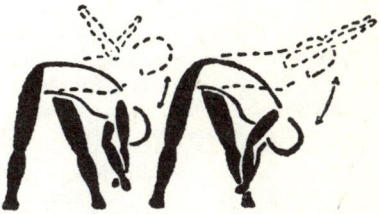

a **409** c
Vorbeugen in Drehsenkhalte

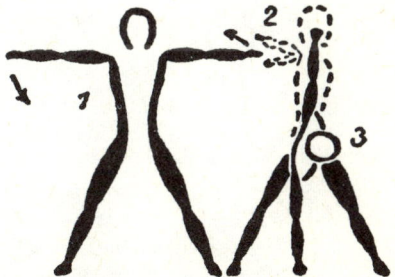

410 *Rumpfdrehen-Seitbeugen*

411
*Rumpfdrehbeuge-
Stoß*

412
*Drehbeugen links
Seithochschwung rechts*

413
Rumpfmühle seitlings

411 *Rumpfdrehbeuge-Stoß (Diagonalstoß).* Seitgrätschstellung, Stoßhalte: Ruckhaftes Rumpfdrehbeugen links, Vortiefstoßen rechts (außen an der linken Ferse vorbei weit nach hinten), Rückstoßen des linken Ellbogens (ausatmen).

412 Enge Seitgrätschstellung, Rumpf rechts gedreht, Tiefhalte beider Arme rechts (einatmen): Rumpfdrehbeugen links, Schwingen des linken Arms hinter den Rücken, Seithochschwingen des rechten Arms über den Kopf.

413 *Rumpfmühle seitlings.* Seitgrätschstellung, Rumpfdrehsenkhalte links: Schwunghaftes Rumpfdrehen links und rechts. (Die Drehung nach links betonen. Blick in die Drehrichtung!) (ausatmen).
a) *Kleine* Schlaghalte (Arme waagerecht angewinkelt);
b) *straffe,* Arme in Seithalte festgestellt, Fäuste;
c) *einarmige,* rechter Arm auf den Rücken gelegt.
30 „Lockere Rumpfmühle".

414 *Fußschnappen.* Seitgrätschstellung, Hochhalte, Kniebeuge links, Rumpfdrehbeuge rechts: Rumpfwippen bis zum Berühren des Bodens rechts neben dem rechten Fuß durch beide Hände (ausatmen).

415 *Kreisschwung senkrecht-waagerecht.* Schrittstellung links, Knie leicht gebeugt, Körpergewicht auf dem hinteren Bein, zwanglose Hochhalte, Fäuste (einatmen) (1): Schwunghaftes Rumpfvorbeugen, Vortiefschwingen der Arme links neben dem linken Knie vorbei in die Seithalte links mit Drehen und Strecken des Rumpfs (ausatmen) (2); Rumpfdrehen rechts, Schwingen der Arme in die Seithalte rechts (3); leichtes Rück-

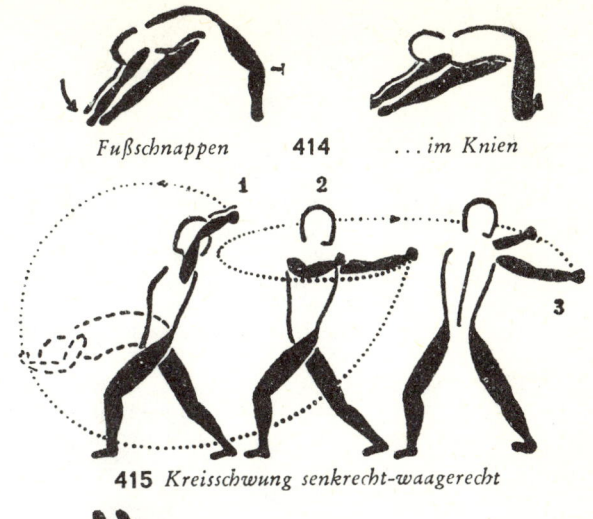

Fußschnappen   **414**   *... im Knien*

415 *Kreisschwung senkrecht-waagerecht*

416 *Schraubenschwung*

beugen und Drehen des Rumpfs nach vorn, Seithochschwingen der
Arme in die Ausgangsstellung (einatmen). (Die Bewegungen fließen
ineinander über.)

462, 463 „Diagonales (Entspanntes) Rumpfachterkreisen".

416   *Schraubenschwung.* Linkes Bein ½ Schritt rückgestellt, beide Arme rechts
seitwärts-aufwärts gehoben (einatmen) (1): Schwingen des linken Beins
nach rechts aufwärts, der Arme nach links vorwärts-abwärts, Rumpfdrehbeugen links, Blick folgt den Händen (ausatmen) (2).

249g „Hinken" mit Rumpfdrehbeugen (Rollsprung Vorübung).
263d Hockschlußsprung mit Beckendrehung; i) mit Kehrtwendung.

417 *Kreuzausfall.* Seithalte beider Arme links: Bogenspreizen rechts (Nr. 92) zum Ausfall seitwärts vor dem linken Bein, Rumpfdrehbeugen rechts, waagerechtes Seitschwingen der Arme rechts.

Auch in der Fortbewegung (Verwringen mit Ausfallschritten).

Auch mit Wippen in der Ausfallstellung.

418 *Rumpfseitschwingen im Winkelstand.* Grätschwinkelstand, Kopfhalte: Waagerechtes Rumpfseitschwingen rechts und links. (Bei je 1 bis 2 Bewegungen rechts *und* links ausatmen bzw. einatmen.
Auch Drehsenkhalte links, Seithalte (einatmen): Schwingen des Rumpfs durch die Vorbeuge (ausatmen), mit Anlegen der Hände an den Kopf und Abwärtsziehen, in die Drehsenkhalte rechts mit Seithalte der Arme.

419 *Drehzugbeuge.* Rumpfdrehbeuge links, Griff der Hände von links rückwärts um die Fußgelenke, und zwar rechte Hand am linken Fußgelenk, linke Hand am rechten Fußgelenk: Rumpfwippen durch Anziehen der Arme bis zum Berühren des linken Knies mit der Stirne (ausatmen). (Knie bleiben gestreckt!)

420 *Bodenstoß (Die Stampfe).* Grätschwinkelstand. Schlaghalte rechts, Vorhalte links, Fäuste (einatmen): Vorstoßen der rechten Schulter und des rechten Arms, Rückreißen der linken Schulter und des linken Arms in raschem Wechsel. (Ruhige Atmung.)

421 *Kleine Rumpfmühle.* Grätschwinkelstand, Schlaghalte, Fäuste (einatmen): Rumpfseitdrehen

a) langsam ausholend nach links (einatmen); ruckhaft nach rechts mit kräftigem Rückschwingen des rechten Ellbogens (ausatmen);

b) fortgesetzt gleichmäßig rechts und links, langsam beginnend, allmählich schneller werdend. (Kopf mäßig hoch!)

422 *Straffe Rumpfmühle.* Grätschwinkelstand (Rumpf mäßig gestreckt), Seithalte, Arme in den Schultergelenken festgehalten, Fäuste: ruckhaftes Rumpfdrehen rechts und links.

423 *Horizontalkriechen mit Armschwingen.* Bank (einatmen): Vorschieben des rechten Knies links neben die rechte Hand. Rumpfschwingen rechts, kreisendes Schwingen des linken Arms durch die Tiefrückhalte und Seithalte in die Hochhalte (ausatmen); dasselbe entsprechend rechts.

417 *Kreuzausfall*   **418** *Rumpfseitschwingen im Winkelstand*

419 *Drehzugbeuge*   **420** *Bodenstoß*   **421** *Kleine Rumpfmühle*

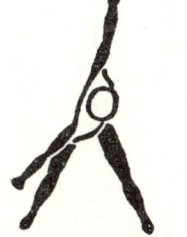

422 *Straffe Rumpfmühle*   **423** *Horizontalkriechen mit Armschwingen*

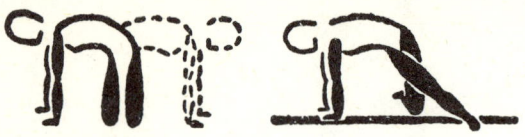

Bärengang **424** *Kreuzspreizen*

424 Bank (oder Kniesitz): Rumpfseitführen, Seitstellen (oder -stützeln) beider Hände in Schulterbreite nebeneinander abwechselnd möglichst weit nach rechts und links (ausatmen).
Auch mit Vorschieben des Knies der Beugeseite *(Bärengang).*
Auch beim Seitstellen der Hände nach rechts Vorstrecken des rechten Beins links seitwärts vor dem linken Knie kreuzend *(Kreuzspreizen).*

161 Hockstützwippe seitlings.
329 „Wechselhockstütz seitlings" aus Liegestütz vorlings; Hockstützwende.
49 „Hasenhupf" aus Bank mit Beckendrehen.

425 Tiefkriechen mit Beinstrecken und Armschwingen. Tiefkriechstellung (Bank, Arme gebeugt, Unterarme senkrecht, Brust dicht über dem Boden) (einatmen): Schwunghaftes Rumpfseitbeugen rechts (Ohr auf die rechte Schulter), Strecken des linken Beins (Fußspitze am Boden), Strecken des linken Arms in die Tiefrückhalte in Kammhaltung und Seithochschwingen (ausatmen). Blick über die rechte Schulter nach der linken Fußspitze. (Mehrmals nach einer Seite, dann nach der andern.)

167 „Schuhputzen" in tiefer Ausfallstellung.

426 Rumpfdrehen in Bank. Bank, Knie geöffnet: Rumpfdrehen rechts, Schwingen des rechten Arms in die Schräghochhalte rechts seitwärts (einatmen).
Auch im Wechsel mit Seitschieben des rechten Arms und der rechten Schulter unter die linke Achselhöhle bis zum Berühren des Bodens mit der rechten Schulter hinter der linken Hand *(Schulterschrauben).*
Auch zu zweien. Bank gegenüber, Zweihandfassung am Boden: Drehen in die Bank rücklings, ohne die Handfassung aufzugeben.

427 Rumpfdrehen in Tiefkriechstellung. Tiefkriechstellung (Nr. 318, 425), Knie leicht geöffnet, Unterarmstütz, Ellbogen nach außen, Fäuste nach innen gerichtet (einatmen): Ruckhaftes Rumpfdrehen links, Ellbogenschlag links (ausatmen). (Blick folgt dem linken Ellbogen.)

398 Rumpf-Achterkreisen im Kniestand.

425 *Tiefkriechen mit Beinstrecken,
Rumpf- und Armseitschwingen*

426 *Bank: Armseitschwung* **427** *Tiefkriechstellung: Ellbogenschlag*

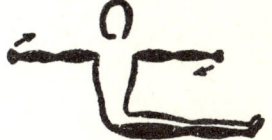

428 *Beckenverlegen*   a *Paddeln*   **429**   b *Seitdrehen im Sitz*

428 *Beckenverlegen.* Bank (einatmen): Becken wechselweise rechts und links
auf den Boden legen (ausatmen). (Oberschenkel bleiben rechtwinklig
zum Rumpf gebeugt.)
Auch mit Abdrücken der Füße schwunghaft wechselnd links und rechts.
119h Rumpfseitwippen im Hürdensitz.

429 *Seitdrehen im Sitz.* (Grätsch-) Strecksitz (oder Kreuzsitz): Rumpfdrehen 1. langsam mit Verharren in der Drehhalte; 2. mit Nachfedern;
3. schwunghaft von einer Seite zur andern;
a) mit waagerecht angebeugten Armen wie beim *Paddeln;*
b) Seithalte, Arme in den Schultern festgehalten, Fäuste;
c) Schlaghalte mit einseitigem Ellbogenschlag;
d) mit Unterarmschlagen in der Drehrichtung (Nr. 25);
e) mit *Platzräumen* (Nr. 393).

430 *Hocksitzdrehen.* Hocksitz, Rumpf rechts gedreht, Schlaghalte rechts, linker Ellbogen stützt von rechts gegen das rechte Knie (einatmen): Rumpfdrehwippen rechts mit Nachhilfe durch den linken Arm, Ellbogenschlag (Unterarmschlag) rechts, federnd (ausatmen).

Auch Drehen auf dem Gesäß durch ruckhaftes Schwingen beider Arme nach einer Seite und Abdrücken mit den Füßen *(Sitzkreisel).*

110 Grätschwippe neben einem Fuß.

431 *Grätschsitz-Drehbeuge.* Grätschstrecksitz, Seithalte: Rumpfdrehbeugen links mit

a) Berühren des Bodens links neben der linken Ferse durch die rechte Hand; *auch* gegengleiches Sohlenfassen mit Vorspreizen;

b) wie a) mit Kreuzen der Arme (Nr. 352);

c) Erfassen der linken Fußspitze mit beiden Händen *(Fußschnappen)* und Anhocken rechts.

d) *Diagonalstoß.* Stoßen rechts zur linken Fußspitze; *auch* über dem linken Arm kreuzend.

e) Schwingen des rechten Arms über den Kopf, des linken hinter den Rücken;

f) Flechtgriff rücklings, Arme abheben.

Auch mit vor der Brust verschränkten Armen oder Kopfhalte.

153b Kreuzsitz: Rumpfvorbeugen über ein Knie.
121e Rumpfdrehbeugen in Hockgrätschsitz gegenüber, Handfassung.
344 „Aufstehen mit Armfessel": aus Bauchlage; Rückenlage.

432 *Knieumlegen.* Hocksitz, Beine etwas auseinander, Schlaghalte (oder freie Armhaltung oder Handstütz): Legen der geschlossenen Knie nach links bis auf den Boden, Füße bleiben am Platz

a) mit Rumpfdrehen rechts; schwunghafter fortgesetzter gegengleicher Wechsel der Knie- und Rumpfbewegung nach beiden Seiten;

b) mit Rumpfdrehen rechts und wechselweisem Unterarmschlagen rechts, links, rechts und umgekehrt bei jedem Knieumlegen.

433 *Seitsitz-Übung.* Kniesitz, Füße links neben dem Gesäß

a) sich auf die Unterschenkel bzw. Fersen setzen;

b) mit Rumpfdrehen rechts sich auf die rechte Seite herübersetzen; fortgesetzt nach beiden Seiten mit Seitschwingen der Arme in der Drehrichtung *(Seitsitzwecheln);*

c) fortgesetztes Unterschenkelkreisen unter dem Gesäß hindurch *(Russisches Beinkreisen).* (Beim Vor- und Seitschwingen dürfen die Füße den Boden nicht berühren.)

324a Hocksitz — Seitlage-Wechsel ohne Armbenutzung.
119k Hürdensitz-Bauchlage-Wechsel.

430 *Hocksitzdrehen*

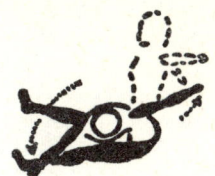

431 a *Drehbeugen: Diagonalschwung*

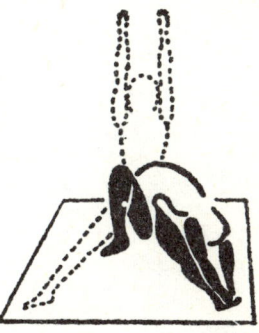

431 c ... *Fußschnappen links, Anhocken rechts*

d ... *Diagonalstoß mit Armkreuzen*

f ... *Flechtgriff, Rückfedern*

432
Knieumlegen

b **433**
Sitzwechseln

c
Russisches Beinkreisen

235

434 *Beinschwenken. Rückenlage,* Seithalte, Beine gestreckt senkrecht vor-
▲ gehoben; Schwingen der Beine nach links und rechts bis

  a) auf oder handbreit über den Boden (ausatmen);
  b) zum Anschlag der Füße an die linke oder rechte Hand;
  c) zum Anschlag des linken Fußes an die rechte Hand; rechtes Bein
     bleibt wie in der Rückenlage liegen *(Einseitiges Beinschwenken).*

Auch Umlegen der frei (oder aufgestellt) angebeugten Knie.

Auch Beine und Arme senkrecht: Umlegen der Beine nach rechts,
der Arme nach links.
Auch Beine in den Knien rechtwinklig gebeugt.

347i Kipplage, Seithalte: rechter Fuß an linker Hand.

435 *Rumpfmühle mit Helfer.* Gegenstellung; *A* Grätschwinkelstand, Kopf-
 H halte (oder Seithalte). *B* Seitgrätschstellung, Griff an den Ellbogen
    (oder am linken Unterarm und rechten Schulterblatt) des *A: A* Rumpf-
    drehen, schwunghaft oder nachwippend.

 P a) *passiv (Passive Rumpfmühle).*

    Auch im Wechsel mit Rumpfvorwippen *(Passive Rumpfwippe),* je
    viermal;

 W b) gegen *Widerstand;*

 K c) *Mühlkampf.* Grätschwinkelstand gegenüber, Flechtgriff am Genick
    des Gegners, Arme gebeugt, rechter Arm unter dem linken Arm des
    Gegners, Rumpfdrehen rechts, den linken Arm des Gegners auf-
    wärts, den rechten abwärts zwingen.

 Z *Auch* Doppelwippstellung, Seithalte, Zweihandfassung oder Schulter-
    fassung. *(Doppel-Rumpfmühle).*

436 *Rumpfdrehung im Kniewinkelstand mit Helfer. A* Kniewinkelstand,
 H Knie geöffnet, Kopf- (oder Stoß-) halte; *B,* dahinter kniend, hält die
    Füße: *A* Rumpfdrehen, einseitiges Ellbogenschlagen.

 Z *Auch zu zweien* gegenüber, *Doppel-Rumpfmühle; Passive Rumpfmühle;*
    gegen *Widerstand; Mühlkampf* (Nr. 435c).

437 *Grätschsitz-Drehliege-Wechsel mit Helfer,* der die Füße des im Grätsch-
▲H strecksitz befindlichen *A* hält: *A* schwunghaftes Rumpfdrehen und
    -senken bis zur Berührung des Bodens mit der Stirn.

434

a *Beinschwenken*   c *Einseitiges Beinschwenken*   *. . . gebeugt nach rechts,
Armschwung links
(von oben gesehen)*

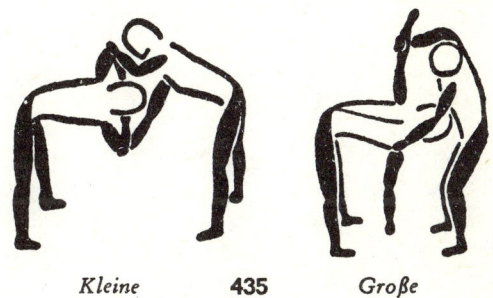

Kleine   **435**   *Große*
Passive Rumpfmühle

436 *Rumpfdrehen im Kniewinkelstand*   **437** *Grätschsitz-Drehliegen*

438 *Passive Sitzdrehbeuge.* A Grätschstrecksitz, Rumpfdrehbeuge links, Seit-
P halte, rechte Hand links neben dem linken Fuß: *B* dahinterstehend,
Griff links am linken Arm: zieht ihn rückwärts-aufwärts, drückt mit
der rechten Hand das rechte Schulterblatt vorwärts-abwärts; *auch*
W Rumpfseitschwingen; *auch* Rumpfdrehen rechts gegen *Widerstand.*

209 Rückenlage: geschlossenes Beinkreisen.
341c Grätschstrecksitz: Seitwärts-Aufwärtsstoßen der angehockten Beine.
360 Rückenlage, Beine durch Helfer vorgehoben: Rumpfdrehbeugen links.

439 *Beinschwenken mit Helfer.* A *Rückenlage,* Kopfhalte, Beine gestreckt
H senkrecht angehoben. *B,* dahinter, Seitgrätschstellung, Rumpf vorgebeugt, Hände auf die Ellbogen des *A* gestützt: *A* Schwingen der
geschlossenen Beine nach links und rechts bis zum Berühren des Bodens
durch die Füße.

Auch bis handbreit über dem Boden.

Auch Seitstoßen der frei (oder aufgestellt) angebeugten geschlossenen
Beine.

388 Rumpfdrehbeugekampf, Grätschstrecksitz Rücken gegen Rücken, eingehakt.

Rumpfdrehbeugen rückwärts

d. h. Drehbeugebewegungen, die entweder zu einem *Rück*beugen oder
*Seit*beugen *hinter* der Stand- bzw. Frontlinie führen.

(In Bezeichnungen wie: Rumpfdrehbeuge links, rückwärts usw.) wird
mit links die *Dreh-,* nicht die Beugerichtung angegeben.)

440 *Diagonalbeuge.* Lockere Seitgrätschstellung, zwanglose Hochhalte rechts
(einatmen): schwunghaftes Rumpfvorbeugen nach halblinks bis zum
Berühren der linken Fußspitze durch die rechte Hand (ausatmen);
Rumpfstrecken und -rückbeugen nach halbrechts bis zum Berühren der
rechten Ferse durch die rechte Hand (ausatmen)
a) fortgesetzt, auch mit einmaligem Nachwippen (der linke Arm hängt
entspannt herab);
b) mit lockerem Achterkreisen beider Arme (beim Vorbeugen links
seitwärts-abwärts, beim Rückbeugen rechts seitwärts-aufwärts).
(Beim Schwingen durch die Streckhaltung einatmen).

176, 179 „Schritt-(Gerade)Drehkniebeuge", rechte Hand an linke Ferse.

438

Drehbeugen:passiv; gegen Widerstand

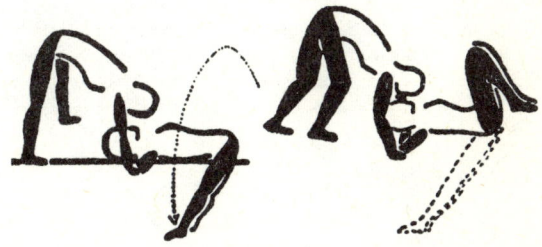

Beinschwenken **439** *... Beinseitstoßen*

440 *Diagonalbeuge*

441 *Rumpfdrehen in Rückbeuge.* Tiefe Rumpfrückbeuge, zwanglose Seithalte (einatmen): Rumpfdrehen rechts und links (ausatmen)
   a) langsam mit Fallenlassen des oberen Arms über die Brust;
   b) in schwunghaftem Wechsel;
   c) in Schlaghalte, ruckhaft, rasch *(Kleine Rumpfmühle rücklings).*

442 *Entspanntes Rumpfdrehbeugen.* Tiefe Rumpfdrehbeuge rechts über dem gebeugten rechten Knie, Hände hängen rechts neben dem rechten Fuß bis auf den Boden herab: In dieser tiefen Stellung ½ Rumpfdrehung links, so daß sich die Brust dem Himmel, der Rücken dem Boden zuwendet; Aufrichten und mit Kniebeugewechsel Herüberfallen auf die andere Seite in die Ausgangsstellung über dem gebeugten linken Bein (fortgesetzt)
   a) mit langsamer Drehung, Arme hängen entspannt herab, der linke Arm gleitet bei der Drehung über die Brust und fällt herab;
   b) mit ruckhafter Drehung, Kniehüftstoß rechts, schwunghaftem Herüberschleudern des Rumpfs und des wurfartig nachgezogenen rechten Arms auf die andere Seite *(Speerwurf-Vorübung)* (Kommando: „Und — links").

   461 „Großer-Hammerschlag" seitwärts.
   460 „Hammerschwingen".

443 Seitgrätschstellung, Kopfhalte (einatmen): Rumpfdreh*senken* links (I) (ausatmen): ½ Rumpfdrehung rechts in die Rumpfdrehbeuge rechts rückwärts (II); Rumpfstrecken (einatmen) und Vorsenken in die Drehsenkhalte rechts (III); ½ Rumpfdrehung links in die Rumpfdrehbeuge links rückwärts (IV) (ausatmen); usw.
   a) mit gestreckt bleibenden Knien;
   b) mit Beugen der Knie, Vortief- und Rückschwingen der Arme beim Rumpfdrehsenken, Schwingen in die Hochhalte beim Drehen in die Rumpfdrehbeuge rückwärts.

444 Seitgrätschstellung, Seithalte (einatmen): Kniebeugen links, Rumpfdrehbeugen rechts rückwärts (I) (ausatmen); schwunghafter Kniebeuge- und Rumpfdrehbeugewechsel in die Drehbeuge links rückwärts (II) (ausatmen). (Beim Schwingen durch die Streckhaltung (einatmen).

   462, 463 „Diagonales-(Entspanntes) Rumpfachterkreisen".
   415 „Kreisschwung senkrecht-waagerecht".
   464, 466 Kniestand: „Waagerechtes Rumpfkreisen"; Achterkreisen.

441 *Rumpfdrehen in Rückbeuge*   **442** *Entspanntes Rumpfdrehbeugen vorwärts-rückwärts*

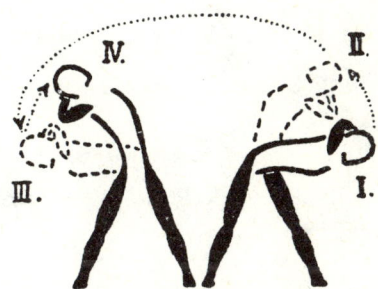

443 *Drehsenken — Drehbeugen*

444 *Drehbeugen rückwärts links — rechts*

445 *Schrittknien-Drehbeugen rückwärts.* Schrittknien links, Seithalte, Rumpfrückbeuge (einatmen): Rumpfdrehen rechts und links bis zum Berühren
der hinteren Fußspitze mit einer Hand (ausatmen)

    a) locker, in schwunghaftem Wechsel nach beiden Seiten;

    b) straff mit kurzer Halte in der Ausgangsstellung;

    c) mit Aufrichten nach jeder Drehung;

    d) mit jedesmaligem Erheben in die Seitgrätschstellung, Hochhalte.
       Die Füße bleiben auf der Stelle.

Auch mit Anlegen der freien Hand an den Kopf.

446 *Spirale.* Grätschkniestand (oder -kniesitz), Seithalte, Handflächen aufwärts (einatmen): Rumpfdrehbeugen rechts rückwärts

    a) zügig bis zum Berühren der linken Fußspitze durch die rechte Hand
       (ausatmen); nachfedern;

    b) in schwunghaftem Wechsel nach beiden Seiten;

    c) im Grätschkniesitz mit Berühren des Bodens jenseits der Füße
       durch eine Hand.

447 Kniestand, linkes Bein seitgestellt, Rumpfdrehbeuge links, Hochhalte,
Hände auf dem linken Fuß (I) (ausatmen): Rumpfstrecken (einatmen)
und -rückbeugen in die Rumpfdrehbeuge links rückwärts mit Seitsenken der Arme, Handflächen aufwärts (II) (ausatmen).

220d Liegestütz rücklings: Fußfessel durch die gegenseitige Hand.

448 Kniestand, linkes Bein seitgestellt, Hochhalte (einatmen): Rumpfdrehbeugen rechts bis zum Berühren des Bodens mit den Händen (I) (ausatmen); Rumpfstrecken und -drehbeugen rechts rückwärts, Seitsenken
der Arme, Handflächen aufwärts (II) (ausatmen).

Auch mit Wippen in der Rumpfdrehbeuge rückwärts.

65e, 298f Drehen aus Handstand-(Kopf-)Brücke in Liegestütz vorlings.

Schrittknien-Drehbeugen **445** d
rückwärts ... *und Aufstehen*

446 *Spirale* *Rückbeuge: Rumpfdrehen*

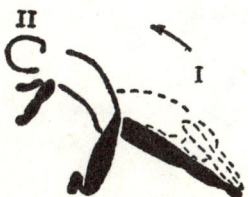 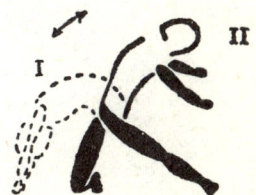

447 *Drehbeugen rückwärts* **448** *Drehbeugen rückwärts*
nach der Knieseite *nach der Stemmseite*

243

449 Kniestand, linkes Bein seitgestellt, Hochhalte (II) (einatmen): mit Seitsenken des linken Arms und Anlegen der rechten Hand an den Kopf
Rumpfdrehbeugen links rückwärts bis zum Berühren des rechten Fußes
(oder des Bodens hinter dem rechten Fuß) durch die linke Hand (I)
(ausatmen); Rumpfstrecken, Hochschwingen der Arme (II) (einatmen);
Rumpfdrehbeugen rechts rückwärts, Seitsenken des rechten Arms,
Legen des linken an den Kopf (III) (ausatmen) mit zweimaligem Wippen in der Rumpfdrehbeuge. Fortgesetzt.

358b Grätschstrecksitz, Helfer Fußgriff: Rumpfsenken und -drehen.

450 *Rumpfdrehbeugen zu zweien.* Laufstellung nebeneinander mit doppel-
Z tem Armabstand, Rumpfdrehbeuge gegeneinander, Hochhalte, Zweihandfassung: Rumpfdrehen nach außen in die Rumpfdrehbeuge rückwärts und wieder zurück (ausatmen); zügig; schwunghaft.

Auch in Seitgrätschstellung, innere Füße bis ½ Schritt Zwischenraum.

468 Rumpfdrehkreisen mit Drehschritten zu zweien, Zweihandfassung.

451 *Durchwinden mit Helfer. B* Kreuzsitz, *A* steht vor ihm, Zweihand-
H fassung: *A* Herumgehen um *B* mit Durchwinden unter der Handfassung.

Auch mit Front unverändert in der gleichen Himmelsrichtung.

Auch im Laufen.

Z *Auch* zwei Paare hintereinander, alle vier Handfassung: Das hintere
Paar Vorlaufen und Durchwinden unter der Handfassung des vorderen; das vordere Paar Zurückbleiben und Durchwinden unter der
Handfassung des hinteren Paars. (Die Hände dürfen nicht gelöst
werden.)

211 „Durchsteigen" und „Durchwinden" über Zweihandfassung.
452 „Durchwinden" beim Umkreisen eines Sitzenden; im Lauf zu vieren.

452 *Speerwurf-Bogenspannung gegen Widerstand.* Kleine Seitgrätschstellung
W nebeneinander mit einem halben Schritt Zwischenraum, Zweihandfassung, *A* Rumpfdrehbeuge zu *B* hin: *A* schwunghaftes Rumpfdrehbeugen rückwärts in die Bogenspannung. *B* gibt leichten Widerstand.
(Vorübung zum Speerwerfen.)

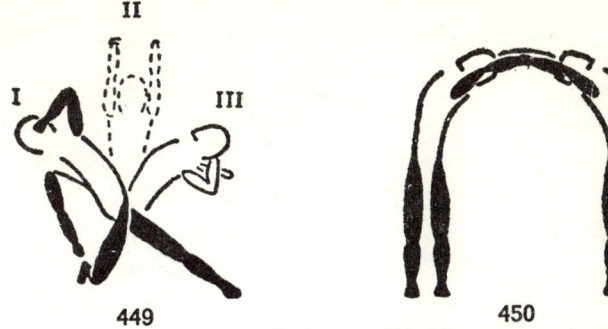

449
Drehbeugeschwung mit Armwechsel

450
Rumpfdrehbeugen vorwärts-rückwärts

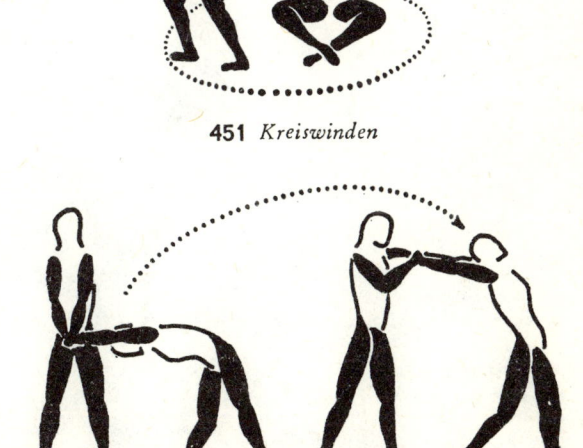

451 *Kreiswinden*

452 *Speerwurf-Bogenspannen*

453 *Zu zweien.* Kniestand ½ bis 1 Schritt nebeneinander (*auch* äußeres
Z Bein seitgestellt), Rumpf nach außen gedreht, Rücken gegen Rücken,
Zweihandfassung

a) Seithoch- und Seittiefschwingen der Arme bis zum Zusammenschlagen der Hände (*Schulterstrecken*);

b) Rumpfseitbeugen, Seit- oder Hochhalte;

c) Rumpfvor- und -rückbeugen; Seit- oder Hochhalte;

d) dicht aneinander, Seithalte: Rumpfdrehen;

K e) *Drehbeuge-Kampf.* Rücken dicht aneinander, Hochhalte: Gegner
durch Vorbeugen anheben.

225 Grätschbauchlage mit Helfer: Rumpfdrehen.
355 als „Bankreiter" Rumpfrücksenken und -drehen.

d) Rumpfkreisen

Zweck: Vielseitige Kräftigung der Rumpfmuskulatur, erhöhte Lockerung des
gesamten Rumpfs, insbesondere der Wirbelsäule.

454 *Wachsender Kreis.* Enge Seitgrätschstellung: Kreisen des locker herabhängenden Kopfs, allmähliches Mitkreisen des Rumpfs, im oberen
Brustteil beginnend und bis zu den Hüften herabsteigend. (Arme hängen zwanglos herab, bzw. schwingen beim Kreisen des ganzen Rumpfs
mit. Beim Rückbeugen einatmen.)

Auch Hochhalte und waagerechtes Kreisen eines Arms (oder beider
Arme) wie zum *Lasso werfen* mit entsprechender Wurf- und Ausfall-
bewegung als Abschluß.

455 *Rumpfkreisen mit Wechselkniebeugen.* Seitgrätschstellung, zwanglose
Hochhalte (einatmen): Rumpfkreisen mit wechselseitigem tiefem Kniebeugen rechts und links (ausatmen). (Beim Rückbeugen einatmen.)

456 *Waagerechtes Rumpfkreisen.* Zwanglose Seitgrätschstellung, Rumpfdrehbeuge rechts, Seithalte beider Arme rechts, Fäuste: Schwunghaftes
Rumpfkreisen links 1½mal bis in die Rumpfdrehbeuge links mit Seithalte beider Arme links (einatmen); sofort Rumpfkreisen rechts (ausatmen). Fortgesetzt von rechts nach links wechselnd. (Die von Rumpf
und Armen beschriebene Kreisfläche soll möglichst waagerecht sein.)

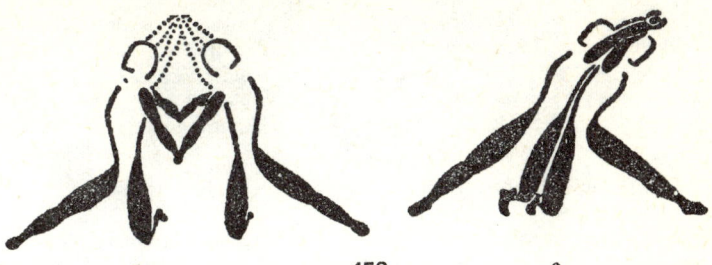

a   **453**   e

Schulterstrecken durch Seithoch-
und Seittiefschwingen

Drehbeugekampf:
Gegner aufhebeln

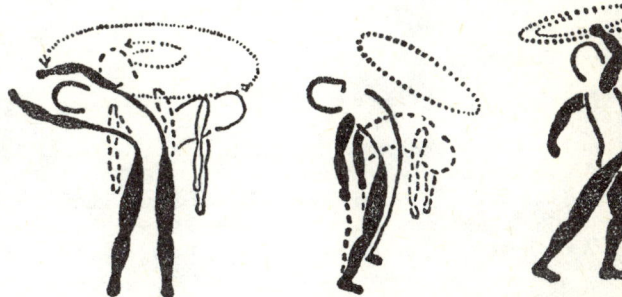

(von vorn) **454** *Wachsender Kreis (von der Seite)*   *Lasso werfen*

455 *Rumpfkreisen*
mit Wechselkniebeugen

456 *Waagerechtes Rumpfkreisen*

457 *Rumpf-Trichterkreisen.* Grätschstellung, Rumpf leicht vorgesenkt, Kopfhalte (einatmen): lebhaftes *straffes* Kreisen des *gestreckten* Rumpfs (ausatmen). (Ohne Becken und Schultern seitlich zu verdrehen. Die durch sie verlaufenden Breitenachsen bleiben also genau nach vorn gerichtet. Beim Kreisen durch die Vorsenkhalte ausatmen.)

Auch im Wechsel mit großem *lockerem* Rumpfkreisen.

Auch im Grätschwinkelstand, schwunghaft rasch.

458 *Kleines waagerechtes Beckenkreisen.* Zwanglose Hochhalte (oder Arme waagerecht vor der Brust verschränkt oder Seithalte) (einatmen): Lockeres lebhaftes Kreisen des Beckens rechts und links herum. (Schultern und Arme bleiben unbewegt. Ruhig atmen!)

459 *Großes waagerechtes Beckenkreisen.* Enge Seitgrätschstellung, Knie leicht gebeugt, Seithalte (oder Arme waagerecht vor der Brust verschränkt) (einatmen): weites Kreisen des Beckens mit unterstützendem Kniewippen (ausatmen). (Schultern und Arme bleiben möglichst unbewegt.)

Auch waagerechtes Beckenachterkreisen in Form einer ∞.

460 *Hammerschwingen.* Seitgrätschstellung, linker Fuß aufgezeht, leichte Kniebeuge, leichte Rumpfdrehbeuge rechts, Schrägtiefhalte beider Arme rechts (ausatmen): Lebhaftes lockeres Rumpfkreisen durch die Dreh-Streckhaltung über dem gestreckten linken Bein mit Schräghochhalte der Arme links als höchsten und durch Rumpfdrehbeuge rechts als tiefsten Punkt der rechts geneigten schrägen Kreisbahn. (Betont wird wie beim Hammerschwingen das Rumpfstrecken und Schwingen nach links und aufwärts und die Knie-Hüftarbeit.)

461 *Großer-Hammerschlag.* Schrittstellung rechts, leichte Kniebeuge, Körpergewicht vorwiegend auf dem linken (hinteren) Bein, leichte Rumpfrückbeuge, zwanglose Hochhalte, Fäuste (einatmen) (I): Knie-Hüftstoß vorwärts, schwunghaftes Rumpfvorbeugen und (ausatmen) -kreisen (II)

a) an der *Innen*seite des rechten Knies vorbei durch die Drehbeuge links vorwärts und rückwärts (einatmen) (III) in die Ausgangsstellung;

b) an der *Außen*seite des rechten Knies vorbei durch die Drehbeug rechts vorwärts und rückwärts in die Ausgangsstellung.

Auch Vortreten rechts beim Vorbeugen, Zurücktreten beim Aufrichter

Auch in der Vorwärtsbewegung.

457
Rumpf-Trichterkreisen

458
*Kleines waagerechtes
Beckenkreisen*

459
*Großes waagerechtes
Beckenkreisen*

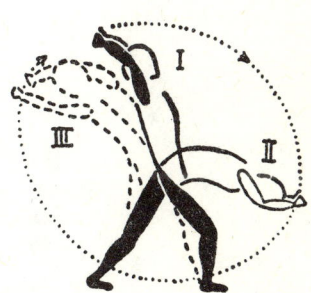

460 *Hammerschwingen*

461 *Großer-Hammerschlag*

462 *Diagonales Rumpf-Achterkreisen.* Schrittstellung links, leichte Rumpfrückbeuge, Hockhalte, Fäuste (einatmen): Mit Kniewippen Achterkreisen des Rumpfs durch die Drehbeuge links vorwärts und rechts
rückwärts (ausatmen) (linken Achterkreis vorwärts-abwärts beginnend,
außen am linken Knie vorbei mit Rumpfdrehbeugen links; rechten
Achterkreis mit Drehbeugen rechts rückwärts, mehr als Zwischenschwung
ausführen).

463 *Entspanntes Rumpf-Achterkreisen seitlings.* Enge Seitgrätschstellung,
zwanglose Hochhalte: Der Achterschwung wird je zur Hälfte an der
linken und rechten Körperseite ausgeführt. Der linke Kreis führt in
flüssiger Verbindung mit Rumpfvorbeugen durch die Mitte, mit Drehbeugen links am linken Fuß vorbei, nach rückwärts-aufwärts durch die
Drehbeuge links rückwärts und Rumpfrückbeuge in die Streckhaltung;
der rechte Kreis wieder mit Vorbeugen durch die Mitte beginnend am
rechten Fuß vorbei usw. Jeden Kreis langsam beginnen, rasch beenden
und das weite Rückbeugen mit dem anschließenden schnellen Übergang
in die Streckhaltung betonen. (Kommando: „Mitte — links — hoch;
Mitte — rechts — hoch".)

464 *Waagerechtes Rumpfdrehkreisen im Grätschkniestand.* Rumpfdrehbeuge
rechts, Seithalte beider Arme rechts, Fäuste (einatmen): Rumpfkreisen
je 1½ mal links und rechts (ausatmen) in fortgesetztem Wechsel
a) schwunghaft;
b) ruhiger, mit Wechsel zwischen Kniestand beim Rückwärtskreisen
   und Kniesitz beim Vorwärtskreisen.

465 *Waagerechtes Beckenkreisen im Kniestand* mit Seithalte der Arme.
(Schultern und Arme werden nicht mitbewegt.)

466 *Waagerechtes Rumpf-Achterkreisen im Kniestand.* Grätschkniestand
(einatmen): Rumpf-Achterkreisen seitlings durch die Rumpfdrehbeugen
links und rechts (ausatmen) (vgl. Nr. 463).
Auch im Schrittknien.

467 *Sitzrumpfkreisen.* Grätschstrecksitz (Kopfhalte).
a) Rumpf-Trichterkreisen; allmählich Erweitern, *auch* mit Vorstrecken
   und Beugen der Arme zum
▲ b) Kreisen durch die *Seitenlage* und *Rückenlage.*

119j Rumpfkreisen im Hürdensitz, Hochhalte.

462 *Diagonales Rumpf-Achterkreisen*

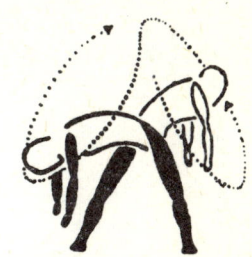

463 *Entspanntes Rumpf-Achterkreisen seitlings*

464 *Waagerechtes Rumpfkreisen*

465 *Waagerechtes Beckenkreisen*

466 *Achterkreisen*

467 *Sitzrumpfkreisen*

467 *... mit Armbeugen und -strecken*

468 *Rumpfdrehkreisen zu zweien.* Gegenstellung mit doppeltem Arm-
Z abstand, leichte Rumpfvorbeuge, lose Zweihandfassung (einatmen):
Fortgesetztes Rumpfdrehen, mit Drehschritten auf der Stelle.
Auch dicht gegenüber, Handfassung, Seithalte beider Arme nach der-
selben Seite: $^1/_1$ Drehung mit 1½ Armkreisen, abwärts beginnend.

469 *Kniestandkreisen zu zweien.* Kniestand nebeneinander, äußeres Bein
Z seitgestellt, Rumpf nach außen gedreht, Rücken gegen Rücken, Hochhalte, Zweihandfassung: Rumpfkreisen.

470 *Sitzrumpfkreisen mit Helfer.* A Grätschstrecksitz, Rumpf rückgesenkt,
H Hochhalte (einatmen); B hält die Füße: A Rumpfkreisen

a) „straff", Rumpf gestreckt;

b) „locker".

471 *Rumpf-Achterkreisen in halber Rückenlage mit Helfer.* Beine gegrätscht,
H Rumpf leicht vorgehoben, Hochhalte (oder Kopfhalte) (einatmen):
Rumpf-Achterkreisen (ausatmen)

a) seitwärts;

b) vorwärts-rückwärts.

(Nur für die Dauer der Ausatmung, dann ruhige Atmung in *Rückenlage*.)

121d Grätschsitzdehnung zu zweien gegenüber, Zweihandfassung: Rumpfkreisen.
355 Rumpfkreisen in Rücksenke als Reiter auf Bank.
482f Rumpfkreisen als „Bauchreiter" auf Helfer.
494h Rumpfkreisen im Schultersitz auf Helfer.

Heben — Tragen — Aufsteigen — Stützspringen

Zweck: Vielseitige Kräftigung der gesamten Muskulatur; Förderung des
Muts, des Selbstvertrauens, der Zusammenarbeit; der Geschicklichkeit
und des Gleichgewichtssinns.

Beachte: Partner nach Größe und Gewicht zusammenstellen; anfangs in
Gruppen zu dreien oder vieren arbeiten (davon 1 bis 2 als Hilfestellung);
nötigenfalls Unterlagen benutzen.

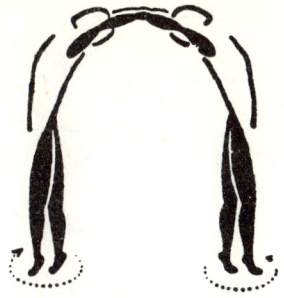

468 *Rumpfdrehkreisen*

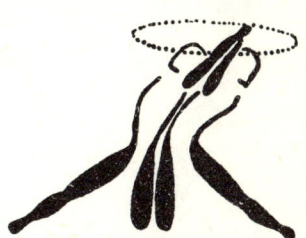

469 *Kniestandkreisen*

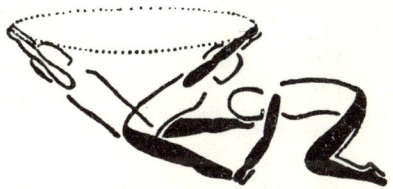

470 *Sitzrumpfkreisen*

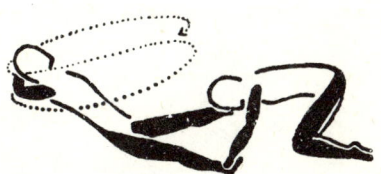

471 *Achterkreisen*

472 *Schulterstütz.* Strecksprung in den Stütz auf den Schultern *zweier*
H *Helfer:* darin Beine vorheben oder anhocken.

Auch Vorlaufen mit Streckstützlast als Wettkampf.

Auch Hochstemmen des *A* im Flechtgriff oder mit Stützgriff (äußere Hand stützt unter der Hand, innere am Oberarm des *A*).

Auch Hochwerfen des aufspringenden *A* mit Loslassen der Hände.

473 *Stützsprung über Handfassung zweier Helfer. B* und *C* Gegenstellung,
H Griff an den hinteren Händen, *A* davor, Griff an den vorderen Händen der Helfer: nach vorbereitendem zweimaligem Anwippen Übersprung vorwärts über die Handfassung.

Auch rückwärts zurück. (*B* und *C* Hände zunächst nur lose aneinander legen).

474 *Toter Mann mit einem Helfer. A* enge Seitgrätschstellung, Hochhalte.
H *B* Gegenstellung mit einem Schritt Abstand, weite Schrittstellung, Rumpf leicht vorgebeugt, Griff an den Ellbogen des *A: A* lehnt den gestreckten Körper gegen die Hände des *B; B* senkt ihn unter allmählichem Schrittknien abwärts und

a) wippt ihn durch Beugen und Strecken der Arme (ausatmen);

b) prellt ihn mit kleinen Stößen gegen die Schultern oder Oberarme aufwärts;

c) stützt an den Unterarmen oder Handgelenken;

d) fängt *A*, der sich fallen läßt, an den Schultern oder Armen auf.

475 *Toter Mann mit zwei Helfern.* Die mit 1 bis 2 Schritt Abstand einander
H gegenüberstehenden Helfer stoßen sich den zwischen ihnen völlig steif stehenden Dritten zu. Dieser kehrt den Partnern

a) die Vorder- bzw. Rückseite;

b) die rechte bzw. linke Seite zu.

Auch zu mehreren in Linie zu *3 Gliedern* bzw. in 3 Reihen nebeneinander, wobei das mittelste Glied auch einhaken kann und gleichzeitig oder wellenartig bewegt wird *(Lange Welle)*.

Auch in einem Kreis von 8 bis 10 Helfern im Hocksitz, die sich den in der Mitte stehenden „toten Mann" gegenseitig zustoßen. Wer nachgibt, wechselt mit ihm.

472 *Sprung-Stemmen*

473 *Stützübersprung*

474 *Toter Mann*

475 *Toter Mann mit zwei Helfern*

476 *Balken heben (Steife Last) mit Helfer.* A Grätschstrecksitz, Hüftstütz
H (oder Arme angelegt oder Hochhalte über Schulterbreite); B, in Seitgrätschstellung (oder Ausfallstellung) dahinter, Hände am Hinterkopf
des A: A Strecken der Hüften; B Wippen.

Auch A Flechtgriff um den Nacken des B, der Rumpf und Hals streckt
und A zwischen den Schulterblättern unterstützt.

Auch Herablassen des A durch B aus der Seitgrätschstellung und Aufstellen nach beendetem Wippen. (Atmung nicht unterbrechen!)

Auch A Kopfhalte, B Griff an den Unterarmen oder Ellbogen.

▲ *Auch* A *Rückenlage*, Arme angelegt, B Griff um den Nacken des A:
Hochreißen in den Stand.

Auch Balkenschwingen mit zwei Helfern. B Griff an den Fußgelenken,
C unter den Achseln (am Nacken; an den Handgelenken) des A,
schwingen ihn hin und her, wobei er sich etwas locker läßt.

▲ *Auch Balken hochstemmen. Zwei Helfer.* A *Rückenlage*, B dahinter,
Nackengriff, C zwischen den gegrätschten Beinen des A, Fußgelenkgriff:
A auf die Schultern heben; bis zur Hochhalte stemmen; vorwärtstragen.

477 *Hängende Last mit Helfer.* B Grätschstrecksitz, Hochhalte, Flechtgriff
H um den Nacken des A: A, dahinter, Grätschwinkelstand, Arme rück-
gehoben: B Strecken der Hüften zum Hang am Nacken des A;
A Rumpfwippen.

Auch B wippendes Armbeugen und -strecken.

Auch B Vorheben der gestreckten Beine in den Schwebehang; darin
Beine seitgrätschen und schließen oder aufwärtsfedern.

Anschließend Aufrichten des B in den Stand mit Griff unter den
Schulterblättern.

Auch in Gegenstellung. A über den Beinen des B stehend.

Auch Gegenstellung, gegenseitige Genickfassung, A Seitgrätschstellung,
B Sprung in den Hangstand zwischen den Beinen des sich leicht vorbeugenden A; sofort Zurückspringen in Seitgrätschstellung und Sprung
des A. (Fortgesetzt.)

40 „Doppelwippe" mit 1—2 Reitern.

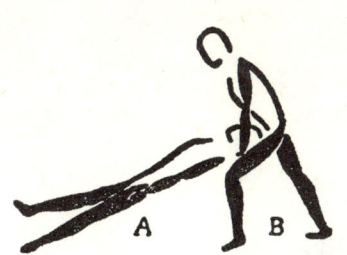 

476 *Balken heben*

... *am Hinterkopf*   ... *am Rücken*

476 *Balken stemmen*

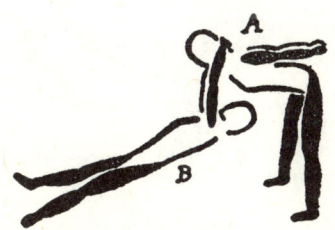 

477

Hängende Last   ... *mit gegenseitigem Nackengriff und Sprungwechsel*

257

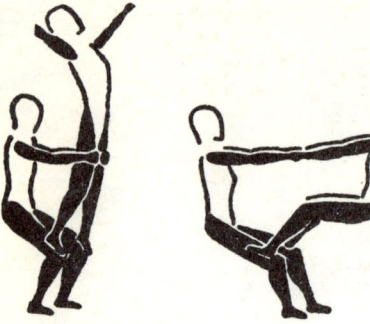

a   **478**   d, e   **478** b *Schwebestand-Abgang*
Knie-Schwebestand   *... mit Handfassung*

478   *Knie-Schwebestand mit Helfer.* B Seitgrätschstellung: *A* steigt mit
H   Hilfe des *B* auf dessen Oberschenkel

     a) rückwärts, legt sich gut vor und wird von *B* an den Knien gehalten;
     b) *B* (nach Abrutschen aus dem Schultersitz in den Knieschwebestand)
        weites Vorlegen mit Hochgriff links: Anhocken oder Vorspreizen
        links, Vorhochheben der rechten Hand;
     c) vorwärts, *B* hält an den Oberschenkeln;
     d) vorwärts mit gegenseitiger Fassung einer oder beider Hände;
     e) wie vor: *A* vorwärts gehen.

479   *Knie-Schwebehandstand mit Helfer.* Gegenstellung, *B* Seitgrätschstel-
H   lung, Kniebeuge: *A* geht mit Hilfe des *B* in den Handstand auf dessen
     Oberschenkel und wird von ihm an den Hüften gehalten.

480   *Waageheben mit Helfer.*
H   a) *B* tritt von vorn zwischen die Beine des im Grätschliegestütz rück-
        lings befindlichen *A*, hebt sie mit den Unterschenkeln bis unter
        seine Achseln und legt sich mit Beugen der Knie so weit zurück, daß
        das Gesäß des *A* auf seinen Knien liegt: *A* Vorhochheben der Arme,
        langsames leichtes Vor- und Rückbeugen des Rumpfs;
     b) wie a), doch umklammert *A* mit den Beinen die Hüften des *B* und
        richtet sich so weit auf, daß eine lebhafte Wiegebewegung möglich ist
        (Knie-Schwebe-Wiege);
     c) *A* Grätschliegestütz vorlings: *B* umfaßt von hinten die Oberschenkel
        des *A*, so daß sie um seine Hüften liegen, und hebt ihn durch Rück-
        beugen des Rumpfs an, *B* Seit- oder Hochheben der Arme zügig und
        schwunghaft;

479 *Knie-Schwebehandstand*

a
Waageheben rücklings

480

b
Knie-Schwebewiege

c¹
Waageheben vorlings

c²
Waageschwung

d
*Oberschenkelsitz
Vorwärtsgehen*

Abgang:

    1. durch Einnehmen der Kerze zwischen den Beinen des *B* (Nr. 291).

    2. indem *B* den *A* so hoch schwingt, daß er ihn auf die Beine stellen kann *(Wiegeschwung);*

  d) wie a), doch gegenseitige Schulterfassung *(Oberschenkelsitz): B* vorwärts gehen.

354 „Waageheben" aus Rückenlage auf Kniesitz des Helfers.

481 *Verkehrter Reiter mit Helfer. A* Grätschliegestütz vorlings, *B* Stand
H rücklings zwischen den Beinen des *A*, hebt sie bis über seine Hüften
und beugt sich vor, *A* hält sich durch Schenkeldruck fest und beugt den
Rumpf mit Hochhalte rückwärts-aufwärts, *B* drückt die Fersen schaukelnd abwärts, bis *A* in den verkehrten Reitersitz auf dem waagerechten Rücken des *B* gelangt. Abgang durch Abrutschen von dem sich
langsam aufrichtenden *B* oder Abhurten mit gleichzeitigem ruckartigen
Aufrichten des *B*.

355 Rumpfbewegungen als „Bankreiter".
339 „Cowboy-Reiten" auf Bank; als Kampf.
 50 „Bank-Hebekampf".

482 *Hüftsitz-Übung vorlings (Bauchreiten) mit Helfer.* Gegenstellung.
H *I. Aufgang:*

  a) Aufspringen des *A* von vorn in den Grätschsitz auf den Hüften des
B, der ihn mit Flechtgriff unter dem Gesäß stützt;

  b) *Pfannkuchenkehren.* Aufrollen: *A* Seitgrätschstellung, tiefe Rumpfvorbeuge, Arme zwischen den Beinen rückgehoben, Kopf hoch zwischen die Beine des *B* geschoben; *B*, Griff an den Handgelenken
des *A*: hebt ihn mit kräftigem Ruck an und rollt ihn in den Hüftsitz
über (*A* hilft durch Abspringen);

  c) Aufnehmen des in der *Kerze* stehenden *A* an den Beinen (von hinten
herantreten);

  d) *A* Handstand mit gegrätschten Beinen; *B* umfaßt die Beine des *A*
von hinten innen mit den Armen und legt die Hände auf den
Rücken: *A* Rumpf vorbeugen in den Hüftsitz;

II. Übung:

  e) *A* Rumpfrücksenken und -heben (Kopf-, Seit-, Hochhalte), zügig
und schwunghaft;

  f) Rumpfkreisen, Kopfhalte;

  g) Wiegen des *A* durch Rumpfvor- und -rückbeugen des *B*;

481 *Waagedrücken*

482 *Hüftsitz-Übung*

b
... *Aufrollen in Hüftsitz*

e
... *Rücksenken und -heben*

c, l
... *Auf- und Abgang aus Kerze*

g, h
... *Wiegen im Hüftsitz*

h) Aufspringen, einmal Wiegen, sofort abspringen und Wechsel. Fortgesetzt;

i) *Wiegeschwung:* A wird von B mit Griff an den Hüften schwunghaft hochgestemmt und stützt sich dabei auf dessen Schultern; bis zum flüchtigen Handstand;

j) *Tragen vor der Brust* im Hüftsitz über eine bestimmte Strecke; auch als Mannschaftswettkampf;

III. Abgang:

k) A Rumpfrücksenken, Durchkriechen zwischen den Beinen des sich vorbeugenden B in den Liegestütz vorlings;

l) Rücksenken in die *Kerze;* B Loslassen der Beine, Zurücktreten; *auch* erneut Aufnehmen;

m) Rücksenken in den Unterarmstand; B hält die Beine oder tritt zurück.

483
H *Armträger mit Helfer.* B Hocksitz; A faßt ihn mit dem rechten Arm unter die Achseln, mit dem linken unter die Kniekehlen, hebt ihn hoch und schwenkt ihn im Kreise herum oder trägt ihn fort.

Auch B „bewußtlos", d. h. völlig entspannt, in *Rückenlage.*

Auch als Wettkampf. („Wer trägt die meisten ‚Rauchkranken' am schnellsten ins Freie?")

484
H *Untergriff von vorn; Untergriff von hinten* unter den Armen. *Mit Helfer:* Den Gefaßten

a) hin- und herschwingen;

b) im Kreise schwingen (bei Untergriff von vorn: *Ringermühle;* von hinten: *Karussell*);

c) anschließend mit Herabsenken auf ein Knie vorsichtig auf den Rücken zu Boden legen.

Auch A Flechtgriff um den Nacken des B.

Auch Karussell zu vieren. Das „Träger"-Paar gegenseitiger Nackengriff, das „Flieger"paar quer dazu mit entsprechendem gegenseitigen Nackengriff über den Armen der Träger, wird von diesen im Kreise herumgeschwungen.

485 *Hebekampf.* Gegenstellung:

K a) wer hebt den Gegner hoch?

b) wer legt ihn so hin, daß er mit einem andern Körperteil als den Füßen den Boden berührt?

h, i
...*Wiegeschwung*

k
...*Durchkriechen
nach Rücksenken*

m
...*Unterarmstand
nach Rücksenken*

483 *Armträger*

484 b¹ *Ringermühle*

484 b² *Karussell*

485 *Hebekampf*

486
K
Nackenhebel-Kampf. A hat B von hinten mit *Doppeltem Nackenhebel* (Flechtgriff unter den Armen um den Nacken) angehoben und versucht, sein Kinn auf die Brust zu zwingen; B leistet Widerstand und versucht, durch Strecken des Genicks den Griff zu sprengen. (Zeitdauer: ½ bis 1 Minute.)

487
H
Huckepack. Widerstandsübung. A kleine Schrittstellung: Mit Belastung durch den in Hüftsitz von hinten aufgeladenen Partner

  a) Kniebeugen und -strecken, lebhaft wippend; zügig auf ganzen Sohlen;

  b) Herumspringen wie ein „wildes Pferd";

  c) Wettlaufen als Mannschaftskampf;

  d) Überspringen von kleinen Hindernissen mit oder ohne Anlauf;

K e) *Huckepack-Kampf:* den Reiter abzuschütteln versuchen; dieser hält sich jetzt nur mit den Beinen (Dauer ½ Minute).

Auch den Partner in Querlage auf Rücken und Hüften tragen, Griff mit je einem Arm um Kniekehlen und Rumpf *(Hüftträger).*

Auch B: Aufspringen im Laufen (zunächst langsam).

488
Z
Wiegemesser („Salzwiegen", „Butterwiegen", „Rückenträger") *zu zweien.* Stand Rücken gegen Rücken, Arme ineinandergehakt: A lädt durch Vorbeugen des Rumpfs (ausatmen) B auf den Rücken; B läßt den Körper entspannt hängen (ausatmen);

  a) sofort gegengleich in fortgesetztem Wechsel;

  b) Beinbewegungen wie: Heben und Senken, Beugen und Strecken, Grätschen und Schließen, Radeln, Spreizen, Scheren, Gegenkreisen (ausatmen);

  c) mit ¼ oder ½ Drehung des Hebenden um die Längsachse bei jedem Aufladen;

  d) mit Zweihandfassung oder Griff an den Handgelenken des B in Hochhalte;

  e) ab durch Überrollen rückwärts in den Stand *(Zugrolle rückwärts);*

  f) Vorbeugen mit Hochhalte bis zum Berühren des Bodens mit den Händen;

  g) ab durch Handstandüberschlag;

  h) wie f) und g) frei ohne Handfassung.

486 *Nackenhebelkampf*   **487** *Huckepack*   **487** *... in Querlage*

488 *Wiegemesser*   f, g *... ab durch Überschlag*

488 h *Handstand-Überschlag*

489 *Tragen im Flechtgriff mit Helfer. A* Flechtgriff

H a) hinter dem Rücken;

b) vorne;

B steigt mit einem Fuß hinein, Griff an den Schultern des *A: A* Gehen und Laufen; *auch* als Wettlauf.

Auch B darf sich nicht festhalten.

Auch Tragen im Schulterstütz: B Streckstütz von hinten auf den Schultern des *A*, Füße frei.

490 *Nackenstütz zu dreien.* Drei Partner stehen hintereinander: Der mittel-
H ste springt in den Schulterstütz auf den vorderen, der hintere stützt ihn mit einer Hand am Hinterkopf und wippt ihn leicht auf und ab.

Auch im Vorwärtsgehen oder -laufen mit kleinen Schritten.

491 *Spannbeugehang mit Helfer.* Stand Rücken gegen Rücken, Hochhalte,
H Zweihandfassung (oder *B* Griff um die Handgelenke des *A; auch A* Kopfhalte); *B* leichtes Rumpfvorbeugen, wodurch *A* in den Hang rücklings gehoben wird:

a) *B* federndes Abwärtsziehen der Arme;

b) *A* Anhocken eines Knies oder beider Knie; *auch Beinrad* (Nr. 342 h); *Radeln* (Nr. 341 e);

c) Heben eines oder beider Beine; Grätschen; Gegenkreisen;

d) *A* als Abschluß Überrollen rückwärts aus Stand in Stand.

(B soll den Rücken möglichst gerade lassen und nur den Nacken vor-
beugen, so daß *A* wirklich *hängt* und nicht etwa auf seinem Rücken liegt.) (Schulterlockerung des *A*.)

(Ruhige Atmung!)

492 *Aufladen (Nackenträger) mit Helfer: A* erfaßt mit der rechten Hand
H das linke Handgelenk des in Seitgrätschstellung gegenüberstehenden *B*, schiebt den linken Arm und die linke Schulter zwischen den Beinen des *B* hindurch, lädt ihn auf und nimmt das linke Handgelenk in die linke Hand (*A* hat die rechte Hand frei, um sich festhalten oder stützen zu können, während *B* nirgends abgleiten kann).

Auch Gegenstellung. *A* Griff links um das rechte Handgelenk des *B*, Durchschieben des Nackens unter der rechten Achsel, Griff rechts oberhalb der Kniekehlen: Aufladen auf Nacken und Schultern.

489
a   b
Tragen im Flechtgriff

490
Nackenstütz

491
A   B
a
Spannbeugehang

A   B
b
. . . mit Beinbewegungen

491 d *Zugrolle rückwärts aus dem Stand*

492 *Nackenträger*

493 *Bruststand mit Helfer.* Gegenstellung, *B* Seitgrätschstellung, Rumpf-
H vorbeuge; *A* umfaßt von oben hinten den Rumpf des *B* und wird von
ihm zum Bruststand auf den Rücken gehoben.

494 *Schultersitz-Übung mit Helfer.*

H *I. Aufgang:*

a) *Aufsteigen von hinten.* *B* Schrittstellung, Flechtgriff rücklings; *A*
steigt von hinten mit einem Fuß auf die verschränkten Hände zum
Sitz auf den Schultern des *B* auf (Nr. 498 a);

b) *Nackenhub.* *B* hebt den in Seitgrätschstellung stehenden *A* von hinten mit dem Nacken in den Schultersitz;

c) *Aufspringen rückwärts.* *B* hinter *A*, Rumpfvorbeuge, Handfassung
von unten her: *A* springt rückwärts mit Grätschen der Beine, von *B*
gestützt und mit dem Nacken aufgefangen, in den Schultersitz;

d) *Aufsteigen von vorn.* Gegenstellung, Kreuzgriff (rechts rechts über
links links): *A* steigt mit dem linken Fuß auf den gebeugten linken
Oberschenkel des *B*, schwingt mit ½ Linkswendung das rechte Bein
von hinten über die rechte Schulter und hebt das linke Bein in den
Schultersitz nach;

e) *A*, Hockstütz, wird von *B* an einem Fuß in den *Handstand* gehoben;
B tritt vor *A* Rücken gegen Rücken, nimmt seine Kniekehlen über
die Schultern und hält die Unterschenkel fest: *A langsam* Aufrichten
in den Schultersitz (*B* muß gut feststehen!);

f) *B*, Schrittstellung, Seithalte; *A* dahinter, *Handstand*, Beine gegrätscht, Kniekehlen auf die Schultern des *B*, der die Unterschenkel
festhält: *A* vorsichtiges Aufrichten in den Schultersitz.

II. Übung:

g) *A* Rumpfrücksenken und -heben; zügig und schwunghaft;

h) Rumpfkreisen;

i) *A* Herabgleiten in den Hockhang (*Tragkorb, Kiepe*), Gesäß auf den
Rücken, Rumpfvorbeugen, Griff an den Oberarmen des *B* (oder
freie Armhaltung): *B* Wippbewegungen oder Vorwärtsgehen.

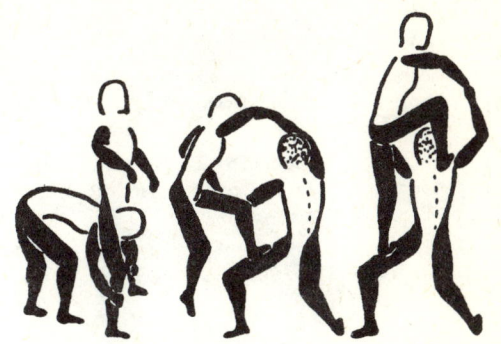

494 *Schultersitz-Übung*

493 *Bruststand* b ... *Nackenhub* d ... *Aufsteigen von vorn*

494

f, n ... *Handstand* l ... *Aufstemmen* g, m, o ... *Rumpfheben*
zum und vom aus Sitz in Stütz und -rücksenken
Schultersitz

III. Abgang:

j) vorwärts: *Abgrätschen* über den Kopf des *B*, der an den Fußsohlen stützend nachhilft;

k) Abrutschen vorwärts über den Kopf des sich vorbeugenden *B* zum Schwebestand auf dessen vorgebeugten Oberschenkeln mit Hochgriff an Händen oder einer Hand (Nr. 478 b);

l) Nach vorbereitendem Federn und Wippen *Aufstemmen in den Schwebestütz* auf den hochgestreckten Armen des *B;* Schließen der Beine, Abhurten nach vorn;

m) rückwärts: Rumpfrücksenken, Stütz der Hände auf dem Boden, Handstand*überschlag* rückwärts.

IV. Wettkampf in der Fortbewegung über eine bestimmte Strecke oder nach der Anzahl der Überschläge *(Überschlaggang)*

n) vorwärts: Aufgang durch Handstand wie f), doch stellt *B* mit Vorbeugen des Rumpfs den gestreckt bleibenden *A* vorn auf die Füße. *A* macht einen Schritt vorwärts, *B* geht in den Handstand, wird in derselben Weise herübergehoben usf.;

o) rückwärts: *A* Seitgrätschstellung; *B* schiebt seinen Kopf von hinten zwischen die Beine des *A* und erfaßt ihn an den Fußgelenken: *A* legt sich mit Rückbeugen auf den Rücken des *B* und geht bei dessen Aufrichten mit Handstandüberschlag rückwärts (wie m) ab, schiebt dann seinen Kopf zwischen die Beine des *B*, hebt ihn in derselben Weise herüber, usf.

495
H
Salto vorwärts mit zwei Helfern. *B* und *C* in Gegenstellung fassen den zwischen ihnen mit leicht zurückgenommenen Ellbogen frontal stehenden *A* mit der hinteren Hand von vorn unten in je einer Ellbeuge, mit der vorderen Hand an je einem Oberarm: *A* nach zweimaligem gemeinsamen Anwippen Absprung und Luftrolle vorwärts mit Anhocken bis in Stirnnähe.

Auch Salto rückwärts mit entsprechendem Griffwechsel der Helfer.

496
H
Schwebe-Kniewaage auf den Schultern des *Helfers.* Aufsteigen von hinten im Flechtgriff des Vordermanns (Nr. 489 a) zum Knien links. Zweihandfassung oder Griff an einer Hand; rechtes Bein rückspreizen.

494 n *Überschlaggang vorwärts*

495 *Salto (von der Seite)*

496 *Kniewaage*

497   *Schulter-Schwebestand.* Freier Stand auf den Schultern des *Helfers*, der
H   an den Waden (oder Händen) hält. (Gute Hilfestellung!):

a) *Aufsteigen von hinten* im Flechtgriff;

b) *Aufsteigen von vorn* mit Kreuzgriff Nr. 494 d);

c) *Aufstemmen aus Schultersitz* durch den Schwebestütz (Nr. 494 l) mit
Anhocken und Aufstellen der Füße auf die Schultern (der Unter-
mann muß mit Beinen und Armen gute Stemmhilfe geben);

d) *Aufstehen in der Doppelbank.* Beide Partner in der Bank. *A* auf *B:*
Langsames gleichzeitiges Aufrichten in den Stand, wobei *A* auf die
Schultern des *B* steigt und von diesem zunächst mit einer frei-
werdenden Hand gehalten wird;

e) *Auflaufen von hinten.* *B* Schrittstellung, in den Knien federnd,
Rumpfvorbeuge, Rücken leicht ansteigend, *Arme* auf die Knie
gestützt: *A* von hinten, weich gegenspringend, auflaufen; der erste
Schritt führt auf das Kreuzbein, der zweite, währenddem *B* sich
langsam aufrichtet, auf die eine Schulter, der dritte in den Stand
auf beiden Schultern; (Vorübung: Darüber laufen. *B* weite Ausfallstellung, Brust auf dem tief gebeugten vorderen Knie);

f) *Stütz-Aufsprung rückwärts.* *B* hinter *A*, Handfassung von unten
her: Nach ausholendem Armseitschwingen und federndem Kniebeugen beider Schlußsprung des *A* zum Stütz auf den hochstem-
menden Armen des *B* und Aufstellen der anhockenden Beine auf die
Schultern;

g) *Aufreißer.* Gegenstellung, *B* Schrittstellung, linkes Bein zwischen
den Füßen des *A*, Zweihandkreuzgriff: *A* ausholendes Niederlassen
in die *Rückenlage*, Sohlen am Boden; *B* entsprechendes Rumpfvorbeugen: Unter gleichzeitigem Anrucken, Hochreißen und -stem-
men des *B* springt *A* auf und mit einer Linkswendung von hinten
auf die Schultern des *B*.

Abgang: Vorsichtiges Fallenlassen vorwärts (mit Stütz auf den Händen
des *B*).

497 *Schulter-Schwebestand*

e *Auflaufen*

a *Aufsteigen von hinten*

d

Aufstehen in der Doppelbank

g *Aufreißer zum Schulter-Schwebestand*

f *Stützaufsprung rückwärts*

498 *Stützsprung über ein Knie mit Helfer.* Gegenstellung, B weite Ausfall-
H stellung links, Handfassung: A Schlußsprung seitwärts über das vorgestellte Bein des B mit dessen Unterstützung. Hin und zurück.

499 *Stützsprung über einen Arm mit Helfer.*

H a) rückwärts *(Aushocken)*. B hinter A, Handfassung von unten her
(Nr. 497 f): Nach ausholendem Kniewippen beider Schlußsprung
des A und Überhocken rückwärts über den rechten Arm des B;

b) vorwärts *(Einhocken)*: Aus der Endstellung von a) (rechts hinter B)
nach einem Zwischenhupf in derselben Weise zurückspringen.

Fortgesetzt nach beiden Seiten ohne Pause. (B nicht zu früh mit den
Armen, mehr mit den Beinen stemmen! Gut unter A bleiben! A spät
anhocken!)

(Anfangs erleichtern durch Tiefhalten des unteren Arms, dabei gut mit
dem oberen ziehen!)

500 *Überwurf mit Helfer.* (Gute Hilfestellung!) Gegenstellung, B Seit-
H grätschstellung, Knie gebeugt, Flechtgriff vorlings: A steigt, sich an den
Schultern des B haltend, mit dem linken Fuß in den Flechtgriff, streckt
das linke Bein zum Sprung, spreizt, während B mit Beinen, Rumpf
(Hohlkreuz!) und Armen anruckt, zunächst das rechte und sofort das
linke Bein über die Schultern und überspringt B im Grätschstrecksprung.
Vorübung: Aufsteigen und hoch rückwärts abspringen.

501 *Zuggrätsche mit Helfer.* (Gute Hilfestellung!) *A Rückenlage,* Beine
▲H leicht geöffnet, Sohlen am Boden; B davor, zwanglose Ausfallstellung,
Ausfallbein zwischen den Beinen des A (Nr. 497 g), Handfassung, Daumen gekreuzt: Nach ausholendem Aufrichten und Zurückrollen, das B
mit entsprechendem Knie- und Rumpfwippen begleitet, springt A auf
und grätscht, von B hochgerissen und -gestemmt über dessen Kopf und
Arme (B: dicht am Körper hochziehen, Hände eng zusammen, gute
Beinarbeit, Rumpf und Kopf rückwerfen; A: gut abspringen, Vorlegen
und Abdrücken wie beim Bockspringen!)

502 *Zughocke mit Helfer.* (Gute Hilfestellung!)

▲H Ausführung wie Nr. 501, jedoch B Hände weiter auseinander, A *spät*
Anhocken.

498 *Stützsprung über ein Knie*

499 *Ein- und Aushocken*

500 *Überwurf*

501 *Zuggrätsche aus Rückenlage*

502 *Zughocke aus Rückenlage*

Anhang

Kampfübungen

Dauer: ½ bis 1 Minute

a) Ziehen und Schieben
   (über eine Grenzlinie oder aus einem Kreis)

78a *Fingerhakeln.* Gegenstellung, ein Finger eingehakt.

78b *Ellbogenziehkampf*, nebeneinander, linker Arm eingehakt.

382 *Zugkampf seitwärts.* Seitgrätschstellung nebeneinander, äußere Knie gebeugt, Rumpfbeuge seitwärts gegeneinander, Hochhalte, Handfassung: Gegner zum Lösen des äußeren Fußes zwingen.

190 *Unterschenkel-Ziehkampf.* Gegenstellung, Unterschenkel eingehakt: auch seitwärts.

189a *Hink-Ziehkampf rückwärts.* Gegenstellung, eigener Fußgriff rechts rücklings, Handfassung links.

189b *Hink-Ziehkampf rückwärts.* Gegenstellung, Griff beider Hände am vorgehobenen rechten Bein des Gegners.

189c *Hink-Ziehkampf rückwärts.* Gegenstellung, rechter Fuß des Gegners auf linker Schulter links festgehalten, Handfassung rechts.

189d *Hink-Ziehkampf vorwärts.* Rücken gegen Rücken, Griff am rechten Bein des Gegners.

78d *Ziehkampf um den Dritten* in der Mitte, der jedem eine Hand reicht.

78e *Tauziehen ohne Tau.* Gegenstellung, Zweihandfassung, dahinter *mehrere Helfer*, die einander um den Leib fassen.

192 *Hock-Ziehkampf.* Hockstand gegenüber, Fassung einer oder beider Hände.

78c *Hochziehen. B* Strecksitz, linkes Bein angebeugt, rechten Fuß gegen rechten Fuß des davor stehenden *A* gestemmt. Zweihandfassung: *A* den *B* über das gestreckte Bein in den Stand ziehen.

192 *Sitz-Ziehkampf.* Hocksitz gegenüber, Füße gegeneinander, Zweihandfassung: Gesäß des Gegners hochziehen.

52j *Liegestütz-Ziehkampf.* Handfassung links: Gegner umziehen.

301 *Nacken-Ziehkampf.* Griff rechts um den Nacken des Gegners.

52 *Liegestütz-Nackenkampf.* Genickgriff rechts: Gegner umziehen.

77a *Rausschmeißer:* Gegner am Rücken mit den Händen fortschieben.

77b *Arm-Schiebekampf.* Gegenstellung, Arm- und Schultergriff.

79c *Negertanz.* Griff an Schultern: Auf die Füße treten.

187 *Rücken-Schiebekampf.* Rücken gegen Rücken, ohne Gesäßberührung.

187   *Rücken-Schiebekampf* wie vor als Mannschaftskampf in *zwei Gliedern.*

77c   *Bein-Schiebekampf.* Griff beider Hände an einem Bein des Gegners.

77d   *Arm-Schiebekampf im Knien.* Griff an den Schultern.

50   *Bank-Schiebekampf vorlings.* Schulter (oder Kopf) gegen Schulter.

50   *Bank-Schiebekampf vorlings,* nebeneinander: Seitschieben des Gegners.

50   *Bank-Schiebekampf vorlings,* Gesäß gegen Gesäß, Beine ineinander: Rückschieben.

221j   *Bank-Schiebekampf rücklings.* Bank rücklings, rechte Schultern gegeneinander: Rückschieben.

187   *Sitz-Schiebekampf.* Rücken gegen Rücken, Arme eingehakt.

187   *Sitz-Schiebekampf.* Rücken gegen Rücken, Arme eingehakt in *zwei Gliedern.*

52i   *Liegestütz-Schiebekampf vorwärts.* Schulter (Kopf) gegen Schulter.

79a   *Steirisch-Ringen.* Schrittstellung rechts, gegenüber, rechte Füße gegeneinander, Handfassung rechts: Umschieben oder -ziehen.

79b   *Zieh- und Schiebekampf im Kniestand.*

b) Prellen und Stoßen
(Umstoßen oder zum Aufgeben der Stellung oder Haltung zwingen)

249n   *Hink-Stoßkampf.* Griff links rücklings am eigenen linken Bein, Vorhalte rechts: Stoßen gegen Vorhalte des Gegners.

249m   *Hink-Prellkampf (Hahnenkampf).* Arme vor der Brust: durch Rempeln oder Täuschen zum Aufsetzen des anderen Beins zwingen.

279g   *Gesäß-Prellkampf:* Drehsprung mit dem Gesäß gegeneinander.

247m   *Hock-Prellkampf.* Hockstand, Hüftstütz (oder Schienbeine umfaßt): Gegner durch Rempeln umwerfen.

247n   *Hock-Stoßkampf.* Hockstand: Durch Stoß gegen Vorhalte eines Arms oder beider Arme Gegner umwerfen.

361   *Sitz-Prellkampf gegenüber* (4 Formen); als Sohlenkampf.

121g   *Sitz-Prellkampf* gegen die Schultern.

c) Hebeln, Drehen, Heben

382g   *Seitbeugekampf.* Rücken gegen Rücken, Seithalte, Zweihandfassung: Zum Seitbeugen rechts zwingen.

383   *Seitbeugeziehen.* Seitgrätschstellung nebeneinander, Hochhalte seitwärts, Zweihandfassung: zum Versetzen des äußeren Fußes zwingen.

435c   *Mühlkampf.* Grätschwinkelstand gegenüber, Flechtgriff am Nacken des Gegners, rechter Arm gebeugt unter den linken Arm des Gegners: Rumpfdrehen *(Rumpfmühle)* rechts, rechten Arm des Gegners abwärts, linken aufwärtszwingen.

436   *Mühlkampf* im Grätschkniewinkelstand: wie vor.

81   *Unterarmprobe;* auch in Bauchlage gegenüber.

453   *Drehbeugekampf im Kniestand* nebeneinander, äußeres Bein seitgestellt, Rücken gegen Rücken gedreht, Hochhalte, Zweihandfassung:
Gegner hochhebeln.

50   *Bank-Hebekampf.* Bank gegenüber: Gegner durch Unterkriechen anheben.

361f   *A* Grätschstrecksitz, *B* Kniestand dahinter, versucht *A* umzukippen.

241   *Grätsch-Beinkampf.* Grätschstrecksitz gegenüber, Beine ineinandergeschoben: Beine zusammen- bzw. auseinanderzwingen.

361b   *Sitz-Beinkampf.* Hocksitz gegenüber: Unterschenkel des Gegners mit
den Füßen hochheben, Gegner umkippen.

388   *Sitzkampf seitwärts.* Sitz Rücken gegen Rücken, Arme eingehakt:
Rumpfseitbeugen rechts.

388   *Sitzdrehbeugekampf,* wie vor: Gegner seitdrehen.

43   *Sitz-Hebekampf.* Hocksitz Rücken gegen Rücken, Hochhalte, Zweihandfassung, Handflächen gegeneinander: Gegner hochhebeln.

347k   *Kipplagekampf.* Kipplage gegenüber und rechts nebeneinander, rechtes Bein eingehakt: Gegner durch Beindruck überkippen.

d) Ringen und freier Kampf

16b   *Fingerkampf.* Hochhalte, Finger verschränkt: Gegner auf die Knie
zwingen.

75   *Handgelenk-Befreiungskampf. A* umfaßt die Handgelenke des *B:*
B versucht, sie durch ausdrehen zu befreien.

75   *Handgelenk-Befreiungskampf. B* Griff beider Hände um rechtes Handgelenk des *A: A,* linker Arm auf Rücken, sucht sich zu befreien.

485a   *Hebekampf frei:* Wer hebt den Gegner zuerst hoch?

485b   *Hebekampf:* Gegner hochheben; vorsichtig hinlegen.

486   *Nackenhebelkampf: A* versucht, durch doppelten Nackenhebel das
Kinn des von hinten hochgehobenen *B* auf die Brust zu zwingen;
B versucht, den Griff zu sprengen.

50a   *Bank-Ringkampf:* Den in Bank befindlichen Gegner mit einem weiteren Körperteil zu Boden bringen.

50b   *Bank-Ringkampf:* Den Gegner in die Rückenlage bringen.

324   *Bodenringen:* Den Gegner aus Bauchlage in Rückenlage bringen oder
umgekehrt.

79d   *Ausbrechen zu zweien.* Gegenstellung, Zweihandfassung: Unter den
Armen durchschlüpfen.

79e   *Ausbrechen zu dreien* aus der Kreisfassung wie vor.

487e *Huckepack-Kampf:* Den Reiter von den Hüften abschütteln.

 79b *Freier Kniestandkampf.* Gegenstellung: Gegner beliebig mit einem weiteren Körperteil zu Boden zwingen.

361e *Freier Sitzkampf gegenüber:* Beliebig, jedoch ohne mit den Händen den Boden zu berühren, an den Beinen umkippen.

121g *Freier Sitz-Prellkampf.*

339b *Cowboy-Reiten (Störrischer Esel):* Kampf zwischen „Reiter" und „Pferd" (in und auf Bank).

Muskelphysiologische Bemerkungen

Jede Eigenbewegung unseres Körpers beruht auf Bewegungen unserer Muskeln, und da — vereinfacht gesagt — Leben Bewegen ist, nimmt es nicht wunder, daß sich neben der gesamten Bewegung auch der Stoffwechsel zu einem großen, bis 90% erreichenden Teil in den Muskeln vollzieht und diese über $^4/_{10}$ unseres Körpergewichts ausmachen[1]).

Die ersten Muskelgebilde, die das Leben vor mindestens einer halben Milliarde von Jahren schuf, waren wohl die *„glatten Muskeln"*, spindelförmige Zellen, die noch jetzt unseren inneren Organen, einschließlich der arteriellen Blutgefäße bis in die Kapillarabzweigungen hinein, die notwendigen Bewegungen ermöglichen, unserem Willen nicht zugänglich, schneckenhaft langsam (1 cm/sec), aber verhältnismäßig sehr kräftig und unermüdbar sind.

Die Muskeln, mit denen wir unsern, vom Knochengerüst gestützten und dirigierbar gemachten, von knorpligen Gelenken, allerhand sonstigem Bindegewebe (Sehnen, Bändern, Hüllen) zusammengehaltenen Körper nach eigenem Willen bewegen, sind die *„quergestreiften"*. Ihre Zellen ordnen sich zu Filamenten[2]), diese zu Fibrillen [3]), die im Mikroskop verschieden lichtbrechende, daher heller und dunkler erscheinende Schichten, in der Gesamtwirkung also eine Querstreifung aufweisen, nach der diese willkürlichen Muskeln benannt sind. Die mikroskopisch feinen, von Muskelflüssigkeit (Sarkoplasma)[4]) umgebenen Fibrillen bilden die eigentliche Substanz der Kontraktion. Sie schließen sich zu Muskelfasern zusammen, die von einer lockeren, von Nerven und Blutgefäßen durchzogenen Bindegewebshaut eingehüllt sind. Diese, bis zu 15 cm Länge erreichenden Fasern vereinigen sich zu ähnlich eingehüllten Muskelbündeln, mehrere Muskelbündel zu einem Muskelstrang und mehrere Muskelstränge endlich zu einem „richtigen", von einer derben Faszie[5]) zusammengehaltenen, in Sehnen auslaufenden und damit in der Knochenhaut oder sogar im Knochen selbst verankerten Muskel, wie wir ihn z. B. am Oberarm, als Bizeps, fühlen können, wie er aber auch in allen möglichen anderen, feder- oder plattenartigen Formen den verschiedenen Teilen unseres Knochengerüsts als Skelettmuskel angepaßt ist.

Dieser, wie überall in der Natur, vom Einfachen zum Komplexen oder Komplizierten fortschreitende Aufbau wird dadurch noch komplizierter, daß das einzelne Muskelbündel Fasern verschiedener Struktur aufweist: einer im Querschnitt schollen- oder netzartig aussehenden sogenannten *Felderstruktur*, und einer feineren, punktiert erscheinenden *Fibrillenstruktur*. Die Fasern

mit Felderstruktur, kürzer und vorwiegend in der Rumpfmuskulatur ver-
treten, sind dunkelrot, weil sie mehr von dem, dem Blutfarbstoff (Hämoglobin)[6] ähnelnden und sogar noch besser als dieser Sauerstoff befördernden
Myoglobin[7] enthalten. Sie sind wegen dieser reicheren Sauerstoffversorgung
ausdauernder, aber auch langsamer in ihrer Kontraktion als die von hellerer
Fibrillenstruktur, die dafür schneller und demgemäß leichter ermüdbar sind[8].
Sie können auch beim Menschen ganzen Muskeln ihre Farbe und ihre Eigenschaften verleihen. Die naheliegende Frage, ob das Überwiegen der einen
oder anderen Faserstruktur die raschere oder langsamere Muskelreaktion und
Ausdauer verschiedener Menschentypen bedingt oder beeinflußt, ist noch nicht
geklärt.

Jeder Muskel führt aber auch Fasern, die sich nicht nur verschieden rasch
zusammenziehen, sondern auch auf Nervenreize verschieden reagieren, so daß
bei einem schwachen Nerven- bzw. Willenimpuls zunächst nur die leicht
ansprechenden Fasern eines Muskels, bei stärker werdenden Reizen weitere
und erst bei stärkstem Willensaufgebot alle Fasern kontrahieren. Jede einen
Reiz aufnehmende Faser zieht sich jedoch sofort mit ihrer vollen Kraft zusammen („Alles-oder-Nichts-Gesetz" — wie es auch die elektronische Infor-
mationstechnik benutzt). Der ganze Muskel stuft also seinen Krafteinsatz
nicht durch stärkere oder schwächere Kontraktion seiner einzelnen Fasern
ab, sondern nur durch die größere und geringere Anzahl der sich jeweils mit
voller Kraft zusammenziehenden Fasern.

Diese Willens- und Muskelkonzentration läßt sich schulen; das ist ja auch
eine wesentliche Aufgabe der Körperschule und des Sports. Aber auch sie erreicht keine größere Ausnutzung der absoluten Muskelkraft als 80 bis 90%
(während der Ungeschulte bzw. Untrainierte weit darunter bleibt).

Die Natur hat unserem Körper anscheinend eine letzte „eiserne", normaler-
weise unangreifbare Kraftreserve für Augenblicke höchster Lebensgefahr
bzw. Todesangst (sogenannte „Stress-Situationen"[9]) vorbehalten; nur der
anormale Geisteskranke — zu einem Teil der Hypnotisierte — vermag
sie einzusetzen und damit ungeahnte Körperkräfte zu entwickeln[10]). Wie
weit bisweilen einzelne Sportler in außergewöhnlichen Erregungen eines
Wettkampfs diese äußerste, dem Willen sonst unzugängliche Reserve zu
nutzen vermögen, steht dahin. Auf jeden Fall — das sei noch einmal betont —
ist der körperlich Geschulte besser imstande, seine individuellen, über die
normalen Anforderungen hinausreichenden Kraftreserven zu mobilisieren als
der Ungeschulte.

Auf die Mikro-Vorgänge, die die Fibrillenverkürzung bewirken, kann hier
nicht eingegangen werden. Nur soviel sei gesagt, daß auch diese biochemischen Abläufe durch Übung intensiviert werden können. Die Fibrillenkon-

traktion erfaßt übrigens nicht, wie man annehmen sollte, die ganze Fibrille gleichzeitig und gleichmäßig, sondern verläuft in Wellen — die allerdings mit 1/100 sec Abstand aufeinander folgen — vom Ansatz der Endplatte des jeweiligen motorischen Nerves in der Mitte der Fibrille ausgehend mit einer Geschwindigkeit von 10 bis 15 m/sec nach beiden Enden hin, ist also 1000- bis 2000mal so rasch wie die der glatten Muskeln. Obwohl sich dabei nur die hellen (isotropen)[11]) Fibrillenteile kontrahieren, kann sich der ganze Muskel bis über die Hälfte seiner Ruhelänge verkürzen.

Andererseits ist er auch dehnbar, also, ähnlich einem Gummistrang, elastisch, im Ruhezustand sogar schon bis zur Hälfte seines Maximalwerts vorgedehnt. Diese *Dehnbarkeit* kann durch Dehnübungen verbessert werden. Sie sollen weite Ausholbewegungen ermöglichen, mit denen z. B. bei Wurfübungen sowohl eine größere Anfangsspannung mit ihrem erhöhten Anreiz zu verstärkter Kontraktion und damit ein schnellkräftigerer Einsatz erreicht wie auch ein längerer Weg für die Auswirkung dieser Schnellkraft geschaffen wird.

Die Kraft, die dem Muskel zur Verfügung steht, hängt nach der zur Zeit vorherrschenden Auffassung ausschließlich von seiner *Dicke* ab. Danach vermag jeder Muskel, ob trainiert oder untrainiert, pro qcm seines Querschnitts 4 bis 6 kg zu heben, und seine Dickenzunahme besteht lediglich in einem Dickerwerden der einzelnen Fibrillen, nicht in einem Zuwachs neuer Fibrillen; denn deren Zahl ist anlagebedingt und liegt unabänderlich fest.

Träfe diese Auffassung zu — daß also jeder Mensch schon bei seiner Geburt die gleiche Anzahl von Muskelfibrillen, nur in einer sehr viel dünneren Beschaffenheit, besitzt, die er später als Erwachsener auch hat, so müßte die Möglichkeit bestehen, den Muskel eines Kindes — dessen jugendliches Gewebe ja noch anpassungsfähiger ist und schneller wächst als das eines älteren Menschen — derart zu üben, daß etwa sein rechter Bizeps den gleichen Querschnitt und somit die gleiche Kraft erreichte wie der Bizeps eines mit der gleichen Fibrillenzahl veranlagten trainierten, und sogar eine höhere als die eines untrainierten Mannes.

Gegen die zu einer derartigen Folgerung verführende Auffassung sprechen neuere Untersuchungsergebnisse von van Linge. Er fand bei Tierversuchen eine Entwicklung neuer Fibrillen und stellte ferner fest, daß Muskeln, die ihr Gewicht, also ihre Masse und ihren Querschnitt, verdoppelten, dabei ihre Kraft verdreifachten. Das bedeutet, daß ein Muskel durch Übung sowohl quantitativ, hinsichtlich der Zahl seiner Fibrillen, wie qualitativ, hinsichtlich seiner Leistung pro qcm Querschnitt, verbessert werden kann. Auch im Hinblick auf diese Ergebnisse ist Toni Nett, dem Verbandssportlehrer des Deutschen Leichtathletik-Verbandes, beizupflichten, wenn er betont: „Muskel ist nun einmal nicht gleich Muskel, d. h. zwei gleich dicke Muskeln können innerlich völlig anders konstruiert und daher in ihrem Gebrauchswert sehr verschieden sein", und an anderer Stelle bemerkt, die Beobachtung einer zahlenmäßigen Vermehrung der Muskelfibrillen würde erklären, „warum ein durch Schnellkrafttraining verdickter Muskel nicht langsamer, sondern eher schneller wird".

Es bleibt zu hoffen, daß die Frage, ob durch Krafttraining auch eine Neubildung (wie sie bei den Kapillaren festgestellt ist) und eine Qualitätsverbesserung oder lediglich ein quantitatives Dickerwerden der anlagemäßig festgelegten kontraktilen Muskelmasse erreicht werden kann, bald eine eindeutige Antwort findet. Damit könnten vielleicht auch diejenigen einen erhöhten Auftrieb für die Arbeit an ihrer Kraftverbesserung erhalten, die nicht zum muskelbegabten, athletischen Typ gehören.

Etwas über die *Ermüdung*, die ja bei allen größeren körperlichen Leistungen eine merkliche Rolle spielt. Jeder Lebensvorgang, jede Bewegung, natürlich auch jede Leibesübung, ist, physikalisch und biologisch gesehen, in erster Linie Äußerung, Entladung einer Energie, die aus dem Abbau komplexer (hochmolekularer), wir sagen: „Nahrungs"-Stoffe in ihre einfacheren (niedermolekularen) Bestandteile hervorgeht. Unsere Muskeln entnehmen ihren Betriebs- oder Nahrungsstoff, wie alle anderen Organe auch, dem Blutstrom und entwickeln die für ihre Kontraktion benötigte Energie aus der Verbrennung (Oxydation[12]), Dissimilation)[13]) dieser Stoffe, d. h., wie das Wort *„Oxydation"* besagt, aus ihrer Verbindung mit dem ebenfalls vom Blut in dem Hämoglobin der roten Blutkörperchen mitgeführten *Sauerstoff*. Während unser Körper andere, umgebaute (assimilierte)[14]) Nährstoffe deponieren kann, ist dies beim Sauerstoff nur in sehr geringem Maß möglich. So ist der Muskel für seine Arbeit auf die ununterbrochene Zuführung gerade dieses Elements angewiesen und muß seine Tätigkeit einschränken oder einstellen, wenn es die Blutgefäße, die Kapillaren, nicht ausreichend heranbringen.

Eine gewisse, aber nur kurze Zeit, die sich nach der Verfassung, dem Trainingszustand, des Muskels richtet, kann er allerdings auch noch ohne Sauerstoff weiterarbeiten, „auf Kredit" gewissermaßen, indem er „Schulden" aufnimmt, den Sauerstoff, mit dem er sonst seine Arbeit leistet, „bezahlt", für ein Weilchen schuldig bleibt und ihn später nachholt. Es gibt nämlich noch eine andere Art der Energiegewinnung, auf die die allerersten uns bekannten Lebensformen, als es noch keine grünen Pflanzen und den von ihnen produzierten freien Sauerstoff gab, angewiesen waren und deren sich auch heute noch gewisse Bakterien, die Krebszellen, und als Notbehelf auch die Muskelzellen bedienen, wenn eben die Sauerstoffzufuhr mit ihrem Sauerstoffbedarf nicht mehr Schritt hält und das Gleichgewicht zwischen Nachfrage und Angebot („steady state")[15]) gestört ist; wir kennen sie unter dem volkstümlichen Namen *„Gärung"*. Sie beruht in den Muskeln auf dem stufenweisen Abbau des in ihnen — besonders, wenn sie trainiert sind — (und in der Leber) reichlich gespeicherten Glykogens (einer Depotform des Traubenzuckers) zu *Milchsäure* („Glykolyse")[16]). Diese primitive Art der Energiegewinnung ist nicht nur sehr viel (etwa 30 bis 40 mal) unergiebiger als die Oxydation, sondern hat auch den weiteren Nachteil, durch die Anhäufung von Milchsäure die für die Muskelkonzentration entscheidenden (Kalium-Natrium-)Diffusionsvorgänge durch die von der Säure gewissermaßen „aufgeweichten" Zellwände zu stören, schließlich das Muskelgewebe selbst aufzuquellen oder sogar eine leichte Entzündung in ihm hervorzurufen. Durch diese werden die Nervenenden in den Fasern und Fibrillen gedrückt und verursachen dann jene unangenehmen, schmerzhaften Empfindungen, die wir als *„Muskelkater"* nach ungewohnten, hinsichtlich der Blutzufuhr noch nicht richtig eingespielten Muskelanstrengungen kennen. Man nennt die Energiegewinnung durch Sauerstoff „aërob", die ohne Sauerstoff „anaërob"[17]).

Die durch die letztere hervorgerufene zeitweilige *Übersäuerung* (Azidose)[18]) bleibt nicht auf die Muskeln beschränkt, sondern wird durch den Blutstrom auch anderen Organen zugetragen. Unter diesen sind wegen ihres besonders intensiven Stoffwechsels und Sauerstoffbedarfs am allerempfindlichsten gegen Säure und Sauerstoffmangel: die Nervenzellen im Gehirn, im Rückenmark und in den von beiden ausgehenden bzw. zu ihnen hinführenden Nervenbahnen. Diese ermüden also noch schneller als die Muskeln. Sie erhalten bzw. vermitteln, ununterbrochen von „Rezeptoren"[19]), nervenreichen, zwischen den Muskelfasern und in den Sehnen eingelagerten „Muskel-" bzw. „Sehnenspindeln", Nachrichten über Längen-, Spannungs- und Druckveränderungen, sowie Informationen über die biochemischen Abläufe und über die Sauerstoff- und Milchsäureverhältnisse im Muskelgewebe. Diese oft sehr starken, bisweilen — bei längeren, womöglich gewichtsbelasteten Halten zum Beispiel — geradezu als Schmerz empfundenen Impulse, die durch entsprechende Direktiven aus den motorischen Zwischenzentren wie denen der Großhirnrinde fortlaufend beantwortet werden, führen je nach Umfang, Kraftbeanspruchung und Koordinationsschwierigkeit der ausgeführten Bewegungen zu einer mehr oder minder schnellen *Nervenermüdung*. Sie äußert sich in abnehmender Reizempfänglichkeit der Muskelfasern und dadurch notwendig werdender Erhöhung der ihnen zu vermittelnden Reize und löst in den motorischen Großhirnzentren Hemmungen aus, die die Erregung der Muskeln und damit ihre Kontraktion herabsetzen oder abschalten, womit dann die von diesen Muskeln versorgten Glieder zeitweise bewegungsunfähig werden können.

Die Ermüdung wird also bei jeder ausgiebigeren körperlichen Betätigung zwar durch die biochemischen Vorgänge im Muskel selbst ausgelöst, kommt jedoch erst durch eine Ermüdung des beanspruchten Nervensystems, insbesondere der Hirnzentren, also als *„Zentralermüdung"* (Nöcker) zur Auswirkung. Sie äußert sich daher nicht nur in einer zunehmenden Abschwächung der Muskelkontraktionen, sondern auch in einer Verlängerung der Reaktionszeit, unsicher werdender Koordination, im Nachlassen der Aufmerksamkeit, in aufkommender Gleichgültigkeit und absinkender Stimmung ("Stimmungsermüdung"). So ist es, auch in der Körperschule, wichtig, Ermüdungsanzeichen rechtzeitig zu erkennen und ihnen — durch Wechsel in der Bewegung — zu begegnen — nicht nur, weil ein ermüdeter Muskel, genau wie ein ermüdeter Kopf, nichts lernt, sondern weil er auch (durch Wasseraufnahme in den Muskelzellen) unelastischer und für Zerrungen oder gar Einrisse anfälliger wird.

Die Ermüdung läßt sich durch sachgemäße Schulung weitgehend hinausschieben. Diese wirkt sich bis auf die biochemischen Abläufe im Muskel und seine Blutversorgung aus und ermöglicht zunehmend „Sauerstoffschulden", die bei konzentrierten, mit vollem Körpereinsatz durchgeführten Bewegungen — wie etwa kurzen Läufen mit Belastung und über Hindernisse oder rasch hintereinander durchgeführten Sprüngen — und überhaupt zu Beginn jeder umfangreicheren, anstregenden Bewegung — unvermeidlich sind, ohne Leistungsminderung zu ertragen. In gewissen Grenzen fördert die Ermüdung mit den von der Milchsäure ausgehenden Reizen sogar die Sauerstoffaufnahme, den Stoffwechsel und das Wachstum der Muskulatur, nicht jedoch, wie gesagt, die Koordination, die Geschicklichkeit und das Erlernen einer Technik. In ihren höheren Graden, die eine Herabsetzung oder völlige Einstellung der Bewegungen erzwingen, ist sie als *Schutzfunktion*[20]) unseres Körpers gegen Überanstrengung und schwer wiedergutzumachende Erschöpfungszustände anzusehen. Insbesondere schützt sie den Herzmuskel[21]). Er kann durch keine noch so großen, mit eigener Willenskraft durchgehaltenen Ermüdungsvorgänge in den Skelettmuskeln angegriffen werden, sofern er vorher intakt war. Dies zur Beruhigung für diejenigen, die in einer kräftigen, durchaus natürlichen Erhöhung der Pulsfrequenz nach anstregenden Übungen gleich die Möglichkeit einer Herzschädigung sehen.

War eingangs die Bewegung als das augenfälligste Element des Lebens bezeichnet, so sei hier noch auf ein zweites, für die Daseinsentwicklung und insbesondere für jede Erziehung und Körperbildung entscheidendes Charakteristikum alles Lebendigen eingegangen: die *Anpassungsfähigkeit*. Alles Wachstum, jede Form- und Funktionsbildung beruht zwar letztlich auf den jedem Lebewesen mitgegebenen Entwicklungsmöglichkeiten und -tendenzen. Zur Entfaltung und Wirksamkeit gelangen diese jedoch erst durch die Umwandlungen, mit denen sich das Lebewesen den von seiner Umwelt gestellten Forderungen anpaßt, indem es, soweit wie möglich, auf die empfangenen

Reize mit einer entsprechenden Wandlung seiner Organe, ihrer äußeren Form wie inneren Struktur und Funktion, reagiert. Das gilt nirgends so eindeutig und ist an keinem Organ so gut zu beobachten wie am Muskel. Wird er genügend ausgiebig auf *Kraft* beansprucht, d. h. zu häufigen Kontraktionen gegen hohen Widerstand veranlaßt, so wird er dicker und so kräftig, daß er die von ihm verlangten Leistungen im Rahmen des ihm Möglichen erfüllt; gewöhnt man ihn an *Ausdauer*[22]), d. h. an eine Arbeit, die lange Zeit (ohne Gewichtsbelastung) durchgehalten werden kann, so schafft er die dafür nötige Voraussetzung, nämlich eine stetige, ausreichende Sauerstoffversorgung durch eine gut funktionierende Blutzufuhr, vermeidet jede Vermehrung seiner Masse, die ja mehr Sauerstoff verbrauchen würde, entwickelt dafür mehr Kapillaren (bis zum 3- und 4fachen) und durch Querverbindungen bisweilen geradezu ein Kapillarnetz; trainiert man ihn auf *Schnellkraft*, d. h. auf blitzschnell einsetzende, auf kürzeste Zeit und vollen Krafteinsatz konzentrierte Bewegungen, so reagiert er auch darauf, indem er 1. entsprechend der verlangten Kraft an Dicke gewinnt (wie etwa in der Beinmuskulatur eines Kurzstreckenläufers), 2. lernt, die bei jeder hohen Sekunden-Arbeitsleistung unvermeidlichen Sauerstoffschulden für die Dauer der Gesamtleistung durchzustehen, 3. seine *Reaktionsschnelligkeit* verbessert (z. B. bei Boxstößen). Diese hängt allerdings mehr von der Beschaffenheit der Reize aufnehmenden, aussendenden und zuleitenden Nerven (also der Reizleitung), als von der der Muskelfasern, ihrer überwiegenden Fibrillen- oder Felderstruktur, ab und scheint noch mehr als diese anlagebedingt zu sein (wie etwa beim Phlegmatiker oder Sanguiniker).

Die Reaktionsfähigkeit kann immerhin, wenn auch nicht in dem Maß wie Kraft und Ausdauer, durch Übung verbessert werden[23]), und kann sich bei einer kräftigen Muskulatur, die den Körper leicht über eine gewisse Strecke zu tragen vermag, besser auswirken als bei schwächeren Muskeln, denen die gleiche Leistung naturgemäß schwerer fällt. So vertragen sich Kraft und Schnelligkeit als Schnellkraft durchaus miteinander. Zwischen Kraft, Ausdauer und Schnelligkeit gibt es natürlich viele Zwischenstufen und Verbindungen. (Weiteres darüber in den „Methodischen Bemerkungen" Seite 9 f). Es erscheint zwar selbstverständlich, daß die Wirkungen von Reizen, seien es solche der Umwelt oder des eigenen Willens, und dabei wiederum von deren Dauer und *Intensität* abhängen. Die Gesetzmäßigkeit, die der Reizeinwirkung zugrunde liegt, ist jedoch erst Ende des vergangenen Jahrhunderts (von Roux) erkannt und etwas später (von Arndt und Schulz) als allgemeines, zunächst gar nicht auf die Muskelanpassung abgesehenes, „Biologisches Grundgesetz" formuliert worden. Es lautet: „Kleine Reize fachen die Lebenstätigkeit an, mittelstarke fördern sie, starke hemmen sie und stärkste heben sie auf." Für die Körperbildung hat man diese „Arndt-Schulzsche

Regel" noch etwas erweitert, ins Negative sozusagen, durch die Feststellung, daß Reize, die eine gewisse Schwelle nicht überschreiten, sogenannte *unterschwellige Reize*", gleichgültig wie oft sie eingesetzt werden, keinerlei Wirkung ausüben und daß ein noch so gut entwickeltes Organ, wenn es nur derartigen Reizen ausgesetzt ist, sich auch dem Niveau solcher Nichtbeanspruchung anpaßt, indem es darauf zurücksinkt und abbaut — wie man bei langer Bettlägerigkeit oder im Gipsverband leicht feststellen kann. Im übrigen ist der Spielraum zwischen „kleinen", „mittelstarken", „starken" und „stärksten" überschwelligen Reizen weit. Diese Einstufungen können nur relativ und individuell verstanden werden und sind auch bei demselben Menschen Schwankungen unterworfen, indem bei fortschreitender Gewöhnung, Beherrschung der Übungstechnik und zunehmender Kraft oder Ausdauer anfänglich als stark empfundene Reize bis zu unterschwelligen absinken und bei aussetzender Übung oder abnehmender Kraft wieder bis zu „starken" Reizen anwachsen können.

Eine weitere für die Körperschulung außerordentlich wichtige Erfahrung besagt: „Dosieren wir die Reize stärker, als zur Erhaltung notwendig ist, macht die Entwicklung des Organs nicht halt bei der Erreichung des bisherigen Funktionszustandes, sondern die Funktion wird *gesteigert,* und zwar immer in Richtung der geforderten Leistung" (Nöcker). (Kraft, Ausdauer, Schnelligkeit. Bem. d. Verf.) In diesem über die hineingesteckte Arbeit hinausgehenden „Zuwachs"-Gewinn liegt, was das rein Körperliche betrifft, letztlich jeder Trainingsgewinn und auch der der hier vorliegenden Körperschule.

---

[1]) Das Gesamtgewicht der willkürlichen Muskulatur beträgt durchschnittlich beim jungen Mann 36 kg, bei der jungen Frau 23 kg — also $^2/_3$ davon — und ebensoviel beim 70jährigen Mann (nach Prof. Nöcker). Allerdings schließt E. Jokl aus seinen Untersuchungen beim 3. Alterstreffen des Deutschen Turnerbundes in Marburg 1952 und anderen Unterlagen: „Ein gut trainierter, leistungsfähiger Mann von 65 kann einem ungeübten 25jährigen körperlich überlegen sein". (Wozu ja auch eine quantitativ mindestens ebenbürtige Muskulatur gehört. Bem. d. Verf.)

[2]) lat.: filamentum = Fädchen.

[3]) lat.: fibrilla = Fäserchen.

[4]) Sarkoplasma: griech.: sarx, sarkos = Fleisch; plasma = das Geformte.

[5]) Faszie: lat.: fascia = Binde.

[6]) Hämoglobin: griech.: haima = Blut; lat.: globus = Kugel. Roter Blutfarbstoff.

[7]) Myoglobin: griech.: mys = Maus, Muskel. Roter Muskelfarbstoff.

[8]) Sie werden auch als „tetanische" oder „phasische" gegenüber den dunkleren „tonischen" Fasern bezeichnet; griech.: tetanos = Spannung, Erregung; phasis = Erscheinung, wellenartige Bewegung; tonikos = durch Spannung bewirkt.

[9]) engl.: stress = Pressung, Bedrängnis.

[10]) Es ist interessant, daß auch auf geistigem Gebiet, besonders auf künstlerischem, geisteskranke Geniale in ihren Erregungszuständen „zu ungeheuerer Steigerung der Produktivität bis zur Werkbesessenheit und hektischen Schaffensraserei aufgepeitscht werden" und, auch für geniale Maßstäbe, abnorme Leistungen vollbringen. (Venzmer „Genius und Wahn".)

[11]) isotrop: griech.: isos = gleich; tropos = Wendung. Das Licht in gleicher Richtung brechend.

[12]) Oxydation: griech.: oxys = sauer. Chemische Verbindung mit Sauerstoff.

[13]) Dissimilation: lat.: dissimilare = unähnlich machen, umwandeln. Spaltung und Verbrennung von Nahrungsstoffen.

[14]) Assimilation: lat.: assimilatio = Angleichung (der Nahrungsstoffe an den Organismus).

[15]) steady state: engl.: stetiger, gleichbleibender Zustand.

[16]) Glykolyse: griech.: glykys = süß; Glykose = Traubenzucker; lyein = lösen.

[17]) aërob: griech.: aër = Luft, in Gegenwart von Sauerstoff; anaërob = ohne Luft, ohne Sauerstoff.

[18]) Azidose: lat.: acidus = sauer. Übersäuerung.

[19]) Rezeptoren: lat.: recipere = aufnehmen. Aufnahmeorgane für Sinnesreize.

[20]) Ein Durchbrechen dieser von der Natur gesetzten Sicherheitsschranke durch Dopen mit pharmazeutischen Mitteln, die die Ermüdung über die konditionsbedingten Grenzen hinausschieben, wäre also, wie Prof. Nöcker betont, nicht nur aus Gründen der sportlichen Fairneß, sondern auch wegen der damit verbundenen Gesundheitsgefährdung zu verurteilen.

[21]) Auf die Struktur und Funktion des Herzmuskels, die von denen der quergestreiften und glatten Muskeln wesentlich abweichen und ihm seine lebenslange, pausenlose, jede andere Muskelarbeit weit übersteigende Leistung ermöglichen, kann hier aus Raummangel nicht eingegangen werden.

[22]) T. Nett unterscheidet zwischen 1. Ausdauer, bei der der ganze Körper (Allgemeine Ausdauer) oder eine einzelne Muskelgruppe (Muskelausdauer) im Sauerstoffgleichgewicht (steady state) arbeitet; 2. „Stehvermögen" (bzw. „Schnelligkeitsausdauer"), bei dem entweder der Gesamtkörper (allgemeines Stehvermögen, bzw. allgemeine Schnelligkeitsausdauer) — z. B. beim Kurzstreckenlauf — oder nur einzelne Muskelgruppen (Muskelstehvermögen) lange mit hohen Sauerstoffschulden (Übersäuerung) durchhalten können; 3. „Halteausdauer", unabhängig von der Sauerstoffversorgung.

[23]) Der von einem Großhirnzentrum ausgesandte Reiz strahlt beim Ungeübten auf benachbarte Zentren und die von ihnen innervierten Muskeln aus und führt zu überflüssigen und ermüdenden Nebenbewegungen (Phase der Generalisation), konzentriert sich mit fortschreitender Übung auf die notwendigen Erregungsprozesse (Phase der Konzentration), und erreicht schließlich durch Festigung der beanspruchten Großhirnverbindungen die Phase der Automatisierung, bei der die Einzelheiten einer Bewegung nicht mehr vom Bewußtsein dirigiert zu werden brauchen, sondern als rasche und wenig ermüdende Reflexkette ablaufen (nach Nöcker).

stütz vorlings (s. d.), ein Knie angehockt, Fuß zwischen den Händen auf dem Boden.

Hüftstoß: ruck- oder stoßartige Bewegung einer Hüfte oder beider Hüften durch die der Rumpf schleuderartig nachgezogen wird. *Knie-Hüftstoß:* Hüftstoß wie vor unter stärkerer Mitwirkung eines Knies oder beider Knie.

Kammhaltung, Kamm(griff): Arme, Daumen auswärts (Handflächen bei waagerechten Armen aufwärts) gedreht.

Kipplage: Rückenlage, Beine gestreckt vorgehoben, Fußspitzen am oder nahe dem Boden.

Kniebeuge: halbtiefes (rechtwinkliges) Beugen der geöffneten Knie. *Geschlossene Kniebeuge:* wie vor, Knie aneinander. *Gerade Kniebeuge:* Hüften gestreckt, Bauch raus! *Wechselkniebeugen:* Wechselweises entgegengesetztes Beugen und Strecken je eines Knies. *Knie-Hüftstoß:* siehe Hüftstoß.

Knien: Kniestand: Knien auf beiden Knien mit gestreckten Hüften. *Grätschkniestand:* wie vor, Knie und Füße geöffnet. *Kniewinkelstand:* Kniestand, Rumpf gestreckt waagerecht vorgesenkt *Schrittknien links:* Kniestand, linker Fuß vorgestellt, linker Unterschenkel senkrecht. *Knieliegestütz:* siehe Liegestütz. *Kniesitz:* Knien, ein Bein vorgestreckt, Fuß am Boden. *Kniebrücke: Brücke* (s. d.) auf Knien — Unterschenkeln und Kopf. *Kniestoß:* Ruck- oder stoßartiges Kniebeugen und -strecken im Stand, durch das der Körper oder Körperteile in Bewegung gesetzt werden.

Kopfhalte: Anlegen beider Hände an den Hinterkopf mit Berühren, Aufeinanderlegen oder Verschränken der Finger (siehe Flechtgriff).

Kreuzflechtgriff: siehe Flechtgriff.

Kreuzsitz (Schneidersitz): Sitz mit übereinandergeschlagenen gebeugten Beinen.

Laufstellung: Stand mit gleichgerichteten, fußbreit nebeneinander auf ganzer Sohle stehenden Füßen.

Liegestütz: Stütz des gestreckten Körpers auf Füßen und Händen; vorlings die Vorderseite, rücklings die Rückseite ist dem Boden zugekehrt; links seitlings linker Arm stützt, linke Seite ist dem Boden zugekehrt. *Unterarmliegestütz:* Liegestütz auf den quer oder längs gerichteten Unterarmen. *Hockliegestütz:* Liegestütz vorlings, ein Knie angehockt, Fuß zwischen den Händen am Boden. *Knieliegestütz:* Liegestütz vorlings, Füße und Knie am Boden, Hüften gestreckt.

Partnerübungen: Zu zweien: Zwei Partner führen gleichzeitig oder in fortlaufendem Wechsel dieselben Bewegungen aus. *Mit Helfer:* Ein Partner gibt dem anderen Halt und Stütze ohne eigene aktive Bewegung. *Passiv:* ein

Erklärung häufig vorkommender Bezeichnungen

(Siehe auch „Methodische Bemerkungen" Seite 9.)

Anfersen: Schlagen mit den Fersen gegen Oberschenkel oder Gesäß.

Armkreisen seitlings vorwärts oder rückwärts bezeichnet den Beginn au⌇
Hochhalte.

Bank vorlings: Bankfläche ist der Rücken, Bankbeine sind die Obersche⌇
und Arme. *Bank rücklings:* Bankfläche sind Bauch und Oberschenkel, B⌇
beine sind Unterschenkel und Arme. *Unterarmbank:* wie vor auf den ⌇
oder längs liegenden Unterarmen.

Beinscheren: siehe Scheren.

Beinschlag(en): Beine gestreckt wechselweise vorwärts und rückwärts r⌇
aneinander vorbeibewegen.

Brücke: die Unterseite des Brückenbogens bildet stets der Rücken; Pfe⌇
sind kopfwärts: der Kopf — *Kopfbrücke;* die Schultern — *Schulterbrü⌇*
die senkrecht stützenden Arme — *Hohe (Handstand-) Brücke;* die Unt⌇
arme — *Unterarmbrücke (Laube);* fußwärts: die auf Sohlen oder Fußspit⌇
stehenden Unterschenkel; seltener die auf den aufliegenden Knien ruhend⌇
Oberschenkel — *Kniebrücke.*

Federn: kleine, ruckartig im Takt schwingende Dehnbewegungen der Ar⌇
oder Beine (vgl. Wippen).

Flechtgriff: Finger ineinander verschränkt. Kreuzflechtgriff: *Gegenstellun⌇*
Stand zu zweien gegenüber.

Grätschen: Beine gestreckt seitwärts auseinandernehmen, rasch oder langsı⌇
Die Rückbewegung heißt *schließen. (Seit-) Grätschstellung:* Füße gleic⌇
gerichtet mehrere Fußbreit seitwärts auseinander auf ganzer Sohle. *Grätsı⌇*
winkelstand: wie vor, Rumpf waagerecht vorgesenkt.

Grätschkniestand: Knien mit geöffneten Knien und Unterschenkeln, Hüft⌇
gestreckt. Grätschkniesitz: wie vor, Gesäß zwischen den Fersen. *Grätschstreı⌇*
sitz: Sitz mit gegrätschten und gestreckten Beinen.

Heben: Arme, Beine oder Rumpf gestreckt langsam aufwärts bewegen.

Hocken (Anhocken): rasches oder langsames Annähern beider Knie oder ein⌇
stark gebeugten Knies möglichst bis zur Brust.

Hockstand: tiefe Kniebeuge auf ganzen Sohlen, Knie geschlossen vor d⌇
Brust. *Hockzehenstand:* wie vor auf Ballen und Zehen. *Kanone:* wie vı⌇
ein Bein waagerecht frei vorgehoben. *Hocksitz:* geschlossene Kniebeuş⌇
Hände stützen beiderseits der Füße auf dem Boden. *Hockliegestütz:* Lieg⌇

Partner läßt mit sich untätig oder mithelfend Bewegungen ausführen. *Gegen Widerstand:* ein Partner leistet der Bewegung des anderen nachgiebigen Widerstand. *Kampf:* die Partner greifen gleichzeitig oder wechselweise an, bzw. leisten kampfmäßig Widerstand. Sieger ist, wer dreimal gewinnt.

Rumpfdrehbeugen links: Rumpfdrehen links und vor- oder rechts seitbeugen, gleichzeitig oder nacheinander. *Rumpfdrehbeugen links rückwärts:* Rumpfdrehbeugen links und rück- oder links seitbeugen. Stellt man sich in Seitgrätschstellung mit den Fersen auf eine Linie, so neigt sich der Rumpf beim Drehbeugen vorwärts vor, beim Drehbeugen rückwärts *hinter* diese Linie.

Rumpfmühle: Seitdrehen des vor-, seit-, rückgebeugten bzw. -gesenkten Rumpfes: Rumpfmühle; Rumpfmühle seitlings; Rumpfmühle rücklings.

Rumpfsenke (Rumpfsenken): Rumpf gestreckt neigen. *Rumpfdrehsenke rechts:* Rumpf rechts gedreht und vorgesenkt. *Rumpf vor- (rück-, seit-) beuge(n):* Wirbelsäule locker „einen Wirbel nach dem anderen" in angegebener Richtung runden.

Rutschstellung: Kniestand, Hochhalte, Rumpf vorgesenkt, Handflächen am Boden.

S-Halte: Ein Unterarm waagerecht über den Kopf, der andere auf den Rücken gelegt.

Scheren: Beine gestreckt nach innen und außen kreuzend seitwärts rasch aneinander vorbeibewegen.

Schlagen: Siehe Beinschlagen.

Schlaghalte: Arme waagerecht vor der Brust angewinkelt, Ellbogen zurückgenommen.

Schließen: Rückbewegung der Beine in die Ausgangsstellung nach Grätschen (s. d.) oder Spreizen (s. d.).

Schlußsprung: Absprung mit geschlossenen Füßen (die sich danach öffnen können); entsprechend Schlußhüpfen.

Schneppern: nach Absprung ruckhaftes flüchtiges Rumpfstrecken bis zum Hohlkreuz.

Schrittstellung links (Quergrätschstellung): Stand auf vorgestelltem linken und rückgestelltem rechten Bein, Körpergewicht gleichmäßig verteilt. *Schrittknien links:* Kniestand (siehe dort), linker Fuß einen Schritt vorgesetzt, linker Unterschenkel senkrecht.

Schwebe . . . bezeichnet die freie — meist waagerechte — Lage eines Körperteils über dem Boden entweder durch Stütz der Arme, wie *Schwebesitz:* Herausstützen des Gesäßes im Strecksitz, wobei die Fersen der gestreckten Beine am Boden bleiben, oder *Schwebestütz:* Erheben des ganzen angewinkelten Körpers mit den Fersen über den Boden; oder durch Stütz auf einem *Helfer* wie *Schwebestand:* Stand z. B. auf den Schultern eines Helfers, oder *Schwebehandstand:* Handstand z. B. auf den Knien des Helfers oder *Schwebehang:* Hang mit waagerecht vorgehobenen Beinen, z. B. am Nacken des Helfers.

Schwingen: rasche, lockere Arm-, Bein- oder Rumpfbewegung in *einer* Richtung.

Seitgrätschstellung: Füße gleichgerichtet schritthreit seitwärts auseinander auf ganzer Sohle. (Vgl. Grätschen; Schrittstellung.)

Seitsitz: Gesäß neben den geschlossenen Füßen am Boden.

Senken: Arme, Beine oder Rumpf gestreckt langsam abwärts bewegen.

Spreizen: rasche, straffe Bewegung eines gestreckten Beins (vgl.: Schwingen; Heben). Die Rückbewegung heißt *Schließen. Bogenspreizen:* rasche oder langsame Bewegung eines gestreckten Beins so, daß die Fußspitze einen waagerechten Kreisbogen beschreibt.

Stellen: einen Fuß ohne Belastung aufsetzen. (Vgl. Treten.)

Stoßhalte (gymnastische): Ober- und Unterarme senkrecht angewinkelt, Fäuste vor den Schultern (abweichend von der Armhaltung zum Kugelstoßen oder Boxen!).

Stützeln: Fortbewegung der am Boden stützenden Hände in Form kleiner Schritte. *Stützhüpfen:* wie vor hüpfartig, gleichzeitig.

Tiefkriechstellung: wie Rutschstellung, jedoch Stirne am Boden, Hände zum Kriechen neben dem Kopf aufgestützt.

Treten: einen Fuß auf den Boden setzen und Körpergewicht darauf verlegen.

Trichterkreisen: schnelle, straffe, trichterförmige Bewegungen (je) eines oder beider geschlossenen gestreckten Arme oder Beine oder des Rumpfs.

Unterarmbank: Bank (siehe dort) auf Knien und quer den längs liegenden Unterarmen. *Unterarmstütz:* Winkelstütz (siehe dort) auf Unterarmen wie vor. *Unterarmliegestütz:* Liegestütz (siehe dort) auf Unterarmen wie vor.

Wechselkniebeuge(n): wechselweises entgegengesetztes Beugen und Strecken je eines Knies.

Winkelstand (Wippstellung): Rumpf waagerecht vorgesenkt, Rücken gestreckt.

Kniewinkelstand: wie vor im Kniestand. *Winkelstütz:* Hände stützen am Boden, Hüften scharf eingewinkelt, Beine und Rumpf gestreckt. (Vgl. Unterarmstütz.)

Wippen: kleine, rasche senkrechte Auf- und Abbewegungen des Rumpfs; Beckens; der belasteten Knie; der stützenden Arme = Rumpf-; Becken-; Knie-; Fuß-; Armwippen. *Wippstellung:* s. Winkelstand. *Doppelwippstellung:* Wippstellung gegenüber, Hände gegenseitig auf die Schultern gelegt.

Zweihandfassung: Zwei Partner erfassen einander an beiden Händen.

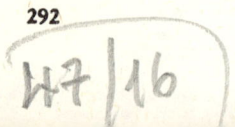